ARTHUR E. POWELL

O CORPO ASTRAL

© 2013, Editora Isis Ltda.

Supervisão Editorial:	Gustavo L. Caballero
Diagramação Digital:	Equipe técnica Editora Isis
Criação da Capa:	Alexandre M. Souza
Revisão de Textos:	Equipe técnica Editora Isis
ISBN:	978-85-8189-031-9

CIP-Brasil. Ficha de Catalogação Editorial

Arthur E. Powell / O Corpo Astral – São Paulo: Editora Isis, 2013. –
1ª Edição
ISBN – 978-85-8189-031-9
1. Parapsicologia 2. Ocultismo e Espiritismo Título.

É proibida a reprodução total ou parcial desta obra, de qualquer forma ou por qualquer meio eletrônico, mecânico, por processos xerográficos ou outros, sem a permissão expressa do editor. (lei nº 9.160 de 19/02/1998).

Todos os direitos para a língua portuguesa são reservados exclusivamente para:

EDITORA ISIS, LTDA.
contato@editoraisis.com.br
www.editoraisis.com.br

ÍNDICE

Introdução 5
Capítulo 1 – Descrição geral 7
Capítulo 2 – Composição e estrutura 11
Capítulo 3 – As cores 17
Capítulo 4 – Funções 30
Capítulo 5 – Chacra ou centros 38
Capítulo 6 – Kundalini 45
Capítulo 7 – Formas de pensamento 49
Capítulo 8 70
Capítulo 9 – Vida do sono 89
Capítulo 10 – Sonhos 99
Capítulo 11 – Continuidade de consciência 110
Capítulo 12 – A morte e o elementar do desejo 113
Capítulo 13 – Vida após a morte: princípios 118
Capítulo 14 – Vida após a morte: peculiaridades 126
Capítulo 15 – Vida após a morte: casos especiais ... 144
Capítulo 16 – O plano astral 152
Capítulo 17 – Diversos fenômenos astrais 162
Capítulo 18 – A 4a dimensão 168
Capítulo 19 – Entidades astrais humanas 173
Capítulo 20 – Entidades astrais não humanas 182
Capítulo 21 – Entidades astrais artificiais 196
Capítulo 22 – O espiritismo 200
Capítulo 23 – Morte astral 212
Capítulo 24 – Renascimento 215
Capítulo 25 – Domínio sobre as emoções 221
Capítulo 26 – O desenvolvimento dos poderes astrais ... 230
Capítulo 27 – Clarividência no espaço e tempo 240
Capítulo 28 – Os protetores invisíveis 244

Capítulo 29 – O discipulado 257
Capítulo 30 – Conclusão 262
Obras e Autores 265/266

INTRODUÇÃO

Este livro tem como objetivo apresentar aos estudantes de teosofia, uma síntese detalhada de todo conhecimento do qual dispomos na atualidade, no que se refere ao Corpo Astral do homem, oferecendo, por sua vez, a descrição e explicação do mundo astral e dos seus fenômenos correspondentes. Por isso, esta obra pretende ser a continuação natural de outra que, com o título: "*O duplo etéreo e os fenômenos do mesmo*", veio à luz em julho de 1944.

Como já ocorria no caso da publicação mencionada acima, recopilou-se o material a partir de numerosas obras, que apresentamos em uma listagem à parte. Ordenamos este material (que trata de um campo muito amplo e extraordinariamente complexo) do modo mais metódico possível. Confiamos no fato que, graças a este livro, os estudiosos destas questões, presentes e futuros, dedicarão trabalho e tempo, já que nele poderão encontrar toda a informação concentrada em um volume de relativamente poucas páginas.

Com o objetivo de que a obra não fosse demasiado extensa e por sua vez cumprisse o objetivo desejado, adotou-se como plano geral, a exposição dos princípios subjacentes nos fenômenos astrais, prescindido de exemplos ou casos particulares.

Os conferencistas que desejem ilustrações concretas dos princípios que enunciamos, poderão encontrá-las nas obras que utilizamos para esta recopilação, que acrescentamos à lista ordenada alfabeticamente no final desta obra. Assim mesmo, à medida em que a complexidade e as ramificações do tema o permitam, o método que adotamos consiste, em primeiro lugar, em expor o aspecto "forma" e em seguida o aspecto "via"; isto é, começamos descrevendo o mecanismo objetivo do fenômeno e logo as atividades de consciência expressas por meio do referido mecanismo. Assim, considerando o estudante não deve surpreender-se caso encontre passagens que aparentemente podem parecer repetições, mas que na realidade são descrições de um mesmo fenômeno: em primeiro lugar, a partir do ponto de vista da forma material externa e em seguida, a partir do ponto de vista do espírito ou consciência. Esperamos que este volume possa completar-se com outros similares, que se ocupam dos corpos mental e casual do homem, recopilando desta maneira, todo o conhecimento disponível no que se refere à constituição do ser humano.

Contamos com uma grande quantidade de material sobre estes temas, que desafortunadamente se encontra dispersa em numerosos livros que possivelmente não estão ao alcance de todos. Portanto, estamos convencidos que ao colocar todo este material à disposição de estudantes com limitação de tempo, estamos cobrindo uma autêntica necessidade. Estudar a humanidade de maneira adequada é estudar o homem; o tema é tão complexo, tão apaixonante e tão importante que consideramos um grande serviço, tentar pôr ao alcance de todos os que sonham com tal conhecimento, a totalidade do material recopilado até o momento presente.

Capítulo 1
Descrição geral

Antes de começar a análise detalhada do Corpo Astral e dos fenômenos relacionados com o mesmo, convém apresentar um breve esboço da extensão dos pontos que pretendemos tratar. Deste modo, tentamos oferecer uma perspectiva adequada do tema geral e da interdependência existente entre as distintas partes do mesmo.

O Corpo Astral do homem é um veículo que, para a visão clarividente, não parece ser muito distinto do físico; está rodeado por uma aura de cores brilhantes e compõe-se de matéria muito mais fina e sutil do que a física. É o veículo mediante o qual o homem expressa seus sentimentos, paixões, desejos e emoções, servindo, além do mais, de ponte e meio de transmissão entre o cérebro físico e a mente, que atua em um veículo de ordem superior, denominado corpo mental. Ainda que todos os seres humanos disponham de um Corpo Astral e dele façam uso, poucos são conscientes da sua existência e menos ainda são capazes de regulá-lo e nele agir de um modo plenamente consciente.

Para a imensa maioria, trata-se de uma massa amorfa de material astral, cujos movimentos e atividades não se encontram ainda sob o domínio do homem real, ou seja, do ego. Em algumas pessoas, não obstante, o Corpo Astral é um veículo bem desenvolvido e perfeitamente organizado, que tem vida própria e que proporciona ao seu possuidor, úteis e variados poderes.

O homem, falha em seu desenvolvimento, enquanto dorme fisicamente, vive uma existência vaga e sonolenta no seu Corpo Astral, relativamente primitivo. Quando desperta, não é capaz de lembrar-se de nada da sua vida durante o sono. Pelo contrário, durante o sono do seu corpo físico, a vida do homem desenvolvido no Corpo Astral é ativa, interessante e útil.

Em determinadas circunstâncias, pode ocorrer que a referida vida apareça como uma recordação no cérebro físico. Deste modo, a existência de tais pessoas deixa de ser uma sucessão de dias de consciência desperta e noites de esquecimento, para converter-se em uma vida em permanente consciência, sem solução de continuidade, que oscile entre o plano ou mundo físico e o astral.

Um dos primeiros pontos que o homem aprende quando atua no Corpo Astral, é ir de um lado a outro. Este corpo possui um grande dinamismo, podendo deslocar-se a grandes distâncias do corpo físico enquanto permanece dormindo. A compreensão deste fenômeno projeta muita luz sobre um elevado número de outros fenômenos, dos chamados «ocultos», tais como «aparições» de diversa índole, conhecimento de lugares nunca visitados fisicamente etc.

Tendo em conta que o Corpo Astral é propriamente o veículo dos sentimentos e emoções, o conhecimento da sua composição e da sua forma de agir é de grande utilidade para compreender diversos aspectos da psicologia humana, tanto individual como coletiva. Por outro lado, aporta uma explicação bastante simples do mecanismo de numerosos fenômenos revelados pela moderna psicanálise.

Para compreender a vida a que passam os seres humanos, ao morrer seu corpo físico, é essencial entender claramente a estrutura e natureza do Corpo Astral, com suas possibilidades e limitações. À medida em que se conhece a natureza do corpo e do mundo astral, pode-se classificar e compreender os distintos infernos, céus e purgatórios em que creem os seguidores da maior parte das religiões. O estudo do Corpo Astral também é de grande utilidade para a compreensão de muitos dos fenômenos que ocorrem nas sessões espíritas, assim como determinados métodos físicos e não físicos de curar enfermidades.

Aqueles que estejam interessados na chamada quarta dimensão irão encontrar a confirmação de muitas das teorias formuladas a partir da matemática e da geometria no estudo dos fenômenos do mundo astral, tal como aparecem descritos por aqueles que o observaram. Por conseguinte, cremos que o estudo do Corpo Astral do homem abre-nos um campo imenso e amplia extraordinariamente o conceito da vida que em nossos dias se contempla desde um ponto de vista quase exclusivamente físico e interpreta-se sob este mesmo prisma.

À medida em que avançamos em nossos estudos, vamos compreender que os sentidos físicos, ainda que valiosos, de maneira alguma supõem o limite do que o homem pode aprender em mundos mais sutis, graças aos veículos de consciência que possui. O despertar das faculdades astrais descobre um mundo novo dentro do velho. Uma vez que o ser humano é capaz de entender corretamente o significado do novo, consegue ter uma perspectiva mais ampla dentro da sua própria vida e de toda a natureza e é plenamente consciente das possibilidades quase ilimitadas que são subjacentes em si mesmo. Com o tempo e de maneira inevitável, graças a este conhecimento, aparecerá no homem o anelo e mais tarde, a firme decisão, de conhecer esses mundos e de conhecer-se a si mesmo, de dominar seu destino terrestre e chegar a ser um cooperador inteligente do que, com propriedade, foi dado o nome de *"vontade em evolução"*.

A seguir, passamos a estudar em profundidade o Corpo Astral e muitos fenômenos astrais intimamente relacionados com ele próprio.

Capítulo 2
Composição e estrutura

A matéria astral classifica-se em sete graus ou ordens de finura que se correspondem com os sete graus da matéria física conhecidos como: sólido, líquido, gasoso, etéreo, superetéreo, subatômico e atômico.

Estes estados da matéria astral não receberam até agora, seus próprios nomes, de modo que, no geral, eles são distintos pelo número do grau ou subplano, registrando-se o primeiro como o mais sutil e o sétimo como o de menor finura.

Quando falamos, por exemplo, de matéria astral sólida ou densa, nos referimos à sétima variedade ou a mais baixa; quando dizemos matéria astral etérea, entende-se que aludimos ao quarto grau de cima e assim sucessivamente.

A matéria astral interpenetra a física, por ser mais sutil do que esta. Portanto, todo átomo físico flutua envolto em um mar de matéria astral que preenche todos os interstícios da matéria física. É do conhecimento de todos que, inclusive na substância mais dura e densa, não há dois átomos que se toquem; o espaço existente entre dois átomos adjacentes é muito maior do que os próprios átomos.

Há muito tempo, a ciência física ortodoxa vem sustentando a hipótese de um éter que interpenetra todas as substâncias conhecidas, desde o sólido mais denso até o gás mais rarefeito. Da mesma maneira como esse éter circula com absoluta liberdade entre as partículas da matéria mais densa, assim também, a matéria astral interpenetra o éter, e move-se livremente entre suas partículas.

Em consequência, um ser que habite o mundo astral, pode ocupar o mesmo espaço de um ser vivente no mundo físico, sem que um seja consciente da existência do outro e sem dificultar seus movimentos. O estudante deverá familiarizar-se com este conceito básico, visto que se não o entende com total clareza, não poderá compreender um grande número de fenômenos astrais.

O princípio da interpenetração permite-nos compreender perfeitamente que os diferentes planos da natureza não estão separados no espaço, senão que existem ao nosso redor neste preciso instante, de tal modo que para percebê-los e investigá-los, não é preciso transladar-se no espaço: unicamente, desenvolvemos em nós os sentidos através dos quais seremos capazes de percebê-los. Portanto, o mundo ou plano astral, não é um lugar, senão uma condição da natureza. É importante observar que não se pode desintegrar um átomo físico e reduzi-lo diretamente em átomos astrais. Se a força que faz girar aproximadamente 14 milhares de milhões de «borbulhas» no ulterior do átomo físico, torna a voltar à entrada do plano astral, mediante um esforço da nossa vontade, o átomo desaparece, deixando em liberdade «as borbulhas». Esta mesma força, ao agir mais tarde em nível superior, não se manifesta em um átomo astral, senão em um grupo de 49 dos referidos átomos. Relação semelhante, representada pelo número 49, existe entre os átomos de qualquer um dos dois planos contíguos da natureza. Deste modo, um átomo astral contém 49^5 ou 282.475.249 «borbulhas», enquanto que um átomo mental possui 49^4 «borbulhas» e assim sucessivamente.

Há razões que nos induzem a crer que os elétrons sejam átomos astrais. Os físicos afirmam que um átomo químico de hidrogênio contém provavelmente entre 700 e 1.000 elétrons. A investigação ocultista declara que o átomo químico de hidrogênio contém 882 átomos astrais. Não parece provável que isto se deva a uma simples coincidência. Temos que notar que os átomos físicos mais ulteriores, são de dois tipos: masculinos e femininos. Nos masculinos, a força provém do mundo astral, atravessa o átomo e entra no mundo físico; nos femininos, a força procede do mundo físico, passa pelo átomo e dirige-se ao mundo astral, desaparecendo desta maneira, do mundo físico.

A matéria astral corresponde com suspeita exatidão à matéria física que interpenetra; cada variedade de matéria física atrai matéria astral de densidade correspondente. A matéria física sólida interpenetrada pela matéria astral que denominamos sólida; a matéria física líquida o está pela astral líquida; quer dizer a matéria astral do sexto subplano. De maneira similar, a gasosa e os quatro graus de matéria etérea estão interpenetrados pela matéria astral do grau correspondente. Do mesmo modo que é indispensável que o corpo físico contenha em sua constituição, matéria física de todo tipo (sólida, líquida, gasosa e etérea), é igualmente imprescindível que o Corpo Astral contenha partículas dos sete subplanos astrais, ainda que naturalmente as proporções variem bastante nos diferentes casos.

Considerando que o Corpo Astral do homem é composto de matéria dos sete graus, pode experimentar todas as variedades de desejos, emoções e sentimentos possíveis, desde os mais elevados até os piores. Esta peculiar capacidade de resposta da matéria astral permite que o Corpo Astral sirva de envoltura.

Mediante ela, o ego pode adquirir experiência à base de sensações. À parte da matéria astral ordinária, na composição do Corpo Astral humano, aparece o que conhecemos como terceiro reino Elemental, ou simplesmente, essência Elemental do plano astral. Constitui o que se denomina o *"Elemental-desejo"* que vamos tratar mais amplamente. A essência Elemental astral é formada pela matéria dos seis subplanos inferiores do plano astral, sendo vivificada pela segunda emanação da segunda pessoa da trindade.

A matéria astral do subplano mais elevado ou atômico conhece-se como essência "monódica". No caso de um homem carente de desenvolvimento, seu corpo Astral é uma massa de matéria astral difusamente perfilada, nebulosa e mal estruturada, onde se destacam as substâncias dos graus inferiores. O referido corpo é tosco, de cor escura e densa. Às vezes, tão denso que quase chega a manchar o contorno do corpo físico, assim podendo ceder ao estímulo das paixões e dos apetites. Quanto ao tamanho, expande-se em todas as direções, até 25 ou 30 cm do corpo físico. No caso de uma pessoa dotada de moral e intelectualidade medianas, o Corpo Astral é consideravelmente maior; estendendo-se até cerca de 45 cm em ambos os lados do corpo e é composto de matéria mais fina e melhor equilibrada.

A presença de matéria dos graus mais sutis confere certa luminosidade ao conjunto e alguns contornos mais delimitados e precisos. Em uma pessoa desenvolvida espiritualmente, o Corpo Astral é ainda de maior tamanho e é constituído pelas partículas mais finas de cada grau, predominando as de níveis mais elevados. Sobre as cores dos corpos astrais há muito que comentar, ao qual dedicaremos um capítulo a parte. Não obstante, devemos antecipar que em pessoas pouco desenvolvidas, as cores são toscas e manchadas; mas tornando-se cada vez mais luminosos, na medida em que o homem se desenvolve no plano emocional, mental e espiritual. A própria palavra "astral" herdada dos alquimistas medievais, significa "estelar" e é de se supor que se refira à aparência luminosa da matéria astral.

O Corpo Astral de uma pessoa, como já mencionamos, não só interpenetra o corpo físico, como além do mais, expande-se ao redor do mesmo, em todas as direções, como se fosse uma nuvem. A parte do Corpo Astral que se estende mais além dos limites do corpo físico, geralmente se denomina "aura astral". Os sentimentos intensos são os responsáveis pelo que se origina de uma aura extensa. Não devemos esquecer de que a dilatação da aura é um dos requisitos para a iniciação, posto que as qualidades devam ser visíveis nela.

A aura dilata-se de maneira natural em cada iniciação. Dizem que o raio da aura de Buda mede mais de três milhas. Levando em consideração que a matéria do corpo físico sente uma forte atração pela do Corpo Astral, é comum que a maior parte (cerca de 99%) das partículas dos corpos astrais esteja comprimida dentro do perímetro do corpo físico; o 1% restante completa o que resta do ovoide e constitui a aura. Portanto, a porção central do Corpo Astral adquire exatamente a mesma forma do corpo físico; de fato, é muito sólida e precisa e distingue-se com nitidez, da aura que o circunda. Costuma-se denominar a contraparte astral do corpo físico. Em que pese a isso, a correspondência do Corpo Astral com o físico dá-se unicamente no que se refere à forma externa e não implica em nenhuma similitude de funções dos diversos órgãos, como veremos claramente ao tratar do tema dos "chackras" ou dos centros.

Tanto o corpo físico do homem como qualquer objeto físico, possui matéria astral de grau correspondente em constante associação, que só se separa mediante uma considerável força oculta; inclusive neste caso, a separação apenas dura enquanto se esteja exercendo esta força. Em outras palavras, qualquer objeto físico tem sua contraparte astral; não obstante, não há associação permanente entre as partículas físicas e a porção de matéria astral que, em dado momento, age como contraparte das mesmas, porque as partículas astrais estão em contínuo movimento, igual a um líquido. Geralmente, a porção astral de um objeto tem certa projeção sobre a superfície sica; por isso, os metais, as pedras estão rodeadas de uma aura astral. Caso seja amputado algum membro do corpo físico do homem, a coerência da matéria astral viva é mais intensa do que a atração da parte física amputada. Em consequência, a contraparte astral não acompanha o membro físico. A parte astral haverá adquirido o costume de manter a própria forma do membro amputado, pelo que seguirá conservando-a, mas em seguida se ajustará aos limites da área lesada.

Ocorre o mesmo fenômeno quando se corta um dos galhos de uma árvore. Não obstante, caso se tratasse de um objeto inanimado, como pode ser uma cadeira ou uma bacia, não existe vida individual que conserve a coesão. Por conseguinte, se um objeto físico se rompe, também se fragmenta sua contraparte astral. Totalmente à margem dos sete graus de matéria astral, por ordem de finura, existe outra classificação completamente distinta, isto é, conforme o tipo. Na literatura teológica, o grau de finura costuma se designar como divisão horizontal e o tipo, como divisão vertical. Os tipos são sete e estão absolutamente misturados entre si, constituindo a atmosfera.

Qualquer Corpo Astral contém matéria dos sete tipos; suas proporções revelam o temperamento do homem, que pode ser devoto ou filosófico, artístico ou científico, pragmático ou místico. O conjunto da porção astral da Terra e dos planetas físicos, junto com os planetas puramente astrais do nosso sistema, compõe o Corpo Astral do nosso logos solar, fato que confirma que o antigo conceito panteísta era certo.

Analogamente, cada um dos sete tipos de matéria astral considerado no seu conjunto é, em certa medida, um veículo separado, podendo-se considerá-lo também como o Corpo Astral de uma deidade subsidiária, que é, no próprio tempo, um aspecto da deidade, uma espécie de nódulo ou centro de força Nela. Por isso, o mais leve pensamento, movimento ou alteração de qualquer tipo na deidade subsidiária se vê refletido instantaneamente de uma ou outra maneira, em qualquer matéria do tipo correspondente. Estas mudanças psíquicas têm lugar periodicamente; talvez se correspondam com a inspiração e a expiração ou com os batimentos cardíacos no plano físico. Observou-se que os movimentos dos planetas físicos oferecem uma pista sobre a operação das influências ocasionadas pelas referidas mudanças; essa é a justificativa da ciência astrológica. Daí se deduz também que tais operações afetam a cada ser humano, em proporção à quantidade de matéria do tipo correspondente que possua seu Corpo Astral. Assim, uma determinada mudança afetará as emoções, a mente ou a ambos; outra poderá aumentar a excitação e a irritabilidade nervosa e assim, sucessivamente. Esta proporção é a que determina nos seres humanos, nos animais, nas plantas ou nos minerais, certas características básicas que são inalteráveis e que, por vezes, chamam-se sua tônica ou sua cor ou seu raio. Seguir esta linha de ideias nos levaria mais além do objeto deste livro, pelo que recomendamos que os estudantes interessados consultem a obra: "o lado oculto das coisas". Cada tipo de matéria astral compõe-se de sete subtipos, quer dizer 49 no total. Cada tipo ou raio é permanente durante um período planetário completo; de modo que uma essência Elemental do tipo "A" dará vida, no seu devido momento a: minerais, plantas e animais do tipo "A" e dela surgirão assim mesmo, seres humanos do mencionado tipo.

    O Corpo Astral vai consumindo-se de maneira lenta e constante, justamente do mesmo modo que o físico. Em vez de repô-lo pelo processo de alimentação e digestão, as partículas perdidas são substituídas por outras da atmosfera que nos rodeia. Não obstante, o sentimento de individualidade vai transmitindo-se às novas partículas à medida que apareçam. Assim, a essência Elemental, contida no Corpo Astral de todo ser humano, sente-se a si mesma como uma espécie de entidade separada e age de acordo com o que considere do seu próprio interesse.

Capítulo 3
As cores

Para a visão clarividente, uma das características fundamentais do Corpo Astral tem raízes nas cores que nele aparecem continuamente. Em matéria astral, as cores constituem expressão de sentimentos, paixões e emoções e se correspondem entre si. Em cada um dos planos mais elevados da natureza, encontra-se todas as cores conhecidas e inclusive outras que, todavia, na atualidade se desconhecem; mas na medida em que ascendemos de uma a outra cor se nos apresentam como mais delicadas e luminosas, de modo que se pode dizer que são oitavas de cor mais altas. Como não podemos representar no papel as cores das oitavas mais altas, é preciso levar em consideração este pormenor ao analisar os exemplos que apresentamos a seguir. A seguinte lista é uma relação das cores principais e das emoções que expressam:

Negro e nuvens densas:
– Ódio e maldade.

Vermelho:
– Faiscação de vermelho intenso, no geral, sobre fundo negro: ira, uma nuvem escarlate: irritação.

Escarlate brilhante:
– No fundo corrente da aura: «nobre indignação».

Vermelho cardeal e sanguíneo:
– Sem dúvida, ainda que não seja fácil descrever: sensualidade.

Marrom acinzentado:
– Um marrom-cinza, opaco escuro: egoísmo.

Marrom avermelhado:

- Opaco, quase da cor do óxido: avareza. Geralmente encontrado em faixas paralelas através do Corpo Astral.

Marrom esverdeado:
- Iluminado por faíscas de vermelho escuro ou escarlate: ciúmes. Frequente no homem comum, quando enamorado.

Cinza:
- Depressão. Como no caso do marrom avermelhado da avareza, a cor cinza é distribuída em bandas paralelas, assemelhando-se a uma jaula.

Carmesim:
- Amor egoísta.

Cor rosada:
- Amor desinteressado. Quando a cor é muito brilhante e tem matizes de lilás: amor espiritual pela humanidade.

Alaranjado:
- Orgulho e ambição. Frequentemente, com irritação.

Amarelo:
- Intelecto. Varia desde a cor profunda e opaca, passando pelo dourado brilhante, até o limão claro e luminoso ou amarelo esverdeado claro. O amarelo ocre opaco indica que a inteligência se rege pelos interesses egoístas. O amarelo índigo implica em tipo muito elevado; o amarelo esverdeado claro relaciona-se com um intelecto consagrado a fins espirituais; o dourado indica puro intelecto, dedicado à filosofia ou à matemática.

Verde:
- Em geral seu significado pode variar muito e é preciso estudá-lo para poder interpretá-lo corretamente; em termos gerais indica adaptabilidade.

Cinza esverdeada:
- Com aspecto lamacento: engano e astúcia.

Verde esmeralda:

- Versatilidade, ingenuidade e habilidade aplicadas de maneira desinteressada.

Azul-verde luminoso:
- Profunda simpatia e compaixão com a capacidade de total adaptabilidade que unicamente ela pode dar.

Verde-maçã brilhante:
- Acompanha sempre uma forte vitalidade.

Azul escuro e limpo:
- Sentimento religioso. Costuma aparecer com matizes de outras tonalidades, desde o índigo ou um formoso violeta escuro, até o cinza azulado argila.

Azul-claro:
- Dedicação a um nobre ideal espiritual; o matiz violeta representa mistura de afeto e devoção.

Lilás-azul luminoso:
- A mais elevada espiritualidade, com exaltadas aspirações espirituais.

Ultravioleta:
- Desenvolvimento mais elevado e puro das faculdades psíquicas.

Ultravermelho:
- Faculdades psíquicas inferiores de seres que trabalham com formas malvadas e egoístas de magia.

O gozo transluz em luminosidade e radiação gerais, tanto do corpo mental como do astral e na particular ondulação da superfície corporal. A jovialidade manifesta-se em forma de borbulhas e também, em uma serenidade estável. A surpresa torna-se patente em uma repentina contração do corpo mental, que geralmente se transmite ao astral e ao físico, junto com uma maior intensidade de brilho do lado do afeto, caso a surpresa seja agradável; se for desagradável, o marrom e o cinza tornam-se mais intensos.

A contração, às vezes, produz uma sensação desagradável que costuma afetar o plexo solar, provocando desmaio ou enfermidade; Em outras ocasiões, afeta o centro cardíaco, produzindo palpitações e inclusive a morte. Temos que levar em consideração que, como as emoções humanas quase sempre estão misturadas, o normal é que tais cores apareçam misturadas e raramente são cores completamente puras. Por isso, a pureza de muitas cores aparece envolta pelo denso marrom acinzentado do egoísmo ou misturada pelo alaranjado intenso do orgulho. Na hora de interpretar o significado das cores, devemos manter presente outros pontos; por exemplo, o brilho geral do Corpo Astral, a relativa precisão ou imprecisão dos contornos, o brilhantismo relativo dos distintos centros de força (veja cap. V).

O amarelo do intelecto, o rosa dos afetos e o azul da devoção religiosa encontram-se sempre na parte superior do Corpo Astral; as cores do egoísmo, da avareza, do engano e do ódio encontram-se na parte inferior; a massa do sentimento sensual costuma flutuar entre estas duas zonas. Daqui se deduz que, no homem carente de desenvolvimento, a porção inferior do ovoide tende a ser maior do que a superior, de modo que o Corpo Astral possui a aparência de um ovo com a parte mais estreita para cima. No homem mais desenvolvido acontece o contrário: a parte mais estreita está para baixo. Sempre se produz uma tendência para a simetria, que se alcança gradualmente; assim, pois, tais aparências são apenas temporais.

Cada qualidade manifesta-se em uma cor e possui seu próprio tipo especial de matéria astral. A posição de tais cores no Corpo Astral depende da gravidade específica dos respectivos graus. O princípio geral é que as qualidades malignas ou egoístas expressam-se em vibrações relativamente lentas de matéria mais grosseira, enquanto que as boas e abnegadas manifestam-se em matéria mais fina. Por sorte, para nós, se assim é, as emoções positivas duram mais tempo do que as negativas; o efeito do amor intenso ou da devoção mantém-se no Corpo Astral até muito depois de ter sido esquecido o fato que os provocou. Ainda que não seja comum, é possível que ocorram simultaneamente e com força, dois graus de vibração no Corpo Astral, por exemplo, uma de amor e outra de cólera. Os efeitos serão paralelos, mas um se produz em nível muito mais alto do que o outro. Em consequência disso, o primeiro durará muito mais do que o segundo.

O afeto e a devoção desinteressados, enquadram-se dentro do subplano astral mais elevado (o atômico) e refletem-se na matéria do grau correspondente do plano mental; por esse motivo chegam ao corpo causal (mental superior), não ao mental inferior. Este é um ponto primordial que deve ser levado em conta pelos estudantes. O ego, que habita o plano mental superior, só o afeta os pensamentos desinteressados. Os pensamentos de ordem inferior não influem nele, só repercutem nos átomos permanentes. Como consequência disto, haverá vazios no corpo causal, mas não cores negativas, correspondentes aos pensamentos e sentimentos mais baixos. O egoísmo, por exemplo, se manifestará como ausência de afeto ou de simpatia e quando for substituído pelo seu oposto, se preencherá o vazio existente no corpo causal.

Para poder apreciar a aparência do Corpo Astral, é preciso que se considere que as partículas que entram na sua composição, estão sempre em movimento. Na maioria dos casos, as nuvens de cor fundem-se umas nas outras, sobrepondo-se mutuamente, uma vez que aparecem e desaparecem. A superfície do vapor luminoso assemelha-se ligeiramente à superfície da água fervendo. Em outras palavras, as diferentes cores não permanecem na mesma posição, ainda que exista uma posição normal a que tendam a voltar. As características dominantes dos três tipos ilustrados: o selvagem, o homem vulgar e o homem evoluído podem resumir-se da seguinte maneira:

Tipo selvagem:

Destacam-se nele, consideravelmente, o sensualismo, o engano, o egoísmo e a cobiça; a ira violenta está representada por manchas e pontos salpicados da cor escarlate opaca; mostra poucos afetos; o intelecto e o sentimento religioso que aparecerem, será do tipo mais inferior. O perímetro do Corpo Astral é irregular e as cores, manchadas, densas e pesadas. Todo corpo aparece na simples visão como confuso, mal regulado e desordenado.

O homem comum:

O sensualismo, ainda sendo menor é, todavia, destacado, assim como o egoísmo e aparece certa capacidade de enganar com fins pessoais. O verde que começa a se dividir em duas tonalidades distintas, demonstra que a astúcia está se transformando progressivamente em adaptação. A ira está, todavia, marcada; os afetos, o intelecto e a devoção são mais evidentes e de qualidade superior. Em geral, as cores estão definidas com maior nitidez e são mais brilhantes, ainda que nenhuma seja totalmente pura. Vê-se o contorno do corpo definido e regular.

O homem evoluído:

As qualidades indesejáveis desapareceram quase por completo. Atravessando a parte superior do corpo aparece uma faixa de cor lilás, que indica aspiração espiritual. Uma nuvem de cor amarela brilhante de intelecto encontra-se sobre a cabeça, envolvendo-a; em baixo aprecia-se uma ampla faixa do azul da devoção; continuando, através do tronco, vê-se uma faixa ainda mais ampla na cor rosa dos afetos e na parte inferior do corpo, encontra-se uma grande quantidade de verde que indicam adaptabilidade e simpatia. As cores são brilhantes, luminosas, dispostas em bandas claramente definidas; o contorno do corpo está perfeitamente delimitado e parece estar bem ordenado sob domínio absoluto. Ainda que nesta obra não nos ocupemos do corpo mental, devemos dizer que à medida que o homem progride, seu Corpo Astral vai parecendo-se cada vez mais com corpo mental. Até que praticamente se converte em reflexo deste na matéria mais grosseira do plano astral. Logicamente isto indica que a mente do homem domina por completo todos os seus desejos e não é provável que seja arrastado por impulsos emotivos. Não cabe dúvida de que um homem assim estará sujeito à irritabilidade ocasional e a anelos indesejáveis de índole diversa, mas sabe o suficiente para reprimir estas baixas paixões e não cair nelas.

Em uma fase mais avançada, o próprio corpo mental converte-se em um reflexo do corpo causal, assim ele aprende a responder unicamente aos impulsos do ser superior, o ego, e são estes os que guiam exclusivamente seu raciocínio. O corpo mental e o astral de um Arhat não só possuem uma coloração característica própria, senão que reproduzem as cores do corpo causal, na medida em que as oitavas inferiores dos referidos corpos possam expressá-los. São cores extremamente iridescentes, com uma espécie de efeito de madrepérola tornassol, impossível de descrever ou representar.

Um ser humano evoluído dispõe em seu Corpo Astral de cinco graus de vibração; o homem comum mostra pelo menos nove graus, além de apresentar misturas de várias tonalidades. Muitas pessoas chegam a ter 50 ou 100 graus, de modo que a superfície completa aparece coberta de uma infinidade de pequenos remoinhos e de correntes cruzadas, todas elas lutando umas contra as outras em aloucada confusão. Isto é motivado pelas emoções e preocupações desnecessárias; os ocidentais costumam apresentar esta condição que leva ao enfraquecimento de grande parte da sua energia.

Um Corpo Astral vibrando ao mesmo tempo de 50 maneiras distintas, não é somente feio, além do mais, representa uma grave moléstia. Pode comparar-se a um corpo físico que sofre uma paralisia grave, com todos os membros agitando-se simultaneamente, em diferentes direções. Tais efeitos astrais são contagiosos e afetam qualquer pessoa sensível que se encontre próxima, que passa a sentir uma dolorosa sensação de inquietude e preocupação. Para as pessoas sensíveis se torna tão incômodo viver em uma grande cidade ou misturar-se com a multidão, precisamente porque estão rodeadas de milhões de seres humanos desnecessariamente irrequietos com todo tipo de torpes desejos e sentimentos. As perturbações astrais constantes podem chegar a afetar o duplo etéreo e originar enfermidades nervosas. Os centros de inflamação do Corpo Astral assemelham-se aos tumores do corpo físico: não apenas são tremendamente incômodos, como também, pontos frágeis por onde se desgasta a vitalidade. Além do mais, não oferecem nenhuma resistência efetiva contra as más influências, ao mesmo tempo em que impedem que as boas sejam benéficas. Infelizmente, tal condição tem repercutido muito; o remédio consiste em eliminar as preocupações, o temor e os desgostos.

O estudante de ocultismo deve evitar, a todo custo, sentimentos pessoais que possam afetá-lo. Unicamente os maus possuem uma aura branca ou relativamente carente de cor, pois as cores começam a aparecer à medida que se desenvolvem as qualidades.

O Corpo Astral de uma criança é, com frequência, um formoso objeto de cores puras e brilhantes, livre de manchas de sensualismo, avareza, má vontade e egoísmo. Nele podem ser apreciados os germes latentes e as tendências procedentes da vida anterior: algumas más e outras boas. Deste modo pode-se perceber as possibilidades da vida futura da criança. O amarelo do intelecto, que se encontra quase sempre próximo à cabeça, é a origem do nimbo ou glória que se coloca ao redor da cabeça dos santos, por ser esta a cor que mais se destaca entre as cores do Corpo Astral e a que é percebida com mais facilidade pela pessoa que está iniciando a clarividência. Em algumas ocasiões a causa da extraordinária atividade do intelecto, o amarelo, chega a se tornar visível, inclusive na matéria física, podendo-se apreciar ao simples olhar.

Como vimos, o Corpo Astral tem uma distribuição normal, em que suas diferentes partes tendem a agrupar-se. Não obstante, um repentino acesso de paixão ou de sentimento ocasiona ou não a vibração momentânea da totalidade ou quase totalidade da matéria do referido corpo até um determinado grau, produzindo resultados inesperados. Nestes casos, toda a matéria do Corpo Astral agita-se como impelida por um violento furacão, que produz um estremecimento das cores durante certo tempo. No caso de uma repentina efusão de afeto, como acontece, por exemplo, quando uma mãe acolhe seu filho aos braços e o cobre de beijos, todo o Corpo Astral agita-se com força e as cores originais ficam quase obscurecidas durante algum tempo. A análise detalhada deste fenômeno revela quatro efeitos diferentes:

1. São visíveis, determinados remoinhos ou vórtices de cores vivas, bem definidas, sólidas e que despendem um brilho intenso procedente do interior. Cada remoinho é, realmente, uma forma mental de afeto intenso, criada no Corpo Astral e disposta a acudir desde o referido corpo até o objeto que produz o sentimento. As nuvens de luz intensa em veloz rotação possuem uma beleza indescritível, ainda que não sejam fáceis de representar.
2. Todo Corpo Astral aparece atravessado por linhas horizontais de uma luz carmesim intermitente, ainda mais difíceis de representar, devido à velocidade com que se deslocam.
3. Toda superfície do Corpo Astral está coberta por uma espécie de película de cor rosada, por meio da qual, tudo se vê como através de um cristal colorido.

4. Uma espécie de reflexo carmesim envolve todo o Corpo Astral, tonalizando de certo modo com as cores restantes e condensando-se por todas as partes em flocos que flutuam semelhantes a nuvens em formação.

Este despregar de vórtices dura apenas alguns segundos, após os quais o corpo retorna a seu estado habitual, situando-se novamente os diferentes graus de matéria em suas respectivas zonas, em função da sua gravidade específica. Não obstante, cada acesso de sentimento acrescenta algo de cor carmesim à parte superior do ovoide, assim facilitando um pouco mais a resposta do Corpo Astral à próxima efusão de afeto que se produza.

Analogamente, nas pessoas que costumam sentir uma devoção elevada, a zona de cor azul do seu Corpo Astral, amplia-se muito rápido. Os efeitos de tais impulsos são cumulativos e a emissão de intensas radiações de amor e gozo exerce uma influência positiva nos demais presentes. Em uma religiosa dedicada à contemplação, um repentino acesso devocional transformará a cor carmesim em azul e provocará um efeito quase idêntico ao que descrevemos. No caso de cólera intensa, produzem-se uns remoinhos ou vórtices de espessas e faiscantes massas negras como fuligem, iluminados desde o interior pelo brilho azul-violáceo do ódio ativo que obscurecem o transfundo habitual do Corpo Astral.

Todo o Corpo Astral aparece manchado por fragmentos da mesma nuvem escura, com flechas de fogo de ira desatada, lançadas entre grandes faíscas relampejantes. Estas são capazes de penetrar nos corpos astrais como se fossem espadas, ocasionando danos a outras pessoas. Neste caso, como em outros, cada arremesso de ira predispõe a matéria de todo Corpo Astral a responder ante tão indesejáveis vibrações com mais facilidade do que antes. Em um inesperado ataque de terror, todo corpo cobre-se misteriosamente de uma curiosa neblina de cor cinza pálido, ao mesmo tempo em que aparecem linhas horizontais do mesmo tom, que vibram com uma violência tal que apenas são percebidas como linhas separadas. O efeito é tão horrível que se torna difícil descrevê-lo; durante certo tempo desaparece toda luz do corpo e como se fosse gelatina, dilata-se toda a massa cinzenta. A onda de emoção não afeta de maneira considerável o corpo mental, ainda que temporariamente possa tornar quase impossível que a atividade do referido corpo afete o cérebro físico, porque o Corpo Astral que serve de ponte entre o corpo mental e o cérebro está vibrando em um único ritmo, incapaz de transmitir qualquer onda que não esteja em harmonia com o mesmo. Os exemplos dados referem-se aos efeitos de ataques repentinos e transitórios de sentimentos.

Existem outros efeitos semelhantes de caráter mais permanentes, que se produzem por determinadas disposições e tipos de caráter. Por exemplo, quando um homem comum se enamora, seu Corpo Astral transforma-se tanto, que apenas se pode reconhecer como pertencente à mesma pessoa. O egoísmo, o engano e a avareza desaparecem, enquanto que a parte inferior do ovoide mostra um desenvolvimento considerável de paixões animais. O verde da adaptabilidade é substituído pelo marrom esverdeado dos ciúmes. Quando intensos, aparecem em forma de faíscas de cor escarlate brilhante, características da cólera.

As mudanças indesejáveis, porém, são neutralizadas por magníficas faixas de cor carmesim que cobrem grande parte do ovoide. Durante algum tempo, é essa a característica mais saliente e todo o Corpo Astral resplandece com sua luz. Sob a influência desta luz, desaparece a opacidade comum a qualquer Corpo Astral; todos os tons tornam-se brilhantes e bem definidos, tanto os positivos como os negativos. É como uma intensificação da vida em diversos sentidos. O azul da devoção melhora também em grande medida e inclusive se aprecia um toque violeta pálido no ápice do ovoide, indicando capacidade para responder a um ideal autenticamente elevado e desinteressado. Pelo contrário, o amarelo do intelecto desaparece quase por completo durante algum tempo. Talvez este fato possa ser considerado, como característico do namoro.

O Corpo Astral de uma pessoa irritável, no geral mostra uma faixa ampla de cor escarlate como característica predominante; além do mais, todo Corpo Astral é recoberto de flocos flutuantes desta mesma cor, de uma forma parecida com pontos de interrogação. No caso de um avaro, o egoísmo, a avareza, o engano e a adaptabilidade estão logicamente intensificados, mas o sensualismo está reduzido. A mudança que mais destaca, não obstante, torna-se patente em uma curiosa série de linhas paralelas horizontais que atravessam o ovoide, semelhante a uma jaula. As barras são de cor marrom escuro, praticamente como uma cor sena calcinada. A avareza parece possuir o efeito de deter provisionalmente o desenvolvimento e é muito difícil desembaraçar-se dela, uma vez que se tenha aderido com firmeza.

A depressão profunda origina um efeito de cor cinza, em vez de marrom, muito parecido com o do avaro. O resultado é extraordinariamente sombrio e deprimente para quem o observa. Nenhum estado emocional é tão contagioso como um sentimento de depressão. No caso de uma pessoa não intelectual, mas decididamente religiosa, o Corpo Astral adquire um aspecto característico. Um toque de cor violeta insinua a possibilidade de responder a um ideal elevado. O azul da devoção está excelentemente desenvolvido, mas o amarelo do intelecto é pouco abundante. Manifesta-se uma proporção regular de afeto e de adaptabilidade, mas se vê mais sensualismo do que o normal; o engano e o egoísmo também se destacam. As cores estão irregularmente distribuídas e se fundem mutuamente; o contorno é difuso o que simboliza vagueza nos conceitos devocionais da pessoa. Frequentemente se associam o temperamento devoto e o sensualismo extremo, talvez devido a que as pessoas deste tipo vivam, sobretudo, dos seus sentimentos, levando a reagir por eles, em lugar de tentar regulá-los por meio da razão.

Um homem do tipo de um cientista apresenta um grande contraste. A devoção está completamente ausente; o sensualismo é muito inferior ao termo médio; mas o intelecto é desenvolvido em grau anormal. O afeto e a adaptabilidade são escassos e de baixa qualidade. Mostra uma boa proporção de egoísmo e de avareza assim como de ciúmes. Um enorme cone de cor, laranja brilhante em meio ao amarelo dourado do intelecto revela orgulho e ambição relacionados ao conhecimento adquirido. O hábito científico e ordenado da mente ocasiona a distribuição das cores em faixas regulares, com linhas de demarcação bem delimitadas e perfeitamente marcadas. Após haver analisado as cores do Corpo Astral, devemos acrescentar que os meios de comunicação com os três elementais, tão intimamente associados ao Corpo Astral do homem, ocorrem por meio de sons e cores.

Os estudantes recordarão as obscuras referências que se fizeram em repetidas ocasiões a uma linguagem das cores e o fato de que, no antigo Egito escreviam-se a cores nos manuscritos sagrados e eram castigados com a morte aqueles que cometessem erros de cópia. Para os elementais, as cores são tão inteligíveis como são as palavras para os seres humanos.

Capítulo 4
Funções

Em linhas gerais, podemos agrupar as funções do Corpo Astral em três divisões:
1. Tornar possíveis as sensações.
2. Servir de ponte entre a mente e a matéria física.
3. Agir como veículo independente da consciência e da ação.

Trataremos destas três funções em ordem consecutiva.

Se analisarmos o ser humano em seus princípios, quer dizer, pelo seu modo de manifestar vida, encontramos os quatro princípios inferiores que com frequência se denominam como o *"quaternário inferior"*. São os seguintes:

- Corpo físico.
- Corpo etéreo.
- Prana e vitalidade.
- Kama ou desejo.

4. O princípio, Kama, é a vida que se manifesta no Corpo Astral e está condicionada por ele. Sua característica é o atributo do sentimento, que na sua forma rudimentar é sensação, e em sua forma complexa é emoção, com numerosas gradações entre as duas. Algumas vezes, isto se resume como desejo; o atraído ou rejeitado por objetos, conforme provoquem prazer ou dor.

Kama, portanto, contém sentimentos de qualquer tipo e pode definir-se como natureza passional e emocional. Inclui todos os apetites animais tais como: fome, sede, desejo sexual; todas as paixões, tais como: baixos amores, ódio, inveja, ciúmes etc. É o desejo de existência sensível, de experiência de gozos materiais, a concupiscência da carne, dos olhos, o orgulho da vida. Kama é o bruto que

se esconde em cada um de nós, o "símio tigre" de Tennyson, a força que nos mantém ligados com mais força à Terra e com as ilusões dos sentidos, apaga todos os nossos anelos mais elevados. É a parte mais material da natureza do homem e a que o sujeita com mais firmeza à vida terrena. Não é matéria constituída molecularmente, muito menos do corpo humano, sthula sharira, o mais grosseiro de todos os nossos princípios, senão, em realidade, o princípio médio, o verdadeiro centro animal; na medida em que nosso corpo é tão somente sua envoltura, o fator ou instrumento irresponsável, por meio do qual age a besta em nós. (A doutrina secreta, vol. I pp.456-457).
Kama ou desejo define-se como o reflexo ou aspecto inferior de Atma ou Vontade.

A diferença está nas raízes em que a vontade é autodeterminação, enquanto o desejo é estimulado à atividade devido às atrações ou repulsões dos objetos que nos rodeiam. Desejo é, portanto, vontade derrocada, cativa, a escrava da matéria.

Ernesto Wood, em seu esclarecedor livro, "*Os sete raios*", oferece-nos outra definição mais acertada do Kama:

"*Kama compreende todos os desejos. Desejo é o aspecto do amor dirigido para fora, o amor pelas coisas dos três mundos; enquanto que o amor propriamente dito é o amor à vida, amor ao divino e pertence ao ser superior ou voltado para o interior*".

Na presente obra, desejo e emoção aparecerão com frequência como termos praticamente sinônimos. Não obstante, falando com propriedade, emoção é produto do desejo e do intelecto.

Ao Corpo Astral, se lhe denomina frequentemente Kama Rupa; em algumas ocasiões na nomenclatura antiga, se lhe denominava alma animal.

Ao golpear o corpo físico, os impactos de fora se transmitem por vibrações por meio de Prana ou vitalidade; mas se Kama, o princípio sensação, não traduzisse as vibrações em sentimentos, continuariam sendo unicamente vibrações, simples movimentos no plano físico. O prazer e a dor só se produzem, quando as vibrações chegam até o centro astral. Por esta razão, a Kama unida à Prana, é denominada "alento de vida", o princípio vital sensível que se estende a cada partícula do corpo. Conforme parece, determinados órgãos do corpo físico, como o fígado e o baço, estão vinculados especificamente às atividades de Kama. Neste ponto, é preciso recordar que Kama, o desejo, começa a fazer-se sentir no reino mineral, em que se manifesta como afinidade química.

No reino vegetal, encontra-se muito mais desenvolvido e revela maior capacidade para utilizar material astral inferior. Os estudantes de botânica sabem que as simpatias ou antipatias, quer dizer, os desejos, observam-se muito melhor no reino vegetal do que no mineral e que muitas plantas demonstram grande engenho e sagacidade na hora de conseguir seus fins. As plantas são afetadas pelos sentimentos que as pessoas manifestam por elas e respondem rapidamente ao cuidado amoroso. Comprazem-se diante de mostras de admiração e são também capazes de sentir apegos individuais, além da ira de antipatia. Os animais podem sentir intensamente os baixos desejos; mas sua capacidade para sentir desejos superiores é mais reduzida. Em que lhes pese, em casos excepcionais, um animal é capaz de expressar afeto e devoção em graus muito elevados.

Quanto à segunda função do Corpo Astral, ou seja, a de servir de ponte entre a mente e a matéria física, apreciamos que um impacto recebido pelos sentidos físicos e transmitidos ao interior pelo Prana, transforma-se em sensação, pela ação dos centros sensitivos situados em Kama e percebido por manas ou mente. Por isto, sem a ação do Corpo Astral, não existiria conexão entre o mundo exterior e a mente do homem; não haveria relação entre os impactos físicos e a percepção dos mesmos pela mente. Pelo contrário, quando pensamos, pomos em movimento nossa matéria mental; as vibrações geradas deste modo se transmitem à matéria do nosso Corpo Astral. Esta afeta a matéria etérea, que por sua vez, age sobre a matéria do corpo denso, a matéria cinzenta do cérebro. O Corpo Astral é, por conseguinte, uma autêntica ponte entre nossa vida física e mental; age como transmissor de vibrações, tanto do físico ao mental, como deste para aquele e de fato se desenvolve graças ao trânsito vibratório contínuo em ambas as direções.

Na evolução do Corpo Astral do homem, distinguem-se duas etapas distintas: em primeiro lugar, este corpo desenvolve-se como veículo transmissor em grau regularmente elevado; mais tarde, desenvolve-se como um corpo independente em que o homem pode funcionar no plano astral. No ser humano, a inteligência normal do cérebro é produzida graças à união de Kama com manas ou mente. Designa-se esta união como Kama-manas. H. P. Blavatsky descreve-a com estas palavras: "...*intelecto racional, mas terreno ou físico, encerrado e limitado pela matéria; portanto sujeito à sua influência*". Este é o eu inferior que agindo no plano da ilusão, imagina-se que seja o eu real ou ego e desta maneira cai naquilo que a filosofia budista denomina a "hierarquia da separatividade". Outra curiosa definição de Kama-manas, ou seja, manas com desejo, é: manas mostrando interesse por coisas externas. De passagem, devemos chamar a atenção de que, para compreender o processo da reencarnação, é essencial que se entenda claramente que Kama-manas pertence à personalidade humana e que age no cérebro físico por meio dela. É suficiente para demonstrar que não pode haver memória das vidas anteriores, enquanto a consciência não puder elevar-se acima do mecanismo cerebral. O referido mecanismo, junto com o Kama, forma-se de novo em cada vida; portanto, não pode ter contato direto com as vidas anteriores. Manas, por si só, não pode afetar as moléculas das células do cérebro físico; mas, unido a Kama, põe em movimento as moléculas físicas, produzindo assim a consciência do cérebro, que abrange a memória e todas as funções da mente humana, tal como normalmente a conhecemos. Não é, não obstante, manas superior, senão manas inferior (isto é, matéria dos quatro subplanos inferiores do plano mental) que aparece associado à Kama.

Na psicologia ocidental, este Kama-manas converte-se em uma parte do que no referido sistema, chama-se mente. Dado que Kama-manas constitui o vínculo entre a natureza superior e a inferior do homem, é o campo de batalha ao longo da vida. Por outro lado, como veremos adiante, desempenha um papel de destaque na existência pós-morte. Por ser tão estreita a associação de manas e Kama, os hindus dizem que o homem possui cinco envolturas, uma das quais serve para todas as manifestações do intelecto ativo e do desejo. Essas cinco envolturas são:

1. Ânandamayakosha, a envoltura da beatitude; Buddhi.
2. Vignânamayakosha, a envoltura discriminatória; manas superior.
3. Manomayakosha, a envoltura do intelecto e do desejo Manas inferior e Kama.
4. Prânamayakosha, a envoltura de vitalidade, Prana.
5. Ânamyakosha, a envoltura de alimento, corpo físico denso.

Na classificação utilizada por Manu, o Prânamayakosha e a Ânamyakosha aparecem juntos e são conhecidos como Bhûtâtman, eu Elemental ou corpo de ação.

O Vignânamayakosha e o Manomayakosha são denominados como corpo de sentimento, registrando-lhes o nome de Shiva. São definidos como o corpo em que o Conhecedor, o Kshetragna, torna-se sensível aos prazeres e à dor. Nas suas relações externas, o Vignânamayakosha e o Manomayakosha, em especial o último, estão ligados ao mundo dos Devas. Diz-se que estes últimos entraram no homem; a referência é feita às divindades que presidem os elementos. Estas divindades governantes originam as sensações no homem, transformando os contatos externos em sensações, ou seja, o reconhecimento de contatos desde o interior, o que é basicamente a ação de deva. Daí procede o vínculo com todos estes devas inferiores. Quando consegue submetê-los, torna o homem dominador em todas as regiões do Manas ou mente, por ser incapaz (como se disse antes) de afetar as partículas grosseiras do cérebro, projeta uma parte de si mesmo, ou seja, o manas inferior que se recobre de matéria astral e mais tarde, com a ajuda da matéria etérea, impregna todo o sistema nervoso da criança, antes do seu nascimento.

A projeção de manas costuma denominar seu reflexo, sua sombra ou raio e também se conhece sob nomes alegóricos. H. P. Blavatsky escreve em sua obra "A chave da teologia": uma vez aprisionada ou encarnada a sua essência torna-se dupla, isto é, os raios da eterna mente divina, considerados como entidades individuais assumem um duplo atributo que é: a mente essencial, inerente, característica que aspira ao céu (manas superior); a qualidade humana do pensamento, de reflexão animal, racionalizada devido à superioridade do cérebro humano, que se inclina a Kama (desejo) ou manas inferior. Manas inferior está assim ocupado no quaternário e podemos imaginá-lo como uma mão sujeitando Kama, enquanto que a outra se agarra ao pai, manas superior.

O problema que se lamenta e se resolve em cada encarnação sucessiva, consiste em saber se manas inferior será totalmente arrastado por Kama, separando-o da tríade (atma, buddhi, manas) a que pertence por natureza, ou se regressará triunfante à sua fonte, carregado de experiências da sua vida terrena, como veremos mais adiante.

Kama proporciona os elementos animais e passionais e manas inferior reflete sobre eles, acrescentando as faculdades intelectuais. No homem, este dois princípios estão entretecidos e raramente agem em separado. A manas pode considerar-se como a chama e a Kama e ao cérebro físico, como a mecha, o combustível que alimenta o fogo. Os egos de todos os seres humanos, evoluídos ou não, possuem a mesma essência e substância. O que faz de alguém um grande homem e de outro, uma pessoa vulgar e torpe é a qualidade e a constituição do corpo físico e a capacidade do cérebro e do corpo para transmitir e expressar a luz do autêntico homem interno. Para resumir, diremos que Kama-manas é o ser, o eu pessoal do homem; manas inferior imprime-lhe o toque de individualidade, graças àquilo que a personalidade reconhece como "eu". Manas inferior é um raio do pensador imortal, iluminando-lhe a personalidade. Manas inferior proporciona o último toque de prazer aos sentidos e à natureza animal, outorgando-lhes o poder de antecipação, memória e imaginação. Ainda que se possa considerar fora de lugar, aprofundar-se muito no domínio de manas e do corpo mental aos estudantes, ajudá-los, a saber, que o livre arbítrio reside em manas, representante de *mahat*, a mente universal.

No homem físico, manas inferior é o agente do livre arbítrio. De manas procede o sentimento de liberdade, a certeza de que podemos governar a nós mesmos e de que a natureza superior pode dominar a inferior. Portanto, um passo importante no domínio de si mesmo, consiste em identificar a consciência com manas em vez de Kama. A própria luta de manas por afirmar sua superioridade é a melhor testemunha de que é livre por natureza. A presença e o poder do ego permitem ao homem optar entre ceder aos desejos ou renunciar a eles. A medida em que manas inferior dirige Kama, o quaternário inferior torna-se encarregado da posição que lhe corresponde como subordinado da Tríade superior (atma, buddhi, manas). Os princípios do homem podem classificar-se da seguinte maneira:

1. {Atma, buddhi}. Manas superior.
2. {Kama-manas}. Condicionalmente imortal.
3. {Prana}. Duplo etérico. Corpo denso, mortal.

A 3ª função do Corpo Astral, quer dizer, a de veículo independente de consciência e de ação, será tratada passo a passo nos capítulos seguintes. No momento, será suficiente enumerarmos os principais usos do Corpo Astral como veículo independente de consciência, a saber:

1. Durante o período de consciência normaldesperta, isto é, enquanto o cérebro físico e os sentidos estão despertos, pode-se pôr em ação os poderes dos sentidos astrais. Alguns deles são a correspondência dos sentidos e poderes de ação que possui o corpo físico. Veremos isto no capítulo sobre chacras e centros.

2. Durante o sonho, ou em transe, o Corpo Astral pode separar-se do físico denso, vagar e agir livremente em seu próprio plano. Trataremos disto no capítulo dedicado à vida de sonho.

3. Podem desenvolver-se os poderes do Corpo Astral para que o homem seja capaz de abandonar o corpo físico e passar em continuidade de consciência ao Corpo Astral, de uma maneira consciente e intencionada, em qualquer momento que queira. É o tema do capítulo: A continuidade da consciência.

4. Após a morte física, a consciência recolhe-se no Corpo Astral; assim a vida pode continuar nesse plano, variando notavelmente em intensidade e duração, o que é em função de vários fatores. A vida após a morte. A maior parte dos capítulos restantes deste tratado são destinados às divisões deste tema e seus derivados.

Capítulo 5
Chacra ou centros

A palavra Chacra procede do sânscrito e significa literalmente roda ou disco giratório. Emprega-se para designar o que costuma ser chamado de centros de força no homem. Esses Chacra existem em todos os veículos do ser humano; são pontos de conexão pelos quais flui a força de um veículo a outro, estão estreitamente relacionados com os poderes ou sentidos dos distintos veículos.

Os Chacras do corpo etéreo são intensamente descritos em outra obra: *"O duplo etéreo"* que recomendamos aos estudantes, pois sua leitura facilitará a compreensão dos Chacras astrais.

Os Chacras etéreos localizam-se na superfície do duplo etéreo e comumente se designam com o nome do órgão físico a que correspondem.

São os seguintes:

1.– Chacra da base da coluna vertebral.
2. – Chacra do umbigo.
3. – Chacra do baço.
4. – Chacra cardíaco.
5. – Chacra laríngeo.
6. – Chacra entre as sobrancelhas.
7. – Chacra coronário.

Além destes, existem três Chacra inferiores, mas são usados por algumas escolas de «magia negra» e não nos concernem no momento. Os Chacras astrais que se encontram a no interior do corpo etéreo, são vórtices de quatro dimensões (cap.18) que se estendem em uma direção muito diferente daquelas do etéreo. Por conseguinte, ainda que se correspondam com os Chacras etéreos, de modo algum são limítrofes com ele, mesmo que algum fragmento sempre coincida. Designam-se os Chacras astrais com os mesmos nomes dos etéreos. São as seguintes as suas funções:

1. – Chacra da base da coluna vertebral: Este Chacra é a sede do pedido Serpentino, Kundalini; uma força existente em todos os planos, através de que se põem em atividade todos os demais Chacras. Na sua origem, o Corpo Astral era uma massa quase inerte, possuidora de uma consciência muito vaga, carente de poder e sem um claro conhecimento do mundo que o rodeava. O que primeiro aconteceu foi o despertar de Kundalini na esfera astral.

2. – Chacra do umbigo: Depois de Kundalini ter entrado em atividade no primeiro Chacra, avançou até o do umbigo e vivificou-o, despertando o poder de sentir no Corpo Astral, uma sensibilidade a todo tipo de influências, mas sem possuir ainda nada comparável à compreensão precisa que resulta de ver e ouvir.

3. – Chacra do baço: Kundalini dirigiu-se a seguir até ao Chacra do baço e por meio dele, vitalizou todo o Corpo Astral, dado que uma das funções deste Chacra é absorver Prana, a força vital, que também existe em todos os planos. A vivificação do Chacra do baço permite que o homem viaje de maneira consciente em seu Corpo Astral, ainda que só tenha uma compreensão vaga do que encontra em suas viagens.

4. – Chacra cardíaco: Permite que o homem compreenda as vibrações de outras entidades astrais e simpatize com elas, podendo entender instintivamente os sentimentos das referidas entidades.

5. – Chacra laríngeo: Outorga ao homem no mundo astral, o poder que corresponde ao ouvido, no mundo físico.

6. – Chacra entre sobrancelhas: Este Chacra concede o poder de apreciar com nitidez a forma e a natureza dos objetos astrais, em vez de perceber simplesmente sua presença de um modo vago. Associado a este Chacra aparece também o poder de agradar à vontade as minúsculas partículas físicas ou astrais até o tamanho desejado, como se tratasse de um microscópio. Este poder permite ao investigador ocultista, perceber e estudar moléculas, átomos etc. Não obstante, o perfeito domínio desta faculdade pertença ao Corpo Astral. O poder de agradar é um dos *siddhis* descritos nos livros orientais como *"O poder de fazer-se a si mesmo grande ou pequeno à vontade"*. A descrição é acertada, posto que o método utilizado é o de empregar um mecanismo visual que provê a pequenez inimaginável. Em contrário à redução de tamanho da visão, pode lograr-se construir um mecanismo também visual que provê enormes dimensões. O poder de engrandecer difere totalmente da faculdade de funcionar em um plano mais elevado. Do mesmo modo que o poder do astrônomo, para observar os planetas e as estrelas, é completamente diferente de poder se mover ou funcionar entre eles.

Em muitos aforismos hindus, assegura-se que a meditação em uma determinada zona da língua, confere visão astral. Esta afirmação é um *véu* já que alude ao corpo pituitário situado justamente sobre essa parte da língua.

7. – **Chacka coronário:** Este Chacra arredonda e completa a vida astral, dotando o homem da perfeição das suas faculdades. Pelo que parece, ele funciona de duas formas diferentes.

Em um tipo de pessoas, os chacras 6 e 7 convergem no corpo pituitário, que supõe para eles o único vínculo direto existente entre o plano físico e os mais elevados. Pelo contrário, em outro tipo de pessoas o Chacra coronário ladeia-se ou inclina-se até que seu vórtice coincida com a glândula pineal, apesar disso, o 6º Chacra se mantém aderido ao corpo pituitário. Nas pessoas deste tipo, a glândula pineal vivifica-se assim e se converte na linha de comunicação direta com o mental inferior sem passar aparentemente pelo plano astral intermediário, como é habitual.

No corpo físico, como é sabido, dispomos de órgãos especializados para cada sentido: o olho para ver. O ouvido para ouvir etc. Não obstante, no plano astral não ocorre o mesmo. As partículas do plano astral estão fluindo e girando continuamente como a água fervendo, por isso não há partículas que permaneçam invariavelmente em um Chacra. Pelo contrário, a totalidade das partículas do Corpo Astral passa por todos e através de cada um deles. Cada Chacra possui a função de despertar certo poder de reação nas partículas que passam por ele; um Chacra desperta o poder de ver, outro o de ouvir e assim sucessivamente. Por conseguinte, nenhum dos sentidos astrais está propriamente localizado, nem confinado em uma parte concreta do Corpo Astral. É mais apropriado dizer que todas as partículas de tal corpo possuem a capacidade de reagir. Portanto, o homem que tenha desenvolvido a visão astral utiliza para ver, qualquer porção de matéria dessa classe, por isso vê bem objetos que estejam adiante ou atrás, acima ou abaixo ou de qualquer lado. Acontece o mesmo com os demais sentidos. Em outras palavras, os sentidos astrais estão ativos em todas as partes do corpo humano.

Não é fácil descrever como se transmitem as ideias astralmente, quer dizer, qual é o substituto da linguagem. O som, no sentido comum da palavra, não se dá no plano astral, posto que não é possível na parte mais elevada do plano físico. Tampouco seria correto afirmar que a linguagem no mundo astral é transferência de pensamento; o melhor que podemos fazer é descrevê-lo como transferência de pensamentos formulados de uma maneira peculiar.

No mundo mental, um pensamento transmite-se em um instante à mente do outro, sem nenhum tipo de palavra; em consequência, no referido mundo, a linguagem não tem nenhuma importância. A comunicação astral encontra-se, por assim dizer, a meio caminho entre a transferência do pensamento no mundo mental e a linguagem de sons no mundo físico; mas ainda é preciso formular o pensamento por meio das palavras.

Para este intercâmbio, requer-se que ambos os comunicantes possuam uma linguagem comum. Os Chacras astrais e etéreos mantêm uma estreita correspondência; mas entre uns e outros e interpenetrando-os, de um modo difícil de descobrir, há uma envoltura ou tela de textura apertada, composta de uma só capa de átomos físicos muito comprimidos e impregnados de um tipo especial de Prana. A vida divina, que vai geralmente, desde o Corpo Astral até o físico, está sintonizada como que para atravessar facilmente esta cobertura; mas é uma barreira infranqueável para todas as forças incapazes de empregar a matéria atômica de ambos os planos. Esta tela é uma proteção natural para evitar que se abra prematuramente a comunicação entre os planos, o que faria mais do que provocar dano. Esta tela é a que no geral não nos permite recordar os sonhos com claridade; é assim mesmo a causa da momentânea inconsciência que sempre se produz no momento da morte. A não ser por esta proteção, o homem vulgar, em qualquer momento, poderia ser submetido por uma entidade astral, a uma influência de força que não poderia deixar dominar. Via-se submetido permanentemente a obsessões de entidades astrais desejosas de apropriarem-se de seus veículos. A mencionada tela pode se prejudicar das seguintes maneiras:

1. – Um grande choque no Corpo Astral, por exemplo, um susto repentino pode rasgar esse delicado organismo e como vulgarmente se diz deixar a pessoa louca. Um ataque muito forte de ira também pode produzir este mesmo efeito, do mesmo modo que qualquer outra emoção muito intensa de caráter negativo, que produzirá uma espécie de explosão no Corpo Astral.

2. – O consumo de álcool ou de narcóticos, inclusive o tabaco. Estas substâncias contêm elementos que se volatilizam ao romperem-se, passando alguns deles do plano físico ao astral. Também o chá e o café contêm tais elementos, ainda que em quantidades

infinitesimais, de modo que, só causam efeito quando se abusa deles por um tempo prolongado.

Estes elementos precipitam-se nos Chacras em direção oposta a que deveriam e ao fazê-lo inesperadamente não apenas prejudicam a delicada tela, como também a destroem.

A deterioração ou a destruição pode-se produzir de duas maneiras, conforme o tipo de pessoa de que se trate e a proporção dos referido elementos contidos em seu Corpo Astral e etéreo. Em certo tipo de pessoas, a precipitação de matéria volátil queima a tela, abrindo assim a porta a qualquer classe de forças irregulares e influências prejudiciais. Aqueles assim afetados, sofrem de *delirium tremens*, de obsessão ou de loucura. Em outra categoria de pessoas, os elementos voláteis, ao fluir através da tela, de algum modo, endurecem os átomos de forma que detêm ou obstaculizam a pulsação dos mesmos e não podem ser fortalecidos pela classe particular de Prana que os une a fim de formar a tela. Isto acarreta uma espécie de endurecimento da mesma, de modo que em vez de passar demasiada força de um a outro plano passa muito pouca. As pessoas sujeitas a este processo tendem a desmerecer suas qualidades, tornam-se materialistas e embrutecidas, perdem seus sentimentos mais nobres e a faculdade de dominar a si mesmos. Todas as impressões que vão de um plano a outro, devem passar exclusivamente pelos sub-planos atômicos, sejam do físico ou do astral; mas ao produzir o processo enrijecedor, contagia não só a matéria atômica, como também a matéria do 2° e de 3° sub-planos. Deste modo, a única comunicação possível tem lugar através dos sub-planos inferiores, nos quais só se pode encontrar influências desagradáveis e negativas.

A consciência do homem comum ainda não pode utilizar matéria atômica pura, nem física, nem astral; portanto, não costuma ter comunicação consciente possível e à vontade entre os dois planos. A maneira mais adequada de conseguir tal comunicação é purificando os veículos até que a matéria anímica em ambos esteja totalmente vivificada, de modo que todas as comunicações entre os dois atravessem o dito caminho. Neste caso, a tela mantém sua posição e atividade em alto grau e deixa de ser obstáculo para a perfeita comunicação em tempo de continuar impedindo o estreito contato com os sub-planos inferiores indesejáveis.

3. –Também se pode prejudicar a tela mediante o que se chama em termos espirituais, "submeter-se em desenvolvimento". É muito provável, (na realidade é muito comum) que uma pessoa tenha seus Chacras astrais bem desenvolvidos, podendo agir livremente no plano astral; não obstante, pode não se recordar de nada da sua vida astral ao voltar à consciência do mundo físico. Veremos este fenômeno no capítulo dedicado aos sonhos.

Capítulo 6
Kundalini

Em nossa obra, *O duplo etéreo*, oferecemos uma descrição de Kundalini, dando especial destaque ao corpo etéreo e aos seus Chacras. Agora nos interessa voltar a este ponto em relação ao Corpo Astral. As três forças que conhecemos como emanadas do logos, são:

1. Fohat, que se manifesta como eletricidade, calor, luz etc.
2. Prana, que se manifesta como vitalidade.
3. Kundalini, também conhecido como fogo serpentino.

Estas três forças existem em todos os planos de que temos conhecimento. Que saibamos, nenhuma delas pode converter-se em outra; cada uma se mantém separada e distinta. Na *Voz do silêncio*, chama-se Kundalini de *"poder ígneo"* e *"mãe do mundo"*.

O primeiro nome se deve ao fato de assemelhar-se ao fogo líquido, quando circula pelo corpo. Seu curso é espiral, como uma serpente enroscada. Chama-se *"mãe do mundo"* porque, graças a ele, podem vivificar-se diversos veículos para que os mundos superiores se abram sucessivamente. A posição de Kundalini no corpo humano está localizada no centro situado na base da coluna vertebral.

Em um homem comum, aí permanece adormecido e desconhecido durante toda a vida. É muito melhor que continue adormecido até que o homem tenha atingido o desenvolvimento moral adequado; até que sua vontade seja o bastante forte para regulá-lo e seus pensamentos sejam o bastante puros para afrontar o despertar sem riscos. Nunca se deveria experimentar Kundalini sem contar com instruções precisas de algum instrutor verdadeiramente experto nestas questões, porque os perigos são reais e tremendamente graves. Alguns deles são meramente físicos. A circulação não regulada de Kundalini costuma produzir dores físicas agudas e pode rasgar tecidos com facilidade e inclusive destruir a vida física. Pode prejudicar alguns veículos superiores ao físico. Um efeito muito generalizado do despertar prematuro de Kundalini, é que se precipita para baixo, em vez de para cima, estimulando as paixões mais indesejáveis. Não só as excita, como, além do mais, as intensifica a tal ponto, que é praticamente impossível que o homem resista, para o que põe em ação uma força diante de que o homem é impotente. Tais indivíduos convertem-se em autênticos sátiros, monstros de depravação, pois se trata de uma força que vai mais além da capacidade de resistência do ser humano. Possivelmente, chegarão a desenvolver determinados poderes supranormais, mas que pertencem a uma classe que os faz entrar em contato com uma evolução de ordem inferior, com que a humanidade não deveria ter intercâmbios. Para libertar-se de tal condição, pode necessitar-se de mais de uma encarnação. Existe uma escola de magia negra que utiliza intencionalmente o mencionado poder da maneira indicada, com o objetivo de vivificar os Chacras inferiores, que nunca são utilizados por aqueles que se cingem à boa lei.

O despertar prematuro de Kundalini origina outras consequências desagradáveis. Intensifica tudo na natureza do homem e chega primeiro às qualidades baixas e malignas antes das boas. No corpo mental se desperta muito rápido a ambição desmedida até níveis insuspeitos, provavelmente acompanhada de um considerável poder intelectual, com um orgulho anormal e satânico, em proporções quase inconcebíveis para os mortais. Se alguém que careça de instruções a respeito, dá-se conta de que Kundalini despertou acidentalmente, deve de imediato consultar pessoas entendidas no assunto. O método para despertar Kundalini não se ensina publicamente, como tampouco se ensina a ordem que segue ao passar de um Chacra a outro. Esta reserva é intencional. Ninguém deveria tentar despertá-lo, a não ser sob expressa indicação de um mestre, que vigiará o aluno durante as diferentes fases do experimento.

Os ocultistas experimentados advertem seriamente do perigo que encerra despertar Kundalini, exceto se o fizer com um guia experto, pelos grandes e graves riscos que conflagra. Como disse o Hatha Yogapradipika: *"Kundalini libera os iogas e encarcera os imprudentes".* Em certos casos, Kundalini desperta sem prévio aviso; em tais ocasiões sente-se um calor surdo. Inclusive pode começar a circular por si mesmo, ainda que isto aconteça muito raramente. Neste último caso, provocará com toda probabilidade uma dor aguda, pois como os caminhos não estão preparados terá que abrir-se passo, queimando uma grande quantidade de escória etérea, o que é necessariamente um processo doloroso. Quando se desperta deste modo ou de maneira fortuita, geralmente se precipita pelo interior da coluna vertebral em vez de seguir o curso em espiral, como o ocultista aprende a dirigi-lo. Sendo possível, deve-se por em ação a vontade para interromper o acesso. Se não der resultado, não há com que alarmar-se, pois provavelmente escapará par a atmosfera através da cabeça, sem causar mais efeito do que um leve enfraquecimento. O pior que possa ocorrer é um desmaio passageiro.

O maior perigo não está na precipitação para cima, mas na que se produz para baixo ou para dentro. A principal função de Kundalini com respeito ao desenvolvimento oculto tem raízes no fato de que, ao circular pelos Chacras do corpo etéreo, vivifica-os e converte-os em portas de comunicação entre os corpos físico e astral. «*A voz do silêncio*» diz que quando Kundalini chega ao centro entre as sobrancelhas e vivifica-o por completo, concede o poder de ouvir a voz do mestre; o que quer dizer, neste caso, a voz do ego, o ser superior. A explicação é que quando o corpo pituitário entra em ação, converte-se em um elo perfeito com o veículo astral, de maneira que, graças a ele, pode receber-se todo tipo de comunicações do ser interno. Todos os centros superiores devem despertar-se em seu devido tempo e cada um deles há de responder a qualquer classe de influência astral que procede dos correspondentes sub-planos. A maior parte das pessoas não alcança o referido despertar durante a encarnação atual, se for esta a primeira, em que se interessou a sério por tais temas. Alguns hindus, talvez consigam, porque seus corpos são, geneticamente, mais adaptáveis do que muitos outros; mas para a maioria dos seres humanos é uma tarefa para uma ronda posterior. A conquista de Kundalini deve repetir-se em cada encarnação, posto que os veículos são novos em cada uma delas. Entretanto, uma vez que se tenha conseguido dominá-lo, as repetições são cada vez mais fáceis. Sua ação varia de acordo com as distintas classes de pessoas. Algumas perceberão o ser superior em vez de ouvir sua voz. Além de que, este contato com o superior conta com vários graus. Para a personalidade quer dizer a crescente influência do ego, mas para o próprio ego, representa o poder da *mônada*; para a mônada, por sua vez, significa chegar a ser consciente da expressão do logos. Não parece que tenha limite de idade para despertar Kundalini, mas necessita-se de saúde física, devido à tensão que se sofre com ele. Um dos símbolos mais antigos de Kundalini é o tirso, quer dizer um pau com um cone de pinho na ponte. Na índia encontra-se o mesmo símbolo, mas em vez do pau, encontra-se de uma cana de bambu com sete nós. O pau de sete nós representa a coluna vertebral com seus sete centros. O fogo oculto é, pois, Kundalini. O tirso não só era um símbolo, senão também, um objeto de explicação prática. Era um instrumento de extraordinário magnetismo que os iniciados utilizavam para liberar o Corpo Astral do físico, quando passavam, plenamente consciente, à vida superior. O sacerdote que o havia magnetizado aplicava-o à coluna vertebral do candidato e deste modo transmitia-lhe algo do seu próprio magnetismo, para judá-lo nessa vida tão difícil e nos esforços a que se via obrigado realizar.

Capítulo 7
Formas de pensamento

Os corpos mental e astral são os que intervêm essencialmente na produção de formas mentais. A expressão «*formas mentais*» não é completamente exata, porque na maioria dos casos não têm apenas matéria mental, mas também, astral, ainda que as formas produzidas possam estar compostas exclusivamente de matéria mental. Ainda que nesta obra nos concentremos principalmente no astral, e não no mental, levando em conta, como acabamos de dizer, que as formas mentais contêm, na maioria dos casos, matéria de ambos os planos, nos ocuparemos do último, a fim de tornar o tema mais compreensível, a partir, tanto do aspecto mental, como do astral. Um pensamento puramente intelectual e impessoal, da mesma maneira que alguém relacionado com a geometria ou com a álgebra compõe-se de pura matéria mental; mas, se o pensamento contém algum sentimento, como o egoísmo ou o desejo pessoal, atrairá em torno de si matéria astral, além da mental. Se o pensamento é de caráter espiritual, se está misturado com amor e aspiração ou com um sentimento profundo e abnegado, também conterá algo da glória e do esplendor do plano búdico.

Cada pensamento preciso produz dois efeitos:
1º Uma vibração radiante e
2º Uma forma flutuante.

A vibração estabelecida no corpo mental, que dele irradia, vem acompanhada de um jogo de cores, que se poderia descrever como algo comparável ao orvalho de uma catarata ao nela incidir a luz do sol, mas, elevado a um grau infinito de cores e de intensa delicadeza. Esta vibração irradiante tende a reproduzir seu próprio ritmo de movimento em qualquer corpo mental que com ele se choque, quer dizer, tende a gerar pensamentos da mesma índole dos que originaram a vibração. Há de se considerar que a vibração radiante não leva implícito o tema do pensamento, senão o caráter do mesmo. Assim, as ondas de pensamento-emoção que desprende um hindu, sentado em estática devoção a Shri Krishina, estimularão o sentimento devoto daquele que caiba sob seu raio de ação, não precisamente para Shri Krishina, senão também, a Cristo, no caso de um cristão; para o senhor Buda, no caso de um budista etc. O poder da vibração para produzir tais efeitos, depende basicamente da claridade e precisão do pensamento-emoção, além da sua intensidade de força, como é lógico supor.

Estas vibrações radiantes reduzem sua eficácia proporcionalmente à distância da sua fonte; ainda que pareça provável que a variação seja proporcional ao cubo da distância em vez do quadrado (como na gravitação e em outras forças físicas), devido à outra dimensão, a quarta, implicada. A distância que pode alcançar com eficácia uma onda mental, depende também da oposição que encontre à sua passagem. As ondas de classe baixa de matéria astral costumam ser desviadas ou rebatidas por uma infinidade de outras vibrações do mesmo nível. ÉÉ comparável ao som suave que fica amortecido pelo estrondo de uma cidade.

O segundo efeito, o da forma flutuante, tem origem no corpo mental ao projetar um fragmento vibrante de si mesmo e forma-se conforme o caráter do pensamento. Atrai para si, a matéria de grau correspondente em finura, tomada da essência elementar do plano mental. É uma forma pura e simples de pensamento, pois se compõe única e exclusivamente de matéria mental. Se for constituída pela matéria mais fina, possuirá um enorme poder e energia e poderá empregar-se como um poderoso agente, sempre que o dirija uma vontade firme e constante.

Quando o homem canaliza sua energia para objetos externos de desejo, ou dedica-se a atividades passionais ou emotivas, ocorre um processo semelhante em seu Corpo Astral: uma porção deste corpo desprende-se e concentra ao seu redor essência elementar do plano astral. Tais formas de pensamento-desejo são o produto de kama-manas, pois a mente encontra-se sob o domínio da natureza animal, ou o que é o mesmo: manas dominado por Kama. A referida forma pensamento-desejo tem como corpo a essência elementar, animada, por ter sido chamada de alguma maneira, pelo desejo ou paixão que fez com que se desprendesse. Tanto as formas pensamentos-desejos, como as formas puramente mentais, denominam-se *elementares artificiais*. A grande maioria das formas mentais é de pensamento-desejo, já que o pensamento das pessoas comuns livres de desejos, paixão ou emoção são muito escassos. Tanto a essência mental como a astral possuem vida meio inteligente e respondem com facilidade ao pensamento e ao desejo humanos. Em consequência disso, cada impulso procedente do corpo mental ou do astral do homem reveste-se imediatamente de um veículo de essência elementar.

Estes elementares artificiais convertem-se, temporalmente, em uma espécie de criaturas viventes, entidades de intensa atividade, animadas pela ideia que as originou. Assim, quando alguém pensa em um objeto concreto, por exemplo, um livro, uma casa, uma paisagem etc., fabrica uma minúscula imagem do mesmo, com matéria do seu corpo mental. Esta imagem flutua próxima à sua cabeça, no geral frente à altura dos olhos. Mantém-se nesta posição durante todo o tempo em que a pessoa contempla o objeto e inclusive um pouco depois, já que a permanência se dá em função da intensidade e da clareza de pensamento. A forma é perfeitamente objetiva e pode ser contemplada por quem possua clarividência mental. Se pensarmos em outra pessoa, criamos um diminuto retrato dela, conforme o modo que acabamos de descrever. As formas mentais são comparadas a uma pilha de Leyden (quer dizer, um frasco carregado de eletricidade estática), correspondendo a pilha à essência elementar e à carga de eletricidade ao pensamento-emoção. Ao pôr-se em contato com outro objeto, a pilha descarrega nesse objeto a eletricidade estática e do mesmo modo, o elemento artificial descarrega sua energia mental e emocional quando se choca contra um corpo mental ou astral. Os princípios subjacentes à produção de todas as formas de pensamento-emoção são:

1. A cor vem determinada pela qualidade do pensamento ou da emoção.

2. A forma estará predeterminada pela natureza do pensamento ou da emoção.

3. A nitidez do contorno é estabelecida pela precisão do pesamento ou da emoção.

A duração ou vida de uma forma mental se dá em função de:

1. Da intensidade inicial.

2. Da força que receba posteriormente pela repetição do pensamento, seja por seu criador ou por outros.

Tal vida pode reforçar-se continuamente, por meio da repetição, posto que ao refletir sobre um pensamento, ele adquire uma forma mais estável. Além de que, atrai formas mentais análogas, fortalecendo-se reciprocamente e criando assim uma forma possuidora de grande energia e intensidade.

Acabamos de acrescentar que uma forma mental parece ter o desejo instintivo de alargar sua vida, tendendo, além do mais, a reagir sobre seu criador e nele evocando a reação do sentimento que a produz. Também reagirá, ainda que não de um modo tão perfeito, sobre todos aqueles com que entrem em contato. As formas mentais expressam-se mediante cores que são idênticas às da aura. Seu brilho e profundidade representam geralmente a medida da força e da

atividade do sentimento. Para nossos propósitos, podemos classificar as formas mentais em três grupos:
1. As vinculadas unicamente à pessoa que lhes deu origem.
2. As vinculadas com outra pessoa.
3. As que não são exatamente pessoais.

Se o pensamento de alguém se relaciona consigo mesmo ou se baseia em um sentimento pessoal (como ocorre com a grande maioria dos pensamentos), a forma se manterá na proximidade imediata do seu criador. Nos momentos em que a pessoa se encontra em atitude passiva, como seus pensamentos e sentimentos estarão desocupados, a forma mental voltará e se descarregará nela. Por outro lado, toda pessoa age como um imã, atraindo para si mesma as forma mentais de outros que são parecidas com as suas; deste modo, atrai do exterior, energia de reforço. As pessoas sensíveis imaginam em tais ocasiões que foram tentadas pelo "diabo", esquecendo que a tentação é uma das suas próprias formas de pensamento-desejo.

Uma reflexão prolongada sobre um único tema pode gerar uma forma de poder enorme. Essa forma pode perdurar ao longo de muitos anos, podendo possuir, durante algum tempo, a aparência e o poder de uma entidade vivente real. A maioria dos seres humanos passa a vida literalmente encerrada em uma jaula de criação própria, rodeada de massas de formas produzidas por seus pensamentos cotidianos. Um dos efeitos importantes de tudo isto, é que cada pessoa contempla o mundo através das suas próprias formas mentais e o vê todo colorido por elas. Portanto, as formas mentais de uma pessoa reagem sobre ela mesma, com tendência a reproduzir-se e assim estabelecer modos de pensar e de sentir, que podem ser benéficos, se forem de caráter elevado, ainda que com frequência limitem e criem obstáculos ao desenvolvimento, obscurecendo a visão mental e fomentando a criação de prejuízos, ideias ou atitudes fixas, que podem chegar a converter-se em autênticos vícios.

Um mestre escreveu: *"o homem povoa continuamente seu dia a dia no espaço de um mundo próprio, ocupado pelos filhos das suas fantasias, desejos, impulsos e paixões"*. Estas formas mentais permanecem na sua aura, crescendo em número e intensidade, até que algumas delas predominem na sua vida mental e emocional de tal modo, que o homem prefira responder a elas antes de criar outras. Assim se constroem os hábitos, que são a expressão externa da força acumulada e assim também se molda o caráter. Por outro lado, cada ser humano deixa atrás de si um rastro de formas mentais. Por isso, quando caminhamos pela rua, atravessamos um oceano de pensamentos alheios. Se deixamos a mente em branco por um instante, esses pensamentos alheios a enchem de imediato; se um desses pensamentos consegue atrair a atenção da mente, esta se apodera dele, vivifica-o com sua força e mais tarde volta a lançá-lo para que influencie outra pessoa. O homem, portanto, não é responsável pelos pensamentos que flutuam e penetram em sua mente, mas sim, é responsável caso se aproprie deles, reflete e em seguida lança-os com nova força.

Um exemplo de formas de pensamento constitui as nuvens sem forma de cor azul denso que, às vezes se vêm flutuando como coroas de fumaça sobre as cabeças da congregação de uma igreja. Nas igrejas em que o nível de espiritualidade é baixo, as mentes dos homens chegam a criar fileiras de cifras que simbolizam cálculo de operações comerciais ou especulações; de outro lado, as mentes das mulheres criam formas de guarda-sóis, vestidos, joias etc. O hipnotismo oferece outro exemplo de formas mentais. O operador cria uma forma mental e a projeta sobre um papel em branco, em um lugar em que seja visível para o sujeito hipnotizado. Assim mesmo pode tornar tão objetiva a forma que o sujeito a veja e a sinta como se fosse um objeto físico real. As obras sobre hipnose estão repletas de exemplos deste tipo. Se uma forma mental dirigir-se a outra pessoa, chegará a esta pessoa. O resultado será uma destas duas coisas:

1. Se a aura da pessoa contém matéria capaz de responder simpaticamente à vibração da forma mental, permanecerá próxima da pessoa e inclusive em sua aura e quando encontrar oportunidade se descarregará nela, tendendo a fortalecer nessa pessoa, o ritmo particular de vibração. Se a pessoa a quem é dirigida a forma mental está ocupada com alguma linha concreta de pensamento, a forma mental, não podendo descarregar-se em um corpo mental que vibra a um ritmo determinado, permanecerá nos arredores, até que o corpo metal do destinatário esteja suficientemente sossegado como para permitir-lhe a entrada e só então se descarregará. Ao depositá-la, desenvolverá o que parece notável inteligência e adaptabilidade, ainda que realmente seja uma força que age na linha de menor resistência, pressionando sempre em um sentido e aproveitando todos os canais que encontre na sua passagem. Tais elementais naturalmente podem ser fortalecidos de modo que suas vidas se prolonguem, graças à repetição do pensamento.

2. Por outro lado, se a aura da pessoa a quem é dirigida não possui matéria capaz de responder, a forma mental não pode influir nela. Em consequência, baterá com uma força proporcional à energia com a qual se chocou com a aura e regressará ao seu criador. O pensamento-desejo de bebida, por exemplo, não pode penetrar no corpo mental de uma pessoa sóbria. A forma chocará contra seu Corpo Astral, mas não poderá penetrar nela e retornará ao emissor. O antigo ditado de que *"as maldições (e também as bênçãos) voltam ao ponto de partida"*, é completamente acertado e explica casos em que certos pensamentos malignos, dirigidos a uma pessoa boa e muito avançada, não a afetam em absoluto, mas algumas vezes reagiram com terrível e demolidor efeito contra seu criador. Daí também, naturalmente se conclui que o coração e a mente puros são a melhor proteção contra assaltos de pensamentos e sentimentos malignos. Uma forma mental de amor e de desejo de proteger, dirigida com força a alguma pessoa amada, atua como agente protetor de defesa; buscará todas as ocasiões de servir e defender; vivificará as forças amigas e debilitará as contrárias que choquem contra a aura do ser a que protegem. Inclusive pode preservá-lo da impureza, da irritabilidade, do temor etc.

Os pensamentos amistosos e os bons desejos sinceros originam e mantêm o que praticamente equivale a um *Anjo da guarda*, sempre junto à pessoa em quem se pensa, esteja onde estiver. Muitos pensamentos e orações maternais, por exemplo, são ajuda e proteção para os filhos. Os clarividentes podem vê-los frequentemente; em raras ocasiões, tais pensamentos chegam a materializar-se e tornam-se fisicamente visíveis. Vê-se, pois, que o fato de enviar-se um pensamento de amor de uma pessoa a outra, leva à transferência de certa quantidade, tanto de energia como de matéria, desde quem a envia até quem a recebe. Se o pensamento é o bastante forte, a distância não tem nenhuma importância; mas um pensamento fraco e mal definido só é eficaz em uma área limitada. Uma variante do primeiro grupo de formas mentais consiste naqueles casos em que um homem imagina intensamente si mesmo, residindo em um lugar distante. A forma assim criada, contém uma grande porcentagem de material mental que assume a imagem do pensador. Primeiramente é pequena e comprimida e mais tarde, atrai ao seu redor, uma quantidade considerável de matéria astral e geralmente se estende até alcançar seu tamanho natural, antes de fazer sua aparição no ponto de destino. Às vezes, os clarividentes veem tais formas e às vezes, confundem-nas com o Corpo Astral e inclusive com o próprio homem. Quando isto acontece, o pensamento ou o desejo deve ser bastante forte como para realizar uma das seguintes das três ações: o simples arrependimento não poderia anulá-la nem impedir a ação da referida entidade, do mesmo modo como não se pode deter uma bala, uma vez que se apertou o gatilho. Até certo ponto pode neutralizar-se seu poder, enviando pensamentos de tendência contrária. Em ocasiões, um Elemental deste tipo, ao não poder descarregar sua força sobre seu objetivo, nem sobre seu criador, transforma-se em uma espécie de diabo errante que será atraído por alguma pessoa com sentimentos semelhantes, à qual se aderirá. Se for o bastante forte, poderá apropriar-se de alguma casca de ovo e nela habitar; desta maneira pode empregar seus recursos com mais prudência. Nesta forma, pode manifestar-se através de um médium e fazendo-se passar por um bom amigo, poderá influir em pessoas que de algum outro modo não lhe dariam importância alguma.

Os elementais se forem formados consciente ou inconscientemente, uma vez que se tenham convertido em diabos errantes, invariavelmente tentam prolongar sua vida, quer seja, nutrindo-se, como vampiros, da vitalidade das pessoas, ou induzindo-as a que lhe façam oferendas. Entre as primitivas tribos semisselvagens, estes elementais conseguem, frequentemente que os reconheçam como deuses familiares ou da aldeia. Os menos maus contentam-se, talvez, com oferendas de arroz ou de alimentos cozidos, mas os mais baixos e malvados exigem sacrifícios sangrentos. Ambos os tipos existem ainda hoje na Índia e são muito mais numerosos na áfrica. Estes elementais prolongam sua existência durante anos e inclusive séculos, absorvendo principalmente a vitalidade dos seus devotos e com o alimento que possam conseguir das suas oferendas. Algumas vezes, inclusive, podem produzir algum fenômeno simples com a finalidade de estimular os ciúmes dos seus seguidores e caso os sacrifícios não lhes agradem, tentam causar danos de uma maneira ou de outra. Os magos negros da Atlântida, conhecidos como *"senhores da face escura"*, pelo que parece, são especializados nesse tipo de elementais artificiais, alguns deles, conforme se conta, continuam existindo. A temível deusa índia, Kali, poderia muito bem ter sido uma relíquia desse tipo. A grande maioria das formas mentais são meras cópias ou imagens de pessoas ou de objetos materiais. De início, assumem forma no interior do corpo mental, a seguir saem dele e mantêm-se em suspenso diante do homem. Não se aplicam, porém, a tudo o que se pensa, como pessoas, casas paisagens ou qualquer outra coisa. Um pintor, por exemplo, forma com matéria do seu corpo mental uma imagem do seu próximo quadro, projeta-o no espaço frente a ele, mantém-no diante do seu "olho mental" e depois o copia. Esta forma de pensamento-emoção continua, pode-se considerar como uma contraparte do quadro, que despende suas próprias vibrações e influi em todos os que penetram em seus círculos de influência. Analogamente, um escritor constrói com matéria mental, imagens dos seus personagens, mais tarde, de acordo com sua vontade, move-os como se fossem marionetes de um a outro lugar ou de um grupo a outro, de maneira que as cenas literalmente se desenvolvem, diante dos seus olhos. Não obstante, pode surgir nesse caso um curioso efeito. Pode acontecer que algum espírito travesso da natureza (cap.XX), dê vida às imagens e faça com que atuem de modo do que o autor havia planejado. Com maior frequência, algum escritor falecido percebe as imagens e ao estar interessado ainda na arte, modela-as e obriga-as a agir conforme suas próprias ideias. Por isso, o verdadeiro autor encontra-se com o que suas personagens comportem-se de maneira muito diferente de como ele havia imaginado no seu esboço original.

Quando um autêntico estudante lê um livro com sua atenção completamente concentrada nele, pode entrar em contato com a forma mental original que corresponde à ideia do autor ao escrevê-lo. Pode, inclusive, chegar ao autor através da forma mental e dele obter informação complementar ou o esclarecimento de pontos obscuros. Nos mundos astral e mental existem numerosas reproduções das obras mais conhecidas que cada país apresenta a seu modo, com personagens ataviados de trajes nacionais. Assim, ali se encontram formas de pensamento de personagens tais como Sherlock Holmes, o capitão Kettle, Robinson Crusoé, Shakespeare e muitos outros. De fato no plano astral há inúmeras formas mentais de caráter relativamente permanente. Muitas delas são resultantes da obra cumulativa de várias gerações. Destas, um grande número é relacionado com a história religiosa cuja visão deu origem a vários relatos genuínos proporcionados por videntes competentes de ambos os sexos. Qualquer grande acontecimento histórico sobre o qual tenha pensado intensamente uma grande quantidade de pessoas existe no plano mental como forma concreta de pensamento. Cada vez que se desperte uma forte emoção que tenha relação com ele, materializa-se também no plano astral e em consequência, pode ser percebida por um clarividente. O mesmo pode aplicar-se também, como é de supor, a cenas e situações de novelas, dramas etc. consideradas em seu conjunto, pode alguém dar-se conta da poderosa influência que tem estas formas mentais ou elementais artificiais na hora de produzir sentimentos nacionais e raciais. Desta maneira, podem inclinar as mentes e criar prejuízos, posto que as formas mentais semelhantes tendem a agrupar-se e a constituir uma espécie de entidade coletiva. Vemos tudo através desta atmosfera; cada pensamento se refrata, em maior ou menor proporção, nela e noutros próprios corpos astrais vibram em harmonia com ela.

  Considerando que a maioria das pessoas é de natureza mais receptiva que empreendedora, comportam-se quase como reprodutores automáticos dos pensamentos que lhes chegam e deste modo, intensifica-se constantemente a atmosfera nacional. Isto explica com clareza muitos dos fenômenos de consciência coletiva. (cap. XXV). Entretanto, a influência destas formas mentais agrupadas vão mais além. As destrutivas atuam como agentes desintegradores e com frequência ocasionam transtornos no plano físico, provocando acidentes, convulsões, tormentas, terremotos, inundações e ondas de crimes, pragas, revoltas sociais e guerras. Também ocorrem casos de pessoas falecidas ou outras entidades não humanas, como por exemplo, espíritos malignos da natureza que penetram em tais formas mentais e as vivificam. O vidente esperto deve aprender a distinguir entre a forma mental, ainda que esteja vivificada e o ser vivente. Além do mais, deve saber distinguir entre os fatos destacados do mundo astral e os modelos temporários nos quais adquirem forma.

O 3º tipo de forma de pensamento-emoção é aquele que não tem relação direta com nenhum objeto natural. Portanto, é expresso sob formas próprias, estendendo suas qualidades inerentes na matéria que reúne ao seu redor. Neste grupo encontra-se, portanto, um indício das formas naturais dos planos astral e mental. As formas mentais deste tipo manifestam-se quase sempre no plano astral, já que a imensa maioria delas exprime tanto sentimentos como pensamentos. Esta forma simplesmente flutua na atmosfera, difundindo sem cessar, vibrações semelhantes às enviadas originalmente pelo seu criador. Se não chega a pôr-se em contacto com nenhum corpo mental, a radiação esgota progressivamente sua energia e a forma acaba por desintegrar-se. Não obstante, se é capaz de despertar vibrações simpáticas em algum corpo mental próximo, estabelece-se uma forte atração e a forma mental costuma ser absorvida pelo referido corpo. De tudo isso se deduz que a influência de uma forma de pensamento é de menor alcance do que a vibração do pensamento, mas age com maior precisão.

Uma vibração mental produz pensamentos de ordem similar ao que a originou. Uma forma mental reproduz o mesmo pensamento.

As radiações podem afetar milhares e despertar neles, pensamentos do mesmo nível que o originou, ainda que possa ocorrer que nenhum deles seja idêntico. A forma mental afeta unicamente alguns poucos, mas inclusive nestes poucos, reproduzirá fielmente a ideia original. Em uma obra clássica sobre este tema: "*formas de pensamento*", de Annie Besant e C. W. Leadbeater aparecem ilustrações coloridas de muitos tipos de formas de pensamento e de emoções. De fato, este capítulo é, em grande medida, um resumo dos enunciados que mais se destacam na obra citada. Os pensamentos e os sentimentos vagos aparecem como nuvens igualmente vagas. Os pensamentos e os sentimentos bem definidos originam formas concretas. Assim, uma forma de afeto determinado, dirigida a uma pessoa concreta, adquire uma forma parecida a de um projétil; uma forma de afeto protetor toma uma forma semelhante a um pássaro, com uma zona central amarela e duas projeções à moda de asas de cor rosada; uma forma de amor universal converte-se em um sol rosado, despedindo raios em todas as direções.

Pensamentos onde predominem egoísmo e cobiça adquirem no geral uma forma semelhante a engates; em algumas ocasiões, aparecem ganchos cravados no objeto cobiçado. Como norma geral, a energia de um pensamento egoísta move-se em uma curva fechada; assim, irremediavelmente retorna e se descarrega em seu próprio nível. Pelo contrário, um pensamento ou sentimento de caráter comum completamente altruísta desloca-se em uma curva aberta, assim, não volta ao sentido comum, mas entra no plano superior, porque somente em tal condição, graças a sua dimensão adicional, pode dispor de espaço para expandir-se. Ao atravessar a barreira esse pensamento ou sentimento abre uma porta, simbolicamente falando, com algumas dimensões equivalentes ao diâmetro do mesmo. Deste modo, facilita um canal por onde as forças superiores podem fluir para o inferior, normalmente, com excelentes resultados (como no caso da oração), tanto para o pensador como para os outros. Nisto consiste a melhor e a mais elevada parte da crença na oração ouvida. Nos planos superiores existe sempre um caudal imenso de força preparada para fluir, tão logo se lhe proporcione um canal. Um pensamento de devoção completamente altruísta é um canal deste tipo, cuja parte mais nobre e elevada acende até o próprio logos. A resposta é a descida da Graça Divina, que fortalece e eleva grandemente o construtor do canal, difundindo em torno dele uma poderosa e benéfica influência que flui desde os planos superiores para ajudar a humanidade. Este suplemento ao depósito de força espiritual é a verdade subjacente na ideia católica em relação às obras de intenso pedido.

Os Nirmanakaias têm um vínculo especial com este depósito de força. A meditação sobre um mestre estabelece uma relação com o mesmo que se manifesta na visão clarividente como uma espécie de raio de luz. O mestre sente sempre em seu subconsciente o contato e envia como resposta uma corrente magnética contínua que se mantém ativa muito depois de terminar a meditação. A regularidade é um fator de vital importância nessa meditação. Um pensamento concreto de devoção, bem mantido, adquirirá uma forma muito parecida com uma flor, enquanto que a aspiração devocional dará origem a um cone azul, com o vértice para cima. Algumas vezes, estas formas de devoção possuem uma beleza extraordinária, de contornos variados, com pétalas curvas dirigidas para cima como se fossem chamas de cor azul celeste. É provável que esta semelhança com as flores tenha dado origem ao costume de oferecê-las no culto religioso, uma vez que as flores evocam formas perceptíveis à visão astral. A curiosidade intensa ou o desejo de saber adquirem a forma de uma cobra amarela; a ira explosiva ou a irritação apresentam-se como um chuvisco de cor vermelha e amarela; a ira mantida aparece como um punhal vermelho pontiagudo; os ciúmes rancorosos assemelham-se a uma cobra de cor parda. As formas criadas por pessoas de mente e emoções perfeitamente controladas e expertas em meditação são objetos limpos, simétricos e de grande beleza. Com frequência apresentam formas geométricas, como triângulos, dois triângulos entrelaçados, estrelas de cinco pontas, hexágonos, cruzes e outras figuras parecidas, que revelam pensamentos relacionados com a ordem cósmica ou com conceitos metafísicos.

Quando várias pessoas unem seus pensamentos, o poder dos mesmos é sempre maior do que a soma dos seus pensamentos em separado, aproxima-se mais a ser um produto da multiplicação dos mesmos. A música também produz formas, ainda que a partir de um ponto de vista técnico, talvez não possam denominar-se mentais, a não ser que as consideremos (como bem poderia ocorrer) o resultado do pensamento do compositor e expresso, graças a sua perícia, mediante o instrumento do músico.

Estas formas musicais variam dependendo do estilo, o tipo de instrumento que as reproduza e a habilidade e mérito do músico. Estas formas musicais variam dependendo do estilo, do tipo do instrumento que as reproduza e da habilidade e méritos do músico. Uma mesma peça musical interpretada com exatidão, criará sempre a mesma forma; mas se se executar em um órgão de uma igreja ou em uma orquestra, será consideravelmente maior e também de textura diferente, se interpretada ao piano. Também haverá diferenças de textura entre uma peça musical executada por um violino e a mesma peça interpretada por um flautista. Igualmente haverá muita diferença entre a radiante beleza da forma produzida por um artista autêntico, perfeito em expressão e execução e o opaco efeito originado de um instrumento mecânico de madeira.

As formas musicais conservam-se como estruturas coerentes durante um tempo considerável, pelo menos durante uma hora ou duas; ao longo de todo este tempo emitem suas vibrações características em todas as direções, do mesmo modo que as formas mentais. Na obra, *formas do pensamento*, acima citada, aparecem ilustradas a cores, três formas musicais das obras de Mendelssohn, Gounod e Wagner.

As formas criadas pela música são muito variadas, dependendo dos compositores. Uma abertura de Wagner constrói um extraordinário conjunto, como se fosse uma montanha com pedras planas. Uma das fugas de Bach cria uma forma ordenada, atrevida, porém, precisa, áspera, mas simétrica, com arroios paralelos de prata e ouro ou rubi, fluindo através dela, cada vez que marca as sucessivas aparições do Motif. Um dos *"lieder ohne worte"* de Mendelssohn elabora uma airosa estrutura, similar a um castelo de filigranas de prata opaca. Estas formas, compostas pelos executantes da música, são muito diferentes das formas mentais criadas pelo próprio compositor e às vezes, persistem ao longo dos séculos, sobretudo se entendem e valorizam a tal ponto que a obra original se fortalece com o pensamento dos seus admiradores.

O autor de um poema épico constrói edifícios semelhantes, ou o conceito do escritor sobre o seu tema. Em determinadas ocasiões, observam-se multidões de espíritos da natureza que admiram as formas musicais e se submergem nas ondas de influência que delas se desprendem. Na ocasião de estudar as representações pictóricas das formas mentais, é preciso que se mantenha ciente de que são objetos de quatro dimensões. Resulta, pois, quase impossível poder descrevê-las apropriadamente com palavras pertencentes às nossas experiências tridimensionais e muito menos reproduzi-las sobre um papel em quadrados de duas dimensões.

Os estudantes da quarta dimensão sabem que o único que se pode fazer é representar uma secção da forma quadrimensional. É destacável e talvez profundamente significativo que muitas das formas mentais de tipo superior adquiram formas muito similares aos vegetais e animais. Leva-nos assim, a supor que as forças da natureza funcionam de maneira muito semelhante ao que ocorre com o pensamento e a emoção. Considerando que é uma poderosa forma de pensamento, trazida à existência pelo logos, bem poderia ser que as diminutas partes do mesmo fossem o resultado de formas de pensamento de entidades menores, dedicadas à mesma obra criadora. Obviamente este conceito recorda-nos a crença hindu de existem 330 milhões de Devas. Assim mesmo é digno de notar que, em que pese a existência de algumas formas mentais tão complicadas e minuciosamente modeladas que não há mão humana capaz de reproduzi-las, podem ser reconstruídas com muita aproximação através de meios mecânicos.

O instrumento conhecido como harmonógrafo consiste de uma ponta fina guiada em seus traços por vários pêndulos, cada um dos quais oscila independentemente. Todos eles se combinam em um movimento complexo que se comunica ao marcador que o traça em uma superfície apropriada. Outras formas mais simples parecem figuras produzidas na areia pela conhecida placa sonora de Chiadni ou pelo Eidófono. As escalas e arpejos formam curvas e laços; um canto coral desenvolve com sua melodia várias contas trespassadas em um fio de prata; um canto humorístico em coro dá lugar a fios entrelaçados de diferentes cores e texturas. Um hino processional constrói uma série de formas retangulares precisas, como as pontas de uma cadeia ou os vagões de um trem. Um canto anglicano produz fragmentos reluzentes que diferem da resplandecente uniformidade do canto gregoriano, que não se diferencia muito do efeito originado dos versículos sânscritos, entoados por um Pandit hindu. A música militar ocasiona uma larga corrente de formas, que vibram com ritmo, cujo compasso regular tende a fortalecer as vibrações do Corpo Astral dos soldados. O impacto de uma sucessão de contínuas e potentes oscilações proporciona momentaneamente a força de vontade que, devido à fadiga, tenha podido debilitar-se. Uma tormenta de trovões cria uma franja chamejante de cores; o estalido dá lugar a uma forma que recorda a explosão de uma bomba, ou uma esfera irregular de que se desprendem espigões. As ondas do mar, ao rebentarem-se na margem, produzem linhas paralelas onduladas de cor variável, que se convertem em cordilheiras de montanhas sob um temporal. O vento nas folhas de um bosque cobre-o de uma rede iridescente, ascendendo e descendo, em um suave movimento ondulado. O canto dos pássaros manifesta-se em curvas e laços de luz, desde os dourados globos do pássaro sineiro até o amorfo e áspero colorido do grito de um louro ou de uma arara. O rugido do leão também é visível em matéria superior; muito provavelmente algumas criaturas da selva o vejam clarividentemente assim aumentando seu pânico. O ronronar do gato rodeia-o de películas nebulosas concêntricas de cor rosada; o latido de um cão lança projéteis bem definidos de ponta aguda, bem similares às balas de um fuzil que atravessam os corpos astrais das pessoas, causando-lhes sérias perturbações. O uivo de um sabujo lança esferas semelhantes a bolas de futebol, com movimento mais lento e menos perigosas. Tais projéteis costumam apresentar cor vermelha ou parda, de acordo com a emoção do animal e o tom da sua voz. O mugido de uma vaca dá origem a formas de cantos achatados parecidos com troncos de madeira. Um rebanho de ovelhas cria uma nuvem amorfa com muitas pontas, muito semelhante a uma nuvem de poeira. O arrulhar das pontas delineia graciosas formas curvas como um "s" invertido. Quanto aos sons humanos, uma exclamação de enfado projeta-se como uma lança de cor escarlate; uma conversa insípida dá lugar a uma intricada rede de linhas metálicas de cor marrom acinzentado, constituindo uma barreira quase perfeita para pensamentos e sentimentos mais nobres e elevados. O Corpo Astral de uma pessoa faladeira é uma chocante lição objetiva sobre o absurdo que é prosa desnecessária, inútil e desagradável. O riso de uma criança manifesta-se em curvas rosadas; a gargalhada de alguém de mente vazia causa o efeito explosivo em uma massa irregular de cor, geralmente parda ou verde sujo. A burla lança um projétil amorfo de cor vermelha opaca, habitualmente manchada de verde empardecido e com pontas agudas. A gargalhada do consciente de si mesmo assemelha-se na aparência e cor a um atoleiro de barro fervendo. O riso nervoso produz um emaranhado de algas marinhas, de linhas de cor marrom e amarelo opaco, gerando um efeito muito negativo para o Corpo Astral. O riso alegre e bonachão ascende em formas arredondadas de cor ouro ou verde. Um assobio suave e musical emite um efeito muito parecido ao de um flautim, ainda que mais agudo e metálico. Um assobio desafinado lança pequenos projéteis agudos de tom marrom sujo. O nervosismo ou agitação gera vibrações trêmulas na aura, de modo que não pode entrar nem sair nenhum pensamento nem sentimento sem deformar-se; inclusive os bons pensamentos que se lhe enviam, adquirem um tremor que praticamente chega a neutralizá-los.

Um dos pontos essenciais é a exatidão de pensamento, mas deve-se alcançá-la sem pressa, com absoluta calma. O apito estridente de uma locomotiva dá origem a um projétil muito mais penetrante do que o latido de um cão, gerando no Corpo Astral um efeito similar ao de uma espada ao penetrar no corpo físico. Uma ferida astral cura-se em poucos minutos, mas a comoção do Corpo Astral não desaparece em tão breve tempo. O disparo de um canhão causa um grave efeito nas correntes astrais, igual ao efeito dos corpos astrais. Os disparos de rifles e de pistolas emitem correntes formadas por pequenas agulhas. Os ruídos repetidos influem nos corpos mental e astral, do mesmo modo que os golpes afetam o corpo físico. O resultado neste será a dor; no Corpo Astral significará irritabilidade; no corpo mental, uma sensação de fadiga e incapacidade para pensar com clareza. Não há dúvida de que qualquer pessoa que deseje conservar seus veículos astral e mental em bom estado deve evitar todos os sons ruidosos, agudos ou repentinos.

O efeito produzido pelo incessante ruído e estrondo de uma cidade, no corpo plástico, astral e mental das crianças é particularmente nefasto. Todos os sons da natureza fundem-se em um único que os chineses denominam o *Grande Som ou Kung*. Possui este sua própria forma, vasta e cambiante como o mar, a qual simboliza a nota da nossa terra na música das esferas. Asseguram alguns escritores que é a nota 'fá' de nossa escala. Logicamente é possível destruir uma forma mental e isto se faz em algumas ocasiões como, por exemplo, quando uma pessoa, depois de morta, se vê perseguida por uma forma mental maligna, criada provavelmente pelo ódio daqueles a quem essa pessoa havia prejudicado no mundo físico. Ainda que a referida forma mental pareça quase uma criatura com vida (conta-se o caso de uma que parecia um enorme gorila deformado), é simplesmente uma criação temporal de uma paixão negativa e de modo algum uma entidade em evolução. Por isso, fazê-la desaparecer é tão simples como destruir uma pilha de Leyden e não constitui em absoluto uma ação criminal.

A maior parte das pessoas admite que os atos que prejudicam a outros, sem lugar para dúvida, são errôneos; mas são poucos os que consideram que também é mau sentir ciúmes, ódio, ambição etc., ainda que tais sentimentos não se expressem com palavras ou mediante ações. Uma análise das condições de vida após a morte (c.XIII e XV) revela que tais sentimentos prejudicam a pessoa que os alberga e lhe produzem um agudo sofrimento depois da sua morte. O estudo das formas mentais faz-nos entender as enormes possibilidades das referidas criações e a responsabilidade a que conduz o correto uso das mesmas.

Os pensamentos não são apenas coisas, além do mais, são coisas extraordinariamente fortes. Todos os geram sem parar. Torna-se impossível, com frequência, prestar ajuda física àqueles que deles precisam; mas em todos os casos pode-se ajudar com o pensamento, que nunca cessa de produzir resultados definidos. Ninguém deveria vacilar em fazer uso deste poder em toda a sua plenitude, sempre que o empregue com propósitos desinteressados e para dar impulso ao plano divino da evolução.

Capítulo 8

No cap. II vimos em grandes traços a composição e a estrutura do Corpo Astral. Agora procederemos à análise mais detalhada de como é e como se utiliza durante a consciência normal, quer dizer, enquanto o corpo físico está desperto. Os fatores determinantes da natureza e qualidade do Corpo Astral durante a vida no mundo físico podem agrupar-se da seguinte maneira:
1. A vida física.
2. A vida emocional.
3. A vida mental.

1. Vida física:
Como já vimos cada partícula do corpo físico dispõe da sua correspondente contraparte astral. Assim, do mesmo modo que os sólidos, líquidos, gases e éteres que compõem o físico, podem ser toscos ou refinados, grosseiros ou delicados, da mesma índole serão as respectivas envolturas astrais. Um corpo físico nutrido com alimento impuro, gerará um Corpo Astral igualmente impuro, enquanto que um corpo físico alimentado com substâncias limpas, contribuirá para purificar o veículo astral. Se considerarmos que o Corpo Astral é o veículo das emoções, das paixões e das sensações, é natural que alguém de tipo grosseiro seja particularmente sensível às paixões e emoções mais baixas; enquanto que um Corpo Astral refinado responderá com maior diligência a emoções e aspirações mais nobres. Resulta impossível possuir um corpo físico tosco e tratar de organizar um astral e um mental para propósitos mais refinados. Tampouco pode ocorrer que se tenha um corpo físico puro e o mental e o astral impuros, uma vez que os três corpos são interdependentes. Os alimentos que se ingerem

não só afeta o corpo físico, como os mais sutis. A dieta carnívora é nefasta para o autêntico desenvolvimento oculto; os que a adotam põem graves e desnecessários obstáculos em seu caminho, já que a carne intensifica todos os elementos indesejáveis, assim como as paixões dos planos inferiores. Participavam dos mistérios antigos, homens da máxima pureza e todos eram vegetarianos. O baixo ioga dedica especial cuidado ao purificar o corpo físico, adotando um complicado sistema de alimentação, bebidas, sono etc., que requer alimentos sátvicos ou rítmicos. Para isto foi elaborado um sistema completo, no que se refere à alimentação, com o objetivo de preparar o corpo para que possa ser utilizado pela consciência mais elevada. A carne é um alimento rajásico, quer dizer, responde à qualidade atividade, posto que é estimulante e apto para expressar desejos e atividades animais. Estes alimentos são absolutamente impróprios para uma constituição nervosa mais refinada. O ioga, portanto, não pode utilizá-los para os processos superiores do pensamento.

Os alimentos em processo de decomposição, como a caça, a carne de veado etc., como o álcool, são pesados e assim, devem ser evitados. Os alimentos com tendência a crescer, como os cereais e as frutas, são sátvicos ou rítmicos, sendo os mais idôneos e os mais vitalizantes para construir o corpo sensível e torná-lo robusto. Algumas outras substâncias também afetam de modo desfavorável o corpo sensível. Uma delas é o tabaco, que impregna o corpo físico de partículas impuras, provocando emanações tão materiais, que por vezes são perceptíveis ao olfato. Do ponto de vista astral, o tabaco não só causa impureza, como também tende a debilitar a sensibilidade do corpo, pelo que se diz que acalma os nervos. Nas condições da vida moderna, pode ser menos prejudicial do que deixar os nervos sem acalmarem-se, ainda que seja uma verdade indesejável para o ocultista, que deve ser o mais capaz de responder no momento com a maior quantidade possível de vibrações, naturalmente sempre sob o mais estrito controle. Por outro lado, é inegável que o consumo do álcool é nocivo do ponto de vista dos corpos astral e mental. É possível que, ao despertar da consciência superior, os corpos alimentados com carne e álcool caiam enfermos. As enfermidades nervosas, por exemplo, em parte se devem a que a consciência superior tente expressar-se através de corpos obstruídos pelo consumo de carne e envenenados pelo álcool. O corpo pituitário, em particular, envenena-se facilmente, ainda que a quantidade de álcool seja pequena, freia a sua evolução superior. É precisamente o envenenamento do corpo pituitário pelo álcool, o que leva às visões anormais e irracionais dos que sofrem de delirium tremens. Debilidade à parte, provocada no corpo físico e no astral, a carne, o álcool e o tabaco apresentam o grave inconveniente de atrair entidades astrais indesejáveis que desfrutam das emanações do sangue e do álcool. As referidas entidades movem-se em torno da pessoa, tentando transmitir-lhe seus pensamentos e influenciando no Corpo Astral. Principalmente por este motivo, a carne e o vinho são proibidos no sistema ioga do Caminho da Direita.

As entidades citadas são elementais artificiais originados de pensamentos e desejos humanos, assim como de seres depravados, aprisionados nos seus corpos astrais, que se conhecem como elementais humanos. Eles se veem atraídos por pessoas com corpos astrais constituídos por matéria da sua mesma natureza. Naturalmente buscam satisfazer os vícios que tinham, enquanto se encontravam no corpo físico. Um clarividente astral pode ver hordas de horríveis elementais agrupados em torno das carniças, enquanto que nos bares e ambientes noturnos dão-se os encontros dos elementais humanos, onde desfrutam das emanações do álcool e inclusive, introduzem-se nos corpos dos bebedores. Praticamente, todas as drogas como ópio, cocaína, cafeínas etc., produzem efeitos que aniquilam os veículos superiores. Em algumas ocasiões, como é natural, servem para o tratamento de certas enfermidades, todavia, deve o ocultista, consumi-las o menos possível. Aqueles que conheçam o procedimento, podem embargar os efeitos do ópio (empregado para aliviar dores agudas) sobre os corpos astral e mental, sobre os corpos astral e mental, uma vez que a droga tenha agido sobre o corpo físico. A sujeira de todo tipo é também problemática nos mundos superiores, até mais do que no físico, porque atrai uma classe muito baixa de espíritos da natureza. O ocultista, portanto, será muito meticuloso em questões de limpeza. Deve prestar especial atenção às mãos e aos pés, já que as emanações fluem com mais facilidade através das extremidades. Ruídos físicos como os que predominam nas cidades, alteram os nervos e é motivo de irritação e de fadiga. Seu efeito intensifica-se devido à aglomeração de infinidade de corpos astrais que vibram em diferentes ritmos, todos excitados e sustentados por miudezas. Ainda que esta irritação seja superficial e possa desaparecer da mente, o efeito produzido no Corpo Astral pode durar até 48 horas. Torna-se, pois, difícil aos habitantes das grandes cidades evitarem a irritabilidade, sobretudo para aqueles com um Corpo Astral mais refinado e sensível do que o homem comum.

A largos traços, afirmamos que tudo o que contribui para a saúde do corpo físico, também atua favoravelmente sobre os veículos superiores. Viagens constituem também, outro dos muitos fatores que nele influenciam, uma vez que o viajante recebe as distintas influências etéreas e astrais, características dos lugares e regiões que visita. O oceano, a montanha, as cachoeiras tem cada um seu tipo especial de entidades viventes astrais e etéreas, do mesmo modo que visíveis; em consequência, também têm sua própria série de influências. Muitas das entidades invisíveis emanam vitalidade; em qualquer caso, o efeito sobre os corpos etéreo, astral e mental das pessoas deve ser saudável e benéfico em longo prazo, ainda que momentaneamente a mudança produza uma sensação de cansaço.

Por estes motivos que, de vez em quando, é recomendável a mudança da cidade para o campo, por ser benéfico tanto para a saúde emocional como para a física. O Corpo Astral também pode encontrar-se afetado por objetos como os talismãs. Como prepará-los está descrito na obra *"o duplo etéreo"*. Aqui veremos apenas os efeitos gerais. Um objeto converte-se em um talismã quando foi intensamente carregado de magnetismo por uma pessoa competente para um fim determinado. Se for bem feito, continuará descarregando seu magnetismo com a mesma força durante muitos anos. Um talismã pode ser usado para inúmeras finalidades. Por exemplo, pode-se carregá-lo com pensamentos de pureza, que se expressarão em vibrações de ritmo preciso em matéria astral e mental. Estas vibrações, por serem diretamente opostas aos pensamentos de impureza, tendem a neutralizar ou a superar pensamentos impuros que surjam na mente. Em muitos casos o pensamento impuro será recolhido por casualidade; portanto, não possuirá grande poder em si mesmo.

O talismã, por outro lado, foi carregado de maneira intencionada e intensa, por isso, ao se chocarem as duas correntes de pensamento, os conectados com o talismã, sem sombra de dúvida, farão desaparecer os outros. Além do mais, a confrontação inicial entre os pensamentos opostos atrairá a atenção do homem e lhe trará o tempo para recolher-se a si mesmo, de modo que não o apanharão desprevenido, como costuma ocorrer. Outro exemplo é o talismã carregado com pensamentos de fé e valor. Comportar-se-á de duas maneiras: de início, as vibrações irradiadas pelo talismã se oporão aos sentimentos de temor, que na medida em que aparecem, vão impedindo que se acumulem e fortaleçam uns aos outros, como costuma ocorrer até se tornarem irresistíveis. Seu efeito é comparado ao do giroscópio que, quando se põe em movimento em um sentido, resiste com força a que se lhe faça girar em sentido contrário, além do mais, o talismã atua sobre a mente de quem o utiliza. Quando sente os primeiros sintomas de medo, provavelmente se lembrará do talismã e evocará a força de reserva da sua vontade para oferecer resistência ao sentimento indesejável. Uma terceira possibilidade do talismã é vinculá-lo com a pessoa que o tenha carregado; se aquele que o usa, se encontra em uma situação desesperadora, pode invocar quem carregou o talismã e pedir ajuda. O magnetizador pode ou não ser consciente desta chamada, mas em qualquer caso, seu ego irá senti-lo e responderá intensificando as vibrações do talismã. Determinados objetos são, em grande medida, amuletos ou talismãs naturais, por exemplo, todas as pedras preciosas, pois, cada uma delas tem uma influência distinta. Podem ser utilizadas de duas maneiras:

a) A influência atrai para si a essência Elemental de um certo tipo, além de pensamentos e desejos que se expressam de modo natural por meio de tal essência.

b) Estas características naturais convertem-nas em veículos dequados ao magnetismo que se deverá exercer no mesmo sentido em que atuam referidos pensamentos e emoções. Assim, por exemplo, para um amuleto de pureza, se deverá escolher uma pedra cujas emanações naturais não estejam em harmonia com a que manifestam pensamentos impuros. Apesar de serem físicas, as partículas da pedra, por encontrarem-se neste plano, estão sintonizadas com a tônica de pureza dos planos superiores. Inclusive, ainda que a pedra esteja magnetizada, deterá o pensamento ou sentimento de impureza. Além de que a pedra pode carregar-se facilmente nos planos astral e mental por meio das ondulações de pensamento e sentimento puros, ajustados à mesma tônica. São outros exemplos:

1. Os grãos de rudraksha, frequentemente usados na Índia para fazer colares, prestam-se especialmente a serem magnetizados a fim de ajudar na meditação sustentada e afastar qualquer influência perturbadora.

2. Os grãos da planta tulsi, cujo efeito é um pouco diferente da primeira. Objetos que exalam um forte odor são talismãs naturais. Assim, as gomas selecionadas para fabricar incenso expelem radiações favoráveis ao pensamento espiritual e devocional e não estão em harmonia com nenhuma forma de perturbação ou preocupação.

As bruxas medievais combinavam, em ocasiões, os ingredientes do incenso para produzir o efeito contrário; o mesmo se faz também hoje nas cerimônias de Lúcifer. Em regra geral, recomenda-se evitar odores pesados como o do almíscar, já que muitos deles possuem um caráter sensual. Às vezes, um objeto que não tenha sido carregado a propósito pode possuir a força de um talismã, por exemplo, um presente de um amigo, seja um anel, uma correntinha, inclusive até uma carta.

3. Os objetos que se costumam trazer no bolso podem carregar-se de magnetismo e tornarem-se capazes de emaná-lo para gerar efeitos determinados em quem os receba como acontece no caso dos relógios. Moedas e notas de banco geralmente estão carregadas de magnetismo, mistura de pensamentos e sentimentos podem, pois, desprender influências perturbadoras e irritantes.

4. Os pensamentos e sentimentos de uma pessoa não só influem nela e noutras pessoas, como além do que podem impregnar objetos inanimados que a rodeiam, assim como as paredes e o mobiliário.

A pessoa magnetiza inconscientemente os referidos objetos físicos, de maneira que eles adquirem o poder de sugerir pensamentos e sentimentos similares a outras pessoas, dentro do raio de sua influência.

2. Vida emocional.

Não é necessário insistir que o prestígio do Corpo Astral é determinado em grande parte, pelo tipo de sentimentos e emoções que o fazem vibrar continuamente. O homem emprega seu Corpo Astral de maneira consciente ou inconscientemente, cada vez que expressa uma emoção, do mesmo modo que utiliza seu corpo mental cada vez que pensa e seu corpo físico, quando realiza algum trabalho físico. Não é o mesmo, evidentemente que utilizar o Corpo Astral como veículo independente, por meio do qual se possa manifestar plenamente a consciência.

Como vimos o Corpo Astral constitui o campo de manifestação do desejo. É o espelho que reflete instantaneamente qualquer sentimento e nele se deve expressar qualquer pensamento que contenha algo que afete o ser pessoal. Com seu material se dá forma corporal aos elementais obscuros que os homens criam e põem em ação com seus desejos e sentimentos negativos; desta mesma matéria, também adquirem forma corporal os elementais benéficos aos que dão vida os bons desejos, a gratidão e a caridade. O Corpo Astral desenvolve-se com o uso, do mesmo modo que qualquer outro corpo e possui também seus próprios hábitos e tendências, formados e fixados por meio da repetição constante de atos semelhantes.

O Corpo Astral, durante a vida física, recebe e responde a estímulos procedentes tanto do corpo físico como do mental inferior e tende a repetir automaticamente as vibrações as quais está habituado, do mesmo modo como a mão repete um gesto familiar, assim também o Corpo Astral repete um pensamento ou sentimento com que se tenha familiarizado. Todas as atividades qualificadas como negativas, sejam pensamentos egoístas (mentais) ou sentimentos do mesmo caráter (astrais), invariavelmente se manifestam como vibrações na matéria mais grosseira dos referidos planos; enquanto que os pensamentos e sentimentos altruístas manifestam-se como vibrações na matéria de classe superior. Dado que a matéria fina move-se com mais facilidade do que a grosseira, um pensamento ou sentimento bom geram talvez, cem vezes mais força do que a matéria mais grosseira. Se assim não fosse, o mais provável é que o homem comum não experimentaria nenhum progresso. O efeito dos dez por cento de força destinada a fazer o bem, compensa amplamente os outros 90% dedicados a fins egoístas; desta maneira, o homem progride consideravelmente de vida em vida. Uma pessoa que só tenha 1% de bem realiza um ligeiro progresso. Uma pessoa cuja porcentagem esteja exatamente equilibrada, quer dizer que nem avança nem retrocede, deve levar uma vida ruim; enquanto que para retroceder, deve ser um malvado extraordinariamente implacável. Inclusive as pessoas que conscientemente não fazem nada para melhorar e deixam que a vida siga seu curso, evoluem progressivamente graças à força irresistível do Logos, que as empurra continuamente para adiante. Não obstante, avançam com tanta lentidão que necessitam milhões de anos de encarnação, dificuldades e inutilidade para adiantar um só passo. O progresso assegura-se graças a um método simples e engenhoso.

Como vimos, as qualidades negativas são vibrações na matéria mais grosseira do plano correspondente, da mesma maneira que as qualidades boas são vibrações na matéria de ordem superior. Disto se desprendem dois resultados importantes. Não se há de esquecer que cada sub-plano do plano astral tem relação específica com o correspondente sub-plano do plano mental, pelo que os quatro sub-planos inferiores do astral correspondem-se com as quatro classes de matéria do plano mental, no mesmo tempo que os três sub-planos superiores do astral têm sua correspondência nas três classes de matéria do corpo causal. Em consequência disso, as vibrações astrais inferiores não encontram no corpo causal, uma matéria que seja capaz de responder a elas; por isto as qualidades astrais superiores são as únicas que constroem o corpo causal. Portanto, todo o bem que o homem realiza registra-se de forma permanente, graças ao efeito originado no corpo causal. Entretanto, todo mal que faça, sinta ou pense não pode afetar em absoluto o ego, só pode ocasionar perturbações e mal estar no corpo mental que se renova em cada encarnação. O resultado do mal se deposita nos átomos permanente astral e mental. Por isso o homem ainda terá que confrontar-se com eles até fazê-los desaparecer e por fim consiga arrancar dos seus veículos qualquer tendência a corresponder ao mal. Como se torna evidente, isto não tem nada a ver com incorporá-lo ao ego e fazê-lo tomar parte do mesmo.

A matéria astral responde com maior rapidez do que a física aos impulsos procedentes do mundo mental; por isto, o Corpo Astral do ser humano, por ser formado pela dita matéria, participa desta celeridade para responder aos impactos do pensamento e vibra em resposta a todos eles, tanto se procedem do exterior, ou seja, de outras mentes, como se proviessem da própria mente. Do que se deduz que um Corpo Astral, cujo possuidor lhe permita responder assiduamente a maus pensamentos, converta-se em um ímã que atrai pensamentos e emoções da mesma índole dos que se encontrarem próximos. Por outro lado, um Corpo Astral puro atua para rechaçar decididamente tais pensamentos e emoções e por tanto atrai para si, formas de pensamento e emoção de matéria e vibração comparáveis às suas. Devemos levar em consideração que o mundo astral é povoado de pensamentos e emoções de outras pessoas, que exercem uma pressão constante, chocam continuamente com os corpos astrais e procuram obrigá-los a vibrar em um ritmo igual ao seu. Ao mesmo tempo, existem espíritos da natureza de ordem inferior que desfrutam das grosseiras vibrações de cólera e ódio e lançam-se a qualquer corrente dessa natureza, intensificando-se assim, as ondulações e outorgando-lhes nova vida. As pessoas que cedem a estes sentimentos podem estar seguras de que estão rodeadas destes "corvos" do mundo astral, que se empurram uns aos outros na ávida antecipação do estalido seguinte de paixão. Uma grande parte do mau humor que muita gente sente, tem sua origem, em maior ou menor medida, nas influências astrais estranhas. Ainda que se atribua à depressão, causas puramente físicas, como uma indigestão, um resfriado, o cansaço etc., com maior frequência se origina de alguma entidade astral que sofre uma depressão e perambula ao redor, ou em busca de simpatia ou com a esperança de roubar do sujeito a vitalidade que lhe falta. Por outro lado, um homem que esteja sofrendo um ataque de ira, perde temporariamente o domínio do seu Corpo Astral e o Elemental do desejo torna-se altíssimo. Em tais condições, o homem pode tornar-se um obcecado, ou por algum falecido com um caráter semelhante, ou por algum Elemental artificial maligno.

Os estudantes deveriam evitar a todo custo a depressão, visto que é um grande obstáculo para o progresso. No mínimo, devem evitar que alguém perceba que estão sofrendo, porque indica que pensam mais em si mesmos do que em seu mestre, o que torna mais complicado que a influência dele atue sobre os discípulos. A depressão ocasiona muitos sofrimentos às pessoas sensíveis, além de ser a culpada pelo medo que as crianças sentem à noite. Não é conveniente que a vida interna do aspirante esteja sujeita a constantes alterações emocionais. Antes de tudo, o aspirante deve aprender a não se deixar dominar pelas preocupações. São incompatíveis com a aspiração. O otimismo é justificado pela convicção de que o bem sempre vence. Não obstante, se levamos em consideração apenas o plano físico, se torna fácil manter esta atitude. Se o homem se deixa levar pela tensão das emoções muito fortes, corre o perigo de morrer, de cair na loucura ou na obsessão. Esta pode não ser necessariamente ruim, mas de toda maneira, não há dúvida de que qualquer obsessão é contraproducente. Este fenômeno pode ser ilustrado pelas conversões que acontecem em um despertar religioso. Nestes casos, alguns indivíduos alcançam um estado de excitação emocional tão forte que chegam a perder o controle de si mesmos; em tal estado podem ficar obcecados por um pregador morto, pertencente a sua mesma crença religiosa. Inclusive pode ocorrer que ambos trabalhem temporalmente com o mesmo corpo.

A enorme quantidade de energia destes excessos esotéricos é contagiosa e estende-se com rapidez entre a multidão. Uma perturbação astral gera uma espécie de redemoinho gigantesco, até que se precipitem as entidades astrais, cujo único objetivo é experimentar sensações. São estes espíritos da natureza que se comprazem submergindo-se nas vibrações de excitação de qualquer índole, tanto religiosa como sexual e comportam-se como crianças que brincam com as ondas; assim proporcionam e reforçam a energia tão arriscadamente dissipada. A ideia que predomina em quem sofre tal perturbação costuma ser a egoísta de salvar sua própria alma, mas a matéria astral é de qualidade grosseira e os espíritos da natureza são assim mesmo, de natureza primitiva. O efeito emocional de um despertar religioso é muito poderoso. Em certos casos, um homem pode beneficiar-se de sua conversão de modo autêntico e permanente; contudo, os estudantes de ocultismo que o levem a sério, deveriam evitar os mencionados excessos de agitação emocional, que encerram grande perigo para muitos. A excitação é alheia à vida espiritual. A loucura pode obedecer a muitos motivos: pode ser devida a defeitos em um ou mais veículos, seja o físico, o etéreo, o astral ou o mental.

Em alguns casos tem origem em alguma falha no ajuste entre as partículas astrais e as do etéreo ou do mental. Neste caso, o demente não recupera a sensatez até que chegue ao mundo celestial, quer dizer, uma vez que tenha abandonado seu Corpo Astral e tenha passado ao mental. Este tipo de loucura é pouco frequente. O efeito provocado pelas vibrações de um Corpo Astral é conhecido no oriente desde há muito tempo; é uma das razões pelo que é enormemente benéfico para um aluno viver nas proximidades de outro ser mais evoluído do que ele. Um instrutor hindu não somente prescreve para seu aluno exercícios e estudos especiais, destinados a purificar os veículos, a desenvolver e fortalecer o Corpo Astral, senão que, além do mais o mantém próximo fisicamente, com o objetivo de que esta associação estreita harmonize e sintonize os veículos do discípulo com os do instrutor. Este já terá apaziguado os seus e os terá acostumado a vibrar a uns tantos ritmos selecionados e não a centenas deles misturados. Estes escassos graus de vibração são muito fortes e estáveis, de modo que, dia e noite, acordado ou dormindo, atuam sem pausa sobre os veículos do aluno e vão elevando paulatinamente a vibração deste até a tônica do seu instrutor. Por motivos semelhantes, o hindu que deseje levar uma vida superior, retira-se para o mato, como os que de outras raças se apartam do mundo e vivem como ermitãos. Assim, desfruta de um espaço para respirar e descansar do perpétuo conflito provocado pelos constantes choques de seus veículos com os sentimentos e pensamentos de outras pessoas e dispõe de tempo para pensar de maneira coerente. Por outro lado, as aprazíveis influências da natureza o ajudarão também em certa medida. Algo parecido ocorre com o efeito produzido sobre os animais que vivem em estreita relação com os seres humanos.

A fidelidade de um animal ao dono, a quem ama e seu esforço para entender os desejos humanos e comprazer-lhes, desenvolvem extraordinariamente a inteligência do animal assim como sua capacidade para sentir afetos e devoção. Além do que, a influência contínua dos veículos do homem sobre os do animal reforça em grande medida seu desenvolvimento e prepara o caminho para sua individualização. Mediante um esforço de vontade, pode-se construir uma concha ou couraça de matéria astral na periferia da aura astral. Isto atende a três objetivos:

1. Proteger-se das vibrações de índole emocional, tais como as do ódio, da ira ou da inveja, enviadas intencionalmente por outra pessoa.

2. Resguardar-se das vibrações que flutuam no mundo astral e que se chocam contra a própria aura.

3. Preservar o Corpo Astral durante a meditação. Tais conchas ou couraças não duram muito e devem ser renovadas com frequência, se forem necessárias por um tempo prolongado.

Como é lógico, a couraça protegerá tanto das vibrações externas como das internas. Portanto, deve-se construí-la de modo que as vibrações indesejáveis não possam penetrá-la, mas que deixe passar as vibrações de ordem superior que se pretendam enviar para fora. Em linhas gerais, podemos dizer que quando alguém utiliza uma concha ou couraça para sua proteção, até certo ponto está admitindo sua fraqueza, embora caso se sentisse forte, não necessitaria de uma proteção deste tipo. Por outro lado, as couraças podem servir para ajudar a outros que requeiram proteção. Como já dissemos, o Corpo Astral humano contém, além da matéria astral comum, uma quantidade de essência Elemental. Durante a vida do homem, esta essência Elemental recolhe-se do oceano de matéria similar do ambiente e transforma-se no que designamos de matéria Elemental artificial, quer dizer, uma espécie de entidade separada, semi-inteligente, conhecida como Elemental de desejo. Este Elemental segue o curso da sua própria evolução, descendo até a matéria, ignorando (ou sem considerar) as conveniências do ego a que está unido. O interesse do Elemental encontra-se completamente oposto ao do homem, já que busca vibrações mais fortes e grosseiras. Aí a interminável luta que descreve São Paulo, quando diz: "...*a lei dos membros em guerra contra a lei da mente*". Quando este Elemental descobre que a associação com a matéria do corpo mental do homem proporciona-lhe vibrações mais intensas, trata de agitar a matéria mental em simpatia e induz o homem a crer que deseja as sensações que o Elemental está buscando. Por isso, converte-se em uma espécie de tentador. Não obstante, o Elemental do desejo não é uma entidade maligna; de fato, não é nenhuma entidade em evolução já que não pode reencarnar e o único que evolui é a essência de que se compõe. Tampouco alimenta intenções malignas contra o homem, uma vez que não sabe absolutamente nada do homem de quem, provisionalmente, participa. Por isso, não deve considerá-lo como inimigo, em quem se mira com horror, senão como parte da vida divina, como o homem mesmo, ainda que em uma fase distinta de desenvolvimento. É errôneo supor que ao negar-se a satisfazer o elemental do desejo com vibrações grosseiras, alguém está atrasando a evolução do mesmo, porque não é assim. Ao dominar as paixões e desenvolver as qualidades superiores o homem abandona a essência inferior e ajuda a desenvolver a de classe superior. As vibrações de ordem inferior podem proporcioná-las um animal, inclusive melhor do que o homem; enquanto que unicamente o homem pode evoluir na essência de qualidade superior.

Durante toda sua vida o homem deveria opor-se à tendência do Elemental de desejo a buscar vibrações físicas baixas e grosseiras, sem esquecer que a consciência, as simpatias e antipatias do mesmo, não são as do homem real. Ele é quem criou o Elemental, mas não deve ser seu escravo e sim dominá-lo e considerar-se separado do mesmo.

3. Vida mental.

O último dos fatores que afetam o Corpo Astral, durante a consciência de vigília, é a vida mental. As atividades mentais exercem consideráveis influências sobre o Corpo Astral, devido aos dois motivos seguintes:

1. Porque a matéria mental inferior está tão intimamente relacionada com a astral (Kama) que para a imensa maioria das pessoas resulta-lhes quase impossível utilizar uma sem a outra. Por exemplo, poucos são capazes de pensar sem sentir, ou sentir sem pensar ao mesmo tempo, de uma maneira ou de outra.

2. Porque a organização e o domínio do Corpo Astral é uma função da mente. Isto prova o princípio geral, de acordo com o que cada corpo é construído por uma consciência que atua no plano imediato superior. Sem o poder criador do pensamento, o Corpo Astral não poderia organizar-se. Qualquer impulso enviado pela mente ao corpo físico deve atravessar o Corpo Astral e produz além do que, um efeito sobre ele. De outra forma, a matéria astral responde às vibrações mentais muito mais rapidamente do que a física, de modo que, o efeito de determinadas vibrações é proporcionalmente mais marcado no astral do que no físico. Portanto, uma mente regulada, treinada e desenvolvida também tem tendência a regular e desenvolver o Corpo Astral. Entretanto, quando a mente não controla ativamente o Corpo Astral, ele recebe estímulos externos e lhes responde prontamente, por ser em especial, suscetível às correntes mentais passageiras.

Até o momento, analisamos os efeitos gerais produzidos sobre o Corpo Astral, durante a vida diária, e seus aspectos físico, emocional e mental. Vamos ocupar-nos agora, ainda que em largos traços, do emprego das faculdades especiais do Corpo Astral, durante o estado de consciência de vigília ou desperto. Anteriormente descrevemos a natureza de tais faculdades em conexão com os distintos Chacras ou centros do Corpo Astral. Graças aos poderes da própria matéria astral desenvolvidos mediante os Chacras, o homem pode, não só receber vibrações de matéria etérea, transmitidas através do Corpo Astral até a mente, como também perceber diretamente impressões da matéria do mundo astral que o rodeia; impressões que são transmitidas de maneira semelhante, por meio do mental, ao homem real interno. Para receber impressões diretamente do mundo astral, o homem deve aprender a concentrar sua consciência no seu Corpo Astral e não no cérebro físico, como sucede com frequência. Nas pessoas de tipo inferior, Kama, o desejo, continua sendo a característica dominante, ainda que tenha avançado um pouco também no seu desenvolvimento mental. A consciência destas pessoas está centralizada na parte inferior do Corpo Astral e suas vidas são governadas pelas sensações relacionadas ao plano físico. Por este motivo o Corpo Astral constitui a parte que mais se destaca da aura dos homens carentes de desenvolvimento.

O homem comum da nossa raça também continua vivendo quase completamente das suas sensações, ainda que o astral superior vá entrando em ação. Não obstante o que importa para ele, o que guia seu comportamento, não é o correto ou razoável, mas o qual é o seu desejo. Os mais cultos e mais desenvolvidos começam a dirigir seus desejos mediante a razão, em outras palavras, seus centros de consciência são transportados progressivamente do astral superior até o mental inferior. À medida em que o homem avança, a consciência vai elevando-se pouco a pouco, até que se dirija por princípios e não pelo interesse ou o desejo. Os estudantes se lembrarão de que a humanidade ainda se encontra na quarta roda, que está naturalmente destinada ao desenvolvimento do desejo e da emoção; não obstante, também estejam desenvolvendo o intelecto, que será a característica específica da quinta roda. Assim ocorre graças ao estímulo enorme proporcionado à nossa evolução pelos senhores da chama, vindos de Vênus e ao trabalho dos adeptos que conservaram essa influência para nosso benefício, sacrificando-se continuamente para que possamos realizar maiores progressos. Também devemos manter presente que no círculo menor das raças, a quinta raça-raiz está atuando no corpo mental, enquanto a quarta raça-raiz ocupa-se particularmente do Corpo Astral. Ainda que na imensa maioria das pessoas a consciência se centralize no Corpo Astral, muitas delas não são conscientes, nem sabem absolutamente nada deste corpo, nem de como se emprega. Estas têm uma larga série de vidas nas quais não utilizaram as faculdades astrais; não obstante essas faculdades desenvolveram-se sem cessar, como a semente no interior de uma casca, de modo parecido ao do frango que cresce no interior do ovo. Por isso, uma grande quantidade de pessoas possui faculdades astrais, de que são completamente inconscientes; por assim dizer, as tem muito próximas da superfície e é provável que, à medida que conheçam e compreendam mais estas questões, muitas desenvolvam as faculdades latentes e tornem-se mais frequentes que hoje. A casca ou concha anteriormente mencionada forma-se de uma grande massa de pensamentos centrados em si mesmos, na qual homem comum está enterrado. Aplica-se o mesmo, talvez com maior razão, à vida do sono.

Falamos antes, de concentrar a consciência no Corpo Astral. O homem somente pode concentrá-la em um único veículo de cada vez, ainda que possa estar vagamente consciente dos outros. A vista física proporciona-nos uma analogia: se mantivermos um dedo na frente do rosto, podemos enfocar os olhos para vê-lo com nitidez; mas ao mesmo tempo, estaremos vendo a parte do fundo, ainda que imperfeitamente por estar desfocado. Em um dado momento, podemos mudar o foco e ver nitidamente o fundo; mas o dedo ao ser desfocado, será visto de modo vago e imperfeito. Analogamente, se uma pessoa que desenvolveu a consciência astral e a mental, concentra-se no cérebro físico como ocorre na vida cotidiana, verá perfeitamente os corpos das pessoas e ao mesmo tempo, seus corpos astral e mental, ainda que com certa imprecisão. Em um momento, pode variar o foco da sua consciência para ver perfeitamente o Corpo Astral e verá também o físico e o mental, mas não com detalhes.

Sucede o mesmo com a vista mental e com a dos planos superiores. No caso de uma pessoa altamente desenvolvida, cuja consciência estendeu-se mais adiante do corpo causal (mental superior), até ser capaz de funcionar autonomamente no plano búdico, alcançando em certo grau, o plano átmico, o centro de consciência localiza-se no mental superior e no plano búdico.

Em uma pessoa assim, o mental superior e o astral superior estão muito mais desenvolvidos do que seus inferiores. Ainda que conserve o corpo físico, é por simples conveniência de trabalhar nele mesmo, mas não porque seus pensamentos e desejos estejam fixos nele. Esta pessoa está acima de qualquer desejo que possa sujeitá-lo na encarnação e mantém o corpo físico como instrumento a serviço das forças dos planos superiores, a fim de que elas possam descer até o plano físico.

Capítulo 9
Vida do sono

Pelo que parece, a verdadeira causa do sono é que os corpos se cansam uns dos outros. No caso do corpo físico, os esforços musculares, além dos pensamentos e sentimentos, ocasionam ligeiras mudanças químicas. Um corpo sadio sempre trata de resistir a essas modificações, mas enquanto está desperto, nunca chega a consegui-lo por completo. Em consequência, cada pensamento, sentimento e ação produzem uma ligeira perda, apenas perceptível, cujo efeito cumulativo, com o tempo, deixa o corpo físico totalmente esgotado para pensar ou trabalhar. Em determinados casos, são suficientes alguns minutos de sono para recuperar-se, o que é obra do Elemental físico. No que concerne ao Corpo Astral, este se cansa muito rapidamente da dura tarefa de mover as partículas do cérebro físico, pelo que necessita separar-se dele por um tempo prolongado, com o objetivo de reunir forças para retomar seu trabalho desgastante. No entanto, em seu próprio plano, o Corpo Astral não pode sentir cansaço, uma vez que há casos em que estiveram trabalhando ininterruptamente durante 25 anos, sem mostrar sinais de fadiga. Ainda que uma emoção excessiva de longa duração canse o homem na vida cotidiana, não é o Corpo Astral o que se fadiga, mas o organismo físico através do qual se expressa ou se experimenta a referida emoção. Algo semelhante ocorre com o corpo mental. Quando falamos de fadiga mental, na realidade estamos cometendo um erro, porque o que se cansa é o cérebro e não a mente. Não existe nada que possa fatigar a mente. Quando o corpo físico do homem entra no sono (ou ao morrer), a pressão da matéria astral que o rodeia (o que significa a força de gravidade do plano astral) faz com que outra matéria da mesma classe ocupe a seguir, o espaço que se esvaziou. Esta contraparte astral é uma cópia exata do corpo físico, no que se refere à distribuição; não obstante não está vinculada ao mesmo, nem pode ser utilizada como veículo. É uma simples coincidência fortuita de partículas da matéria astral adequada disponível. Ao regressar o autêntico Corpo Astral desaloja o provisório sem que este oponha a menor resistência. Por esta razão, devemos escolher cuidadosamente o espaço onde se dorme. Se for inadequado, enquanto o astral verdadeiro está ausente, o corpo físico pode ver-se rodeado de matéria astral prejudicial e deixar atrás de si, influências que reajam de maneira desagradável diante do homem real a sua volta. Durante o sono, os princípios superiores do homem, junto com o Corpo Astral, retiram-se do corpo físico; o denso e etéreo permanecem na cama e o astral flutua no ar acima deles. Portanto, enquanto dorme o homem simplesmente utiliza o Corpo Astral em vez do físico. O único a dormir é o corpo físico, não necessariamente o próprio homem. Geralmente, o Corpo Astral separado do físico, conserva a mesma forma deste; por isso, a pessoa é reconhecida no astral pelos que a conhecem fisicamente. Deve-se isto à atração entre as partículas astrais e as físicas que persiste durante toda a vida física e instaura, na matéria astral, um hábito ou impulso que perdura, ainda que estejam separadas transitoriamente durante o sono. Por esta razão, o Corpo Astral de uma pessoa adormecida compõe-se de uma porção central que corresponde ao corpo físico, relativamente denso e uma aura que o envolve e que é relativamente sutil. Em um homem muito pouco desenvolvido, por exemplo, um selvagem, pode acontecer que o Corpo Astral esteja tão adormecido como o físico, pois sua consciência astral é muito limitada. Assim mesmo é incapaz de distanciar-se da proximidade imediata do corpo físico adormecido e se tentar afastá-lo do seu Corpo Astral, o físico provavelmente despertaria assustado. O Corpo Astral de um homem assim é uma massa nebulosa flutuante, praticamente amorfa, de forma quase ovoide, mas muito irregular e de contornos indefinidos. As feições e o perfil da forma interior (a contraparte astral densa do corpo físico) são também manchados e imprecisos, ainda que sempre sejam reconhecíveis. Um homem de tipo muito primitivo usa seu Corpo Astral enquanto está desperto, enviando através dele, correntes mentais ao físico. Mas quando dorme, o cérebro físico está inativo; por não estar desenvolvido o astral, é incapaz de perceber impressões por sua própria conta; por isso, o homem encontra-se praticamente inconsciente já que não pode expressar-se com clareza, através de um astral mal organizado. Os centros de sensação desse corpo podem ver-se influenciados por formas de pensamento transitórias e podem responder a qualquer estímulo que excite a natureza inferior. A impressão, porém, que produz ao observador é de sonolência e uma vez que, ao carecer de atividade precisa, o astral flutua sobre a forma física adormecida. Portanto, é uma pessoa sem desenvolvimento, os princípios superiores, ou seja, o próprio homem, permanecem tão adormecidos quanto o corpo físico.

Em certos casos, o astral está em menor letargia, flutua sonolento, estimulado por diversas correntes astrais, reconhece eventualmente outros em um estado semelhante e vive experiências de todo tipo, prazerosas ou desagradáveis, ainda que muito confusas e frequentemente transformadas em caricaturas grotescas. Ao despertar, pela manhã, talvez o homem pense que teve um sonho maravilhoso. O caso do homem mais evoluído é muito diferente. A forma interna é a reprodução, mais precisa e definida, da aparência do físico. Em vez de estar rodeada de uma aura nebulosa, aprecia-se uma forma ovoide bem perfilada, que conserva seu contorno preciso em meio às distintas correntes que continuamente se revolvem ao seu redor no plano astral. Um homem deste tipo não está em absoluto inconsciente em seu Corpo Astral, muito pelo contrário, está pensando muito ativamente. Apesar de que, pode ocorrer que, como o selvagem, tampouco seja consciente de tudo que o rodeia, não porque não possa ver, senão porque o envolve seu próprio pensamento do qual não vê. Não obstante, se quisesse, poderia fazê-lo. Sejam quais forem os pensamentos que tenham ocupado sua mente durante o dia, no geral, conserva-os quando está dormindo. Assim, está rodeado por uma muralha construída por ele mesmo, tão densa, que nada vê do que acontece do outro lado dela. Em ocasiões, um violento impacto exterior ou um forte desejo interior, pode romper a cortina de névoa, permitindo-lhe receber alguma impressão concreta. Mesmo assim, a neblina torna a expressar-se imediatamente e continua sonhando com antes. Quando se trata de um homem mais desenvolvido do que o anterior, ao adormecer o corpo físico, o astral separa-se dele e o homem permanece completamente consciente. O Corpo Astral está perfeitamente delineado e bem organizado; é a imagem do homem que pode ser empregada como veículo, muito mais cômodo do que o físico. Neste caso, a receptividade do Corpo Astral é maior e pode responder instantaneamente a todas as vibrações do seu plano, tanto às finas como às grosseiras. Com uma observação: o Corpo Astral de uma pessoa muito desenvolvida não conterá, obviamente, matéria capaz de responder às vibrações grosseiras.

Uma pessoa assim está totalmente desperta, trabalha com muito mais atividade, com mais precisão e com maior poder e compreensão, do que quando estava reclusa no veículo físico, denso. Além do mais, pode movimentar-se livremente, com extraordinária velocidade em qualquer distância, sem que provoque a mínima dificuldade ao corpo físico adormecido. Pode reunir-se e trocar ideias com amigos, sejam encarnados ou desencarnados, que, do mesmo modo como ele, estejam despertos no plano astral. Pode encontrar pessoas mais evoluídas do que si mesmo e delas receber conselhos e ensinamentos, ou pode prestar serviços a outros menos avançados. Pode pôr-se em contato com entidades não humanas de diferentes tipos. Ainda assim, estará submetida a influências astrais de qualquer tipo: positivas e negativas, vivificantes ou estremecedoras. Também pode entabular amizade com pessoas de outras partes do mundo; pode participar de conferências ou assistir a elas; se é estudioso pode conhecer outros investigadores e graças às faculdades adicionais que subministra o plano astral, será capaz de solucionar problemas que apresentam dificuldades no mundo físico. Um médico, por exemplo, durante o sono, pode visitar enfermos pelos quais esteja particularmente interessado. Assim, poderá conseguir informações que, uma vez desperto, interpretará como uma espécie de intuição.

 Uma pessoa de grande desenvolvimento, ao ter o Corpo Astral perfeitamente organizado e vitalizado, pode empregá-lo como veículo de consciência no plano astral, do mesmo modo como se serve do denso, no plano físico. O mundo astral é o verdadeiro mundo da paixão e da emoção; por isso, aqueles que se deixam dominar por elas, nele as sentem com uma força e uma intensidade tais, que por sorte são desconhecidas na Terra. Grande parte da energia de uma emoção perde-se na passagem do astral ao físico, mas no mundo astral manifesta-se em toda a sua plenitude. Por aí é que nesse mundo, a devoção e o afeto são experimentados com muito maior intensidade do que no mundo físico. O mesmo sucede com o sofrimento, que é sentido no astral com uma intensidade tão grande que resulta incompreensível no físico. Pelo contrário, no mundo astral, a dor e o sofrimento são voluntários e estão sob controle absoluto. Por esta razão, aos que compreendem isto, a vida nesse mundo resulta muito mais fácil. Dominar a dor física com a mente é possível, mas extremamente difícil; não obstante, no astral, qualquer um pode eliminar em um instante, o sofrimento ocasionado por uma intensa emoção. O homem só precisa exercitar sua vontade e a paixão se esfumará no ato. Esta afirmação pode parecer surpreendente, mas é exata: assim é o poder da vontade e da mente sobre a matéria. Ter alcançado plena consciência no plano astral é sinal de progresso.

Quando o homem transpassa o vazio entre a consciência física e a astral, já não existe para ele dia e noite, pois sua vida não tem solução de continuidade. Para essas pessoas, nem sequer existe a morte, tal como se costuma entender. Isto, porque sua consciência é contínua, não só de dia e de noite, senão também ao passar pelo umbral da morte e até o fim de sua vida no plano astral. Transportar-se de um lugar a outro no plano astral não é algo instantâneo, mas é tão veloz que praticamente podemos dizer que se conquistou o tempo e o espaço. Este se atravessa com tal velocidade, que é como se não houvesse divisões territoriais. Em só dois ou três minutos pode dar-se a volta ao mundo. Pessoas avançadas e cultas, pertencentes às raças superiores da humanidade já tem desenvolvida 100% a consciência do Corpo Astral e são absolutamente capazes de utilizá-lo como veículo, ainda que, em muitos casos, não o façam por não haver realizado o esforço preliminar necessário para adquirir o hábito. Para muitas pessoas, a dificuldade consiste, não porque o Corpo Astral não possa atuar, mas em que, durante milhares de anos, esse corpo habituou-se a atuar unicamente estimulado por impressões recebidas através do corpo físico. Por esta razão, tais pessoas não estão conscientes de que o Corpo Astral possa desenvolver-se em seu próprio plano e por conta própria e que a vontade possa atuar diretamente sobre ele. As pessoas permanecem adormecidas astralmente, porque esperam experimentar as vibrações físicas às quais estão acostumadas, antes de entrarem em atividade astral. Pode-se dizer, portanto, que se encontram no plano astral, mas não são conscientes dele, ou melhor, são, mas de forma muito vaga.

Quando um homem recebe os ensinamentos de algum mestre, costuma despertar do seu estado de sonolência no plano astral e se dá conta do que o rodeia. Por isso, suas horas de sono já não estão em branco, mas, dedicadas a ativas e úteis ocupações, sem que isso afete negativamente, o saudável descanso do corpo físico fatigado, o que veremos melhor no Capítulo 28. Podemos dizer, contudo, que muito antes de alcançar tal categoria, pode se fazer e, de fato se faz continuamente muito trabalho.

O homem que dorme com a decidida intenção em sua mente de realizar um trabalho determinado, com certeza tratará de levar à prática sua intenção, enquanto estiver livre do corpo físico adormecido. Cumprida a tarefa, é provável que a nuvem dos seus próprios pensamentos o envolva, a não ser que se tenha habituado a iniciar novas linhas de ação, quando atua separado do seu cérebro físico. Em determinados casos, quando já iniciou o trabalho, logicamente se manterá ocupado durante todas as horas de sono, pelo que terá que esforçar-se tanto quanto seu desenvolvimento astral o permita. Cada noite, alguém deveria tomar a decisão de fazer algo útil no plano astral, coisas como consolar e ajudar quem esteja passando por dificuldades; empregar a vontade para dar ânimo a algum amigo débil ou enfermo; tranquilizar alguém excitado ou desesperado ou qualquer outro tipo de serviço. O êxito de tais obras está assegurado em certa medida; se a pessoa se fixa um pouco, receberá sinais no mundo físico dos resultados conseguidos. São conhecidas quatro formas de despertar para a atividade autoconsciente no Corpo Astral. São elas:

1. O curso normal de evolução que é seguro, ainda que lento.

2. Quando um homem aprendeu os fatos do caso, chega a ser consciente, graças ao esforço contínuo e perseverante que necessita para despojar as névoas de dentro e superar progressivamente a inércia a que está habituado. Para isto, antes do adormecer, a pessoa deverá decidir que tentará despertar no Corpo Astral, enquanto abandona o físico. Além de que, tratará de ver algo e realizar algum trabalho útil. Naturalmente isto não é mais do que acelerar o processo da evolução. Antes de assim proceder, convém, todavia, que a pessoa tenha desenvolvido o que se denomina "sentido comum", como também, as qualidades morais. São estas as razões:

1.– Para não empregar mal os poderes assim adquiridos;

2.– Para não ver-se dominado pelo medo diante das força que não pode entender nem controlar.

3.– Acidentalmente ou por ter feito um uso ilícito das cerimônias mágicas, pode rasgar-se o véu que nunca poderá voltar a se fechar.

Casos como estes se encontram descritos em *"una vida embruxada"* de U. P. Blavatsky e em *"zanoni"* de bulwer lytton.

4.– Um amigo pode atuar desde o exterior sobre a concha cerrada que rodeia o homem e paulatinamente ir despertando-o para as possibilidades superiores. Não obstante, isto nunca chegará a acontecer, se o amigo não estiver muito convencido de que o homem que vai despertá-lo possua o valor, a devoção e as demais qualidades necessárias para que realize um trabalho proveitoso.

A necessidade de auxiliares no plano astral é tão peremptória, que os aspirantes podem ter a segurança de que não deverão esperar nem um minuto para que os despertem, uma vez que estejam adequadamente preparados. Pode acrescentar-se que, inclusive uma criança que desperte no plano astral, desenvolverá seu Corpo Astral tão velozmente que logo ocupará prontamente uma posição não muito inferior a do adulto e será, pois, muito mais proveitoso do que um homem sábio que não tenha despertado. Não obstante, a não ser que isto que se expresse através do corpo da criança que possua as condições exigidas, quer dizer, uma disposição firme, mas generosa e o tenha evidenciado em vidas anteriores, nenhum ocultista deverá assumir a grave responsabilidade de despertá-lo no plano astral.

Quando é factível despertar este tipo de crianças, costuma resultar trabalhadores muito eficientes neste plano e consagram-se a este trabalho com grande devoção e entusiasmo. Assim mesmo, devemos esclarecer que é relativamente fácil despertar uma pessoa no plano astral, mas é praticamente impossível retorná-la ao sono, a não ser que se recorra à influência mesmérica, o que não é em absoluto aconselhável.

Vemos que a vida do homem, tanto esteja dormindo como esteja desperto, na realidade não é mais do que uma. Durante o sono estamos cientes disso em pleno astral e temos memória de ambos os estados, isto é, a memória astral abrange a física, mas esta última nem sempre inclui a recordação das experiências vividas no mundo astral. Conforme parece, o fenômeno de andar em sonhos (sonambulismo) pode produzir-se de várias maneiras diferentes, a saber:

1. Pode suceder que o ego atue mais diretamente sobre o corpo físico, enquanto os veículos mental e astral estejam ausentes. Nestes casos, a pessoa poderá escrever poemas, pintar quadros e outra série de coisas, as quais não é capaz de fazer quando está desperto.

2. O corpo físico talvez atue automaticamente pela força do hábito, sem controle da parte do próprio indivíduo. Exemplo disto são os serventes que se levantam de noite e acendem o fogo ou realizam outros afazeres domésticos a que estão habituados. Nestes casos, o corpo físico adormecido, em certa medida, executa a ideia dominante na mente antes de continuar dormindo.

3. Uma entidade alheia, encarnada ou desencarnada, pode apropriar-se do corpo adormecido e utilizá-lo para algum fim. Isto é provável, quando se trata de pessoas de condição mediúnica, cujos corpos estão fragilmente unidos, portanto, podem separar-se com facilidade. Em pessoas normais, não obstante, ao abandonar o astral, o físico, durante o sono, não fica sujeito à obsessão, mas o ego conserva a qualquer momento, uma estreita conexão com seu corpo e acudirá rapidamente, quando se produza a mínima intenção.

4. Uma condição completamente contrária pode obter um resultado parecido. No início, quando os corpos estão intimamente unidos, como é normal, o homem em vez de afastar-se unicamente do seu Corpo Astral, levará o físico também, porque não se desprenderá dele por completo.

5. O sonambulismo provavelmente se relaciona também com o complexo problema dos distintos tipos de consciência no homem que, em circunstâncias normais, não se podem manifestar. O estado de transe está também estreitamente relacionado com a vida do sono. O estado de transe não é mais do que o estado de sono artificial anormalmente induzido. Os médiuns e os sensitivos passam com extrema facilidade do físico ao Corpo Astral, no geral de modo inconsciente. Neste caso, o Corpo Astral pode completar suas funções, tais como percorrer longas distâncias, acumular impressões do quanto o rodeia e transportá-la ao corpo físico. No caso de um médium, o Corpo Astral pode descrever as impressões mencionadas, enquanto o físico mantém-se em transe; mas no geral, quando o médium abandona este estado, o cérebro não conserva as impressões recebidas, por conseguinte, não se lembra de nada das experiências adquiridas. Em alguns casos, ainda que não seja frequente, o astral pode registrar uma impressão duradoura no cérebro, de que o médium poderá recordar o conhecimento adquirido em estado de transe.

Capítulo 10
Sonhos

A consciência e a atividade no plano astral são uma coisa e a recordação do cérebro de tal consciência e as atividades astrais é algo muito distinto. Recordar ou não, no plano físico, não afeta de modo algum a consciência do astral, nem a capacidade de atuar, com completa facilidade e liberdade no Corpo Astral. De fato, não só é possível, mas é muito frequente que uma pessoa atue com liberdade e de modo útil no seu Corpo Astral, durante o sono do físico e que ao regressar a este não se lembre absolutamente de nada, do trabalho astral a que se dedicou.

A ausência de continuidade de consciência entre a vida física e a astral pode dever-se à falta de desenvolvimento do Corpo Astral, ou pode ser a consequência de carecer de uma ponte etérea adequada entre a matéria de ambos os corpos. A ponte é um tecido de matéria atômica densamente entretecida, por onde atravessam as vibrações. Este tecido é o responsável pelo momento de inconsciência que, como um véu, interpõe-se entre o dormir e o despertar. A única forma de poder recordar a vida astral com cérebro físico é possuir um Corpo Astral o bastante desenvolvido e ter despertado os chacras etéreos, dos quais, uma das muitas funções é trazer forças ao astral, ao etérico. Além do mais, o corpo pituitário deve estar ativo, pois concentra as vibrações astrais. Há ocasiões, que ao despertar se sente que se experimentou algo, mas não se pode recordar o que foi. Este sentimento revela que houve consciência astral, ainda que o cérebro não tenha sido o bastante receptivo para registrar o fato. Outras vezes, o homem consegue marcar no seu Corpo Astral uma impressão fugaz no duplo etérico e no corpo denso, que proporciona uma recordação vivaz da experiência astral. Às vezes isto se faz de forma deliberada, quando ocorre algo que a pessoa deseja recordar no mundo físico. Esta recordação, no geral se desvanece logo e não se pode recuperar. Os esforços por recordá-la, produzem fortes vibrações no cérebro físico, que se superpõem às delicadas vibrações astrais e em consequência, fazem com que se torne ainda mais difícil recordá-las. Por outro lado, certos acontecimentos geram uma impressão tão viva no Corpo Astral, que chegam a se gravar no cérebro físico, mediante uma espécie de repercussão. Noutros casos, uma pessoa conseguirá gravar novos conhecimentos no seu cérebro físico, sem ser capaz de se lembrar de onde e como os adquiriu. Casos assim acontecem com muitas pessoas, por exemplo: encontra-se de repente a solução de um problema que antes parecia insolúvel; ou se esclarece uma questão que antes estava obscura. Estes casos podem ser interpretados como indícios de que avança a organização e a atuação do Corpo Astral, ainda que o físico seja apenas parcialmente receptivo.

Nas circunstâncias em que o cérebro físico responde, tem-se sonhos muito vivos, razoáveis e coerentes, como ocorre de vez em quando com numerosas pessoas. A poucas pessoas lhes interessa que o cérebro físico se lembre ou não, enquanto se encontram no Corpo Astral, 9 em cada 10 têm vontade de regressar ao corpo físico. No retorno do astral sentem-se como constrangidas, como se estivessem envoltas em uma pesada e grossa capa. A vida no astral é tão agradável que a física, comparada a ela, parece não ser vida. Muitos consideram que o retorno diário ao corpo físico, é como o regresso à rotina do trabalho cotidiano. Não que sintam desagrado, mas não o fariam se não houvesse a obrigação de fazê-lo. Com o tempo, como no caso de pessoas altamente desenvolvidas e avançadas, constrói-se a ponte etérea entre os dois mundos: astral e físico e assim se estabelece uma perfeita continuidade de consciência entre a atividade astral e a física. Para essas pessoas, a vida já não se compõe de dias que se recordam e noites que se esquecem. Pelo contrário, sua vida vem a ser um todo contínuo de consciência ininterrupta, ano após ano. Há ocasiões em que, pessoas que não costumam lembrar-se de sua vida astral, podem fazê-lo sem intenção, por acidente ou por enfermidade. Assim, tendo a intenção, por meio de determinadas práticas, podem salvar o vazio existente entre a consciência física e a astral, de modo que, a partir deste momento, sua consciência será contínua e a recordação das suas atividades durante as horas de sono será completa. Naturalmente, antes disso, é preciso que tenha desenvolvido plena consciência no Corpo Astral. O que ocorre de forma repentina é simplesmente o fato de romper o véu entre o astral e o físico não, o desenvolvimento do Corpo Astral.

A vida durante o sono pode ser consideravelmente alterada como consequência direta do desenvolvimento mental. Qualquer impulso enviado pela mente ao cérebro físico deve atravessar o Corpo Astral. Considerando que a matéria astral responde às vibrações mentais, muito melhor do que a matéria física, o efeito produzido no Corpo Astral é proporcionalmente mais acentuado. Por isso, quando a pessoa adquiriu o domínio da mente, quer dizer, aprendeu a controlar a ação do cérebro, a concentrar-se, a pensar quando e como quiser, terá lugar uma oportuna mudança em sua vida astral. Se dela traz a recordação de sua atividade ao cérebro físico, seus sonhos serão intensos, bem sustentados, razoáveis e inclusive instrutivos. Em geral, quanto mais treinado estiver o cérebro físico para responder às vibrações do corpo mental, mais fácil será estabelecer a ponte entre o sono e o despertar. O cérebro será um instrumento a mais, tornando-se mais dócil ao homem sob os impulsos da vontade.

Sonhar com acontecimentos do cotidiano não se torna obstáculo ao trabalho astral, porque esses sonhos sucedem no cérebro físico, enquanto que o verdadeiro homem ocupa-se de outros trabalhos.

Na realidade não importa o que faça o cérebro físico, sempre que se mantenha livre de pensamentos indesejáveis. Quando se iniciou um sonho, normalmente não se pode mudar seu curso; mas a vida durante o sono, sim, pode-se regular indiretamente até certo ponto. Ao adormecer, é particularmente importante que o último pensamento seja de caráter elevado e nobre já que isso dá a pauta que determina em grande parte a natureza dos sonhos que virão em sequencia. Um pensamento mau e impuro atrai influências más e impuras, e criaturas destas mesmas características, que reagem contra os corpos astral e mental e tendem a despertar desejos baixos e terrenos. Entretanto, se a pessoa adormece com o pensamento centrado em coisas elevadas e sagradas, automaticamente atrairá ao seu entorno, elementais criados por esforços alheios semelhantes aos seus; resultando sonhos elevados e puros. Como neste livro analisamos o Corpo Astral e fenômenos estritamente relacionados a ele, não nos deteremos em outros estudos como o dos sonhos. Aos que desejem estudar este tema, recomendamos o livro *"Sonhos"* de C. W. Leadbeater, de onde extraímos os dados a seguir:

a) O cérebro físico inferior, com sua semi consciência infantil e sua facilidade para expressar qualquer estímulo de forma pictórica.
b) A parte etérea do cérebro, pela qual desfila uma interminável procissão de quadros sem relação entre si.
c) O Corpo Astral dilatado por turbulências do desejo e da emoção.
d) O ego (no corpo causal) que pode encontrar-se em qualquer estado de consciência, desde a insensibilidade quase absoluta, até o completo domínio das suas faculdades.

Quando uma pessoa dorme, o ego desprega-se mais de si mesmo e deixa que seus corpos, mais livres do que de costume, sigam seu próprio caminho. Tais corpos são, em primeiro lugar, mais suscetíveis às impressões externas do que em outros momentos. Em segundo lugar possuem uma consciência própria muito rudimentar.

Por isso, existem variadas razões para que se produzam os sonhos e para que o cérebro físico recorde vagamente experiências dos restantes corpos durante o sono. Estes sonhos confusos poderão ser devido:

1) A uma série de quadros desconexos e a transformações impossíveis, causadas pela ação automática e inconsciente do cérebro físico inferior;

2) A uma corrente de pensamento causal, que chega através da parte etérea do cérebro;

3) A sempre inquieta onda de desejo terreno, atuando através do Corpo Astral e provavelmente estimulada por influências astrais;

4) A uma tentativa falha de dramatizar por parte do ego, ainda não desenvolvido;

5) A combinação de algumas das influências ou de todas elas.

Sonhos do cérebro físico.

Durante o sono, o ego cede temporalmente o controle do cérebro. O corpo físico possui certo nível de consciência própria, separada do conjunto de consciência das células individuais do próprio corpo. O controle da consciência física sobre o cérebro é muito mais fraco do que o do ego, por isto, as modificações meramente físicas afetarão ao cérebro em uma proporção muito maior. Exemplos de tais mudanças físicas são: irregularidade na circulação do sangue, indigestão, calor e frio etc.

A vaga consciência física possui certas peculiaridades, é em grande medida automática. Pelo que parece, é incapaz de captar uma ideia, exceto no caso em que ela mesma seja a autora; como consequência, todos os estímulos, procedam de dentro ou de fora, são automaticamente traduzidos em imagens perceptíveis. Não pode captar ideias abstratas ou recordações como tais. De imediato, transforma-as em percepções imaginárias. Toda direção local do pensamento converte-se para ela em um verdadeiro transporte especial; por exemplo, um pensamento momentâneo sobre a China, transportará subitamente a consciência à China. Não tem poder para apreciar a ordem consecutiva, nem o valor, nem a verdade objetiva das imagens que aparecem ante elas. Toma-as tal como as vê e nunca se surpreende do que se passa, por muito incoerente ou absurdo que possa ser. Está sujeita ao princípio da associação de ideias, como consequência as imagens se misturarão em uma indecifrável confusão, sem outra conexão que o fato de representar sucessos acontecidos próximos uns dos outros no tempo. É particularmente sensível às mais leves influências externas, tais como sons e contatos. Aumenta e deforma tais influências até um grau quase inconcebível. Deste modo, o cérebro físico é capaz de criar bastante confusão e exagero como para que se lhe atribuam muitos (ainda que nem todos) fenômenos dos sonhos.

Sonhos do cérebro etérico.
Durante o sono do corpo, o cérebro etérico é ainda mais sensível às influências externas do que durante a consciência comum desperta. Enquanto a mente está ativa, o cérebro está ocupado, de modo que ele se torna completamente impenetrável aos constantes choques do exterior. Mas, no momento em que o cérebro cessa sua atividade, o mesmo começa a atravessar por ele a corrente do caos incoerente. Os pensamentos que fluem pelo cérebro da imensa maioria das pessoas não são em absoluto pensamentos próprios, mas fragmentos atirados por outro. Como consequência, durante o sono, qualquer pensamento ambulante que encontre no cérebro de quem dorme algo conveniente para si mesmo, será apanhado pelo cérebro e se apropriará dele, iniciando assim uma completa série de ideias. Com o tempo elas desaparecem e começa a fluir outra vez a corrente desconexa e sem objetivo. Levado em conta o atual estado de evolução

do mundo, é provável que existam mais pensamentos maus do que bons, flutuando ao nosso redor. Portanto, uma pessoa com o cérebro não regulado, está aberta a qualquer tipo de tentações, o que se poderia evitar, se a mente e o cérebro estivessem sob controle. Ainda que uma pessoa que não esteja adormecida, interrompa esses fluxos de pensamento por um esforço intencional de vontade sobre o cérebro etérico deste último, seu cérebro não permanece totalmente passivo, senão que lento e sonolento, começa a desenvolver por si mesmo imagens procedentes do depósito de recordações do passado.

Sonhos astrais.
Já nos referimos antes: sonhos astrais são simplesmente o que o cérebro físico lembra da vida e das atividades do Corpo Astral, enquanto o físico dorme. No caso de uma pessoa regularmente bem desenvolvida, o Corpo Astral pode afastar-se, sem desconforto, a uma considerável distância do físico. Pode recolher impressões mais ou menos precisas dos lugares que tenha visitado ou das pessoas que tenha conhecido. Em qualquer caso, conforme dissemos, o Corpo Astral é sempre muito impressionável pelos pensamentos ou sugestões que tolerem desejo ou emoção. Como é óbvio, do desenvolvimento de cada pessoa e da pureza ou da rusticidade do seu Corpo Astral dependerá o tipo de desejos que despertem uma resposta mais rápida de sua parte. Em todos os casos, o Corpo Astral é suscetível de influências das correntes ambulantes do pensamento. Quando a mente não o controla, está recebendo sem cessar, estímulos externos e responde avidamente a eles. Durante o sonho, as influências são muito maiores. Por tanto, um homem que, por exemplo, tenha dominado o desejo físico que anteriormente sentia de consumir álcool, até tal ponto que ainda esteja desperto, experimenta repugnância por esta substância, pode, com frequência, sonhar que esteja bebendo e no sonho pode experimentar prazer. Durante o dia, o desejo do Corpo

Astral estará dominado pela vontade, mas ao sentir-se livre, no sonho, o Corpo Astral ficará, de certo modo, livre do controle do ego e responderá à influência astral externa e o antigo hábito se reafirmará. Provavelmente, este tipo de sonhos será frequente em muitos que procuram submeter a sério sua natureza emocional ao domínio da mente. Também pode dar-se o caso de eu um homem tenhas sido alcoólatra em uma vida anterior e siga possuindo, todavia, em seu Corpo Astral, alguma matéria atraída a ele pelas vibrações gravadas pelo álcool no átomo permanente. Ainda que esta matéria não tenha se vitalizado nesta vida, durante o sono, quando o controle do ego é fraco, pode responder às vibrações externas da bebida e assim, o homem pode sonhar que bebe. Quando se compreendem, estes sonhos não deveriam causar inquietação, mas devem ser considerados como uma advertência de que ainda é possível que o desejo de beber se reaviva.

Sonhos do ego.
Na medida em que se desenvolve, a natureza do Corpo Astral vai mudando muito, mas ainda se modifica mais o ego, o homem real que habita nele. Enquanto o Corpo Astral não é mais do que uma nebulosa flutuante, o ego encontra-se quase tão adormecido como o físico, sendo insensível às influências do seu próprio plano. Ainda que neste estado chegue a ele alguma ideia própria do seu plano, como é quase ou totalmente nulo o controle dos seus veículos, não poderá gravar tal ideia no cérebro físico. Durante o sono, podemos nos encontrar em qualquer nível de consciência, desde a mais absoluta inconsciência até a plena consciência astral. Deve ser considerado, como já dissemos apesar da possibilidade de viver importantes experiências em planos superiores, o ego pode estar incapacitado para gravá-las no cérebro físico; por conseguinte não haverá nenhuma recordação e se houver, será muito imprecisa. As características

principais da consciência e das experiências do ego, sejam ou não recordadas pelo cérebro, são as seguintes:

1. A medida de tempo e de espaço do ego é tão diferente da que emprega enquanto está desperto, que praticamente é como se para ele não existissem nem tempo, nem espaço. São conhecidos muitos casos em que, em poucos minutos, de acordo com nossa medida do tempo, o ego vive experiências que parecem durar muitos anos, desenvolvendo-se os fatos em todos os seus detalhes e circunstâncias.

2. O ego possui a capacidade, ou o hábito, de dramatizar instantaneamente. Assim, um som ou um contato físico pode chegar ao ego, não por via do sistema nervoso normal, mas diretamente e em frações de segundo, inclusive antes de alcançar o cérebro físico. Esta fração de segundo basta para que o cérebro construa um drama ou uma série de cenas que culminem em um acontecimento que desperte o corpo físico e o cérebro confunde o sonho subjetivo com o sucesso objetivo e imagina-se que viveu na realidade, as incidências do sonho. Este hábito, todavia, parece ser característico de egos relativamente pouco desenvolvidos no que se refere à espiritualidade. Na medida em que o ego avança espiritualmente, vai-se elevando acima dos divertidos jogos da infância. O homem que alcançou continuidade de consciência está tão ocupado no trabalho dos planos superiores, que não gasta energia em referidas dramatizações, por conseguinte, não experimenta esse tipo de sonhos.

3. Além do mais, o ego possui, até certo ponto, a faculdade de previsão, sendo por vezes, capaz de perceber com antecedência, fatos que virão a acontecer; ou melhor, que podem chegar a ocorrer se não se tomarem as medidas oportunas para impedi-lo e isto é registrado no cérebro físico. São conhecidos inumeráveis casos de sonhos proféticos ou de advertência. Algumas vezes, atende-se à advertência, tomam-se medidas adequadas e a previsão modifica-se ou evita-se por completo.

4. Pelo que parece, enquanto o ego está fora do corpo, durante o sonho, pensa por meio de símbolos. Uma imagem simbólica abrange uma ideia que em nosso plano requer muitas palavras para ser expressa. Quando se recorda o símbolo, a mente poderá expressá-lo por meio de palavras, ou ficará apenas como símbolo, sem nenhuma interpretação, podendo criar confusão.

Nos sonhos desta natureza, parece que cada pessoa costuma ter seu próprio sistema de símbolos. Por exemplo, a água pode significar imensa dificuldade, as pérolas podem significar lágrimas e coisas assim. Quando se deseja ter sonhos úteis, isto é, obter em sua consciência de vigília o benefício de que o ego aprenda durante o sono, é preciso seguir um determinado processo. Em primeiro lugar, é fundamental que a pessoa crie para si o hábito de manter a concentração, durante sua consciência comum de vigília. O homem que domina por completo seus pensamentos, saberá exatamente e em todo momento em que está pensando e porquê. Além do mais, notará que o cérebro, treinado para atender às indicações do ego, permanecerá em silêncio quando não estiver sendo usado ou se negará a receber as correntes das ondas de pensamento que o rodeiam, ou reagirá a elas. Deste modo, existem mais probabilidades de receber influências dos planos superiores, uma vez que a percepção é mais aguda e o juízo mais exato do que no plano físico.

Não faz falta declarar que o homem deve ter dominado por completo suas paixões, ou pelo menos, as mais baixas. Através de um ato muito elementar de magia, o homem pode fechar seu cérebro etérico para avalanche de pensamentos que chegam do exterior. Para esta finalidade, ao deitar-se, visualiza sua aura, desejando intensamente que a superfície externa da mesma se converta em um escudo ou concha que o proteja das influências externas. A matéria áurica obedecerá a seu pensamento e construirá a concha. Esta medida é de valor incalculável para conseguir o fim desejado. Já se viu como é importante que se tenha, ao estar dormindo, o pensamento concentrado em algo nobre e elevado. Isto é algo que deve praticar aquele que deseja chegar a ter controle sobre os seus sonhos. Será conveniente acrescentar que os termos hindus aplicáveis aos quatro estados de consciência são: Jâgrat é a consciência comum enquanto estamos despertos. Svapna é a consciência de sonho, funcionando no Corpo Astral e capaz de gravar suas experiências no cérebro. Sushupti é a consciência quando atua no corpo mental, incapaz de gravar suas experiências no cérebro. Turuya é o estado de transe, é a consciência atuando no veículo búdico, tão distanciada do cérebro que não pode recuperar-se por meios externos. Não obstante estes termos empregam-se em um sentido relativo e variam conforme o contexto. Por exemplo: em uma interpretação de Jâgrat, combinam-se os planos físico e astral, de modo que as sete subdivisões, correspondem às quatro combinações da matéria física e as três amplas divisões da matéria astral que veremos adiante.

Para os que desejem maior esclarecimento sobre este tema, recomendamos as obras: *Introdução ao Yoga* e *Estudo sobre a consciência*, escritas por Annie Besant, em que a consciência de vigília aparece definida como a parte da consciência total que atua mediante o veículo mais externo.

Capítulo 11
Continuidade da consciência

Já vimos que para transferir a consciência, sem solução de continuidade, de um veículo a outro, isto é, de físico ao astral e vice-versa, é preciso desenvolver o vínculo ou a ponte entre ambos. A maioria das pessoas não é consciente deste vínculo que não está vitalizado e encontra-se em um estado semelhante ao dos órgãos rudimentares do corpo. Estes se desenvolvem graças ao uso, o homem coloca-os em funcionamento, fixando neles sua atenção e aplicando sua vontade. Esta libera e guia a Kundalini; mas, se antes não se realizou uma purificação rudimentar dos veículos, Kundalini atuará como energia destrutiva, em vez de energia vivificadora. Por este motivo insistem tanto os instrutores ocultistas na necessidade da purificação antes de praticar a autêntica ioga. Quando o homem estiver em condições de ser ajudado a vivificar o vínculo ou elo, receberá ineludivelmente esta ajuda como algo natural. A ajuda provirá daqueles que sempre buscam a ocasião para ajudar o aspirante perseverante e abnegado. Algum dia o homem se encontrará a si mesmo saindo do corpo físico, sem estar adormecido. Então, sem romper a continuidade de consciência, descobrirá que é livre. Graças à prática, o trânsito de um veículo a outro se torna habitual e simples.

O desenvolvimento dos elos preenche o vazio entre a consciência física e a astral, de modo que se estabelece uma perfeita continuidade de consciência. Desta forma o estudante não só aprenderá a ver corretamente no plano astral, como também poderá interpretar no cérebro físico aquilo que viu. Para ajudá-lo nesta tarefa, ensina-se a ele transferir sem interrupções, a consciência do plano físico ao astral e ao mental e depois, em sentido contrário, pois até que seja capaz de fazê-lo, existe sempre a possibilidade de que sua recordação se perca parcialmente ou se deforme durante os períodos em branco que separam os períodos de consciência entre os distintos planos. Quando possui a capacidade perfeita de transferir a consciência, o discípulo conta com a vantagem de poder utilizar suas faculdades astrais, não só enquanto está fora do físico, seja em sonho ou em transe, mas também quando está desperto no mundo físico. Para que a consciência de vigília inclua também a consciência astral, é preciso ter desenvolvido em grande medida o corpo pituitário, e que se encontra aperfeiçoado a quarta espiral dos átomos. Além do método para transferir a consciência de um sub-plano a outro do mesmo plano, por exemplo, do atômico astral ao sub-plano mais baixo do mental, existe também outra linha de conexão que pode chamar-se *atalho atômico*. Se visualizarmos os sub-planos atômicos: astral, mental, etc., colocados de um a outro extremo de uma vareta, poderemos imaginar os restantes sub-planos de cada plano, suspensos em anéis dos correspondentes atômicos transpassados na vareta; cada série seria como um pedaço de corda enrolada pensa frouxamente da vareta. É lógico que para transladar-se de um sub-plano a outro se poderia tomar o atalho ao longo da vareta, ou baixar e subir pelos anéis pendurados, que representam os sub-planos inferiores. Nos processos normais do nosso pensamento no geral descemos pelos sub-planos, mas os laivos de inteligência, as ideias iluminadas unicamente passam pelos sub-planos atômicos. Ainda há uma terceira possibilidade que se refere à reação existente entre os nossos planos e os cósmicos, mas ela é demasiado impenetrável para nos ocupar dela em uma obra que se cinge ao plano astral e seus fenômenos. Como é de supor-se, a mera sequencia da continuidade de consciência entre o plano físico e o astral é insuficiente em si mesma para poder recordar-se de vidas anteriores. Para isto é necessário um desenvolvimento muito mais elevado em que não vamos entrar agora. Uma pessoa que tenha conseguido dominar seu Corpo Astral, naturalmente pode abandonar o corpo físico, não só durante o sono, mas também, sempre que o deseje e viajar a lugares remotos etc. Os médiuns e os sensitivos, ao entrarem em transe, projetam inconscientemente seus corpos astrais, mas no geral, ao sair do transe, seu cérebro físico não se lembra das experiências vividas. Pelo contrário, os estudantes treinados são capazes de projetar conscientemente seu Corpo Astral e afastar-se a grandes distâncias do físico e ao regressar ao corpo, trazem a recordação completa e detalhada das impressões recebidas. Um Corpo Astral projetado deste modo pode ser percebido por pessoas sensíveis e por aquelas que estejam atravessando temporalmente por um estado nervoso anormal. São dados muitos casos de visitas astrais de pessoas moribundas, momentos antes da sua morte. Nestes casos, a proximidade da dissolução debilita os princípios e faz com que o fenômeno seja possível para pessoas que, em outras circunstâncias, não poderiam consegui-lo.

O Corpo Astral também fica em liberdade em numerosos casos de enfermidade. A inatividade do corpo físico é uma das condições dessas viagens astrais. Sabe-se como fazê-lo, uma pessoa pode condensar ligeiramente seu Corpo Astral, atraindo da atmosfera que o rodeia partículas de matéria física e assim materializar-se o suficiente para tornar-se visível no nível físico. Isto explica muitos casos de aparições, em que uma pessoa fisicamente ausente, é vista pelos seus amigos em condições comuns.

Capítulo 12
A morte e o elementar do desejo

Após a morte, a consciência separa-se do corpo físico e transporta-se ao etérico, onde permanece no espaço de um breve tempo, geralmente algumas poucas horas e mais tarde, translada-se ao Corpo Astral.

A morte é uma espécie de processo de desnudar-se ou despojar-se das envolturas. O ego, a parte imortal do ser humano, vai desprendendo-se das envolturas externas, uma a uma; primeiramente, do corpo denso, logo do duplo etérico e mais tarde, também do Corpo Astral. Na prática totalidade dos casos, a passagem parece ser absolutamente indolor, inclusive depois de uma longa enfermidade que tenha havido muito sofrimento. O aspecto suave do rosto morto é uma clara evidência para apoiar esta afirmação, que está ratificada pela resposta daqueles a quem se lhes perguntou no momento imediatamente após a morte. No momento exato da morte, ainda que tenha sido repentina, a pessoa vê desfilar diante dela toda a vida que deixa, inclusive em seus mínimos detalhes. Em um instante, contempla toda a sucessão de causas que atuaram durante sua vida e se vê e se compreende a si mesmo sem adornos complacentes nem engano.

Lê sua vida e permanece no papel de espectador, contemplando o cenário que abandona. O estado da consciência imediatamente após a morte é, no geral, sonolento e suave. Produzir-se-á também certo período de inconsciência, que pode durar apenas um instante, alguns minutos, várias horas e inclusive dias ou semanas. A atração natural que se produz entre a contra parte astral e o corpo físico é tão intensa que, após a morte, a astral, pela força do costume, conserva a forma habitual; de modo que o aspecto físico da pessoa mantém-se apenas sem mudanças. Considerando que a matéria astral modela-se facilmente com o pensamento, pode acontecer que uma pessoa que se habitue, depois de morta, a imaginar-se mais jovem do que realmente era ao morrer, assuma essa aparência.

Em muitos casos, muito pouco após a morte, produz-se uma troca importante provocada pela ação do elementar do desejo. Como já mencionamos grande parte da matéria do Corpo Astral é formada por essência elementar. Esta essência é viva, ainda que não inteligente e no momento está separada da massa geral da essência astral. Persegue seus próprios fins de um modo cego, instintivo e sem motivo algum e demonstra um grande talento na hora de satisfazer seus desejos e progredir em sua evolução. Para esta essência elementar a evolução consiste em saber descer à matéria; sua meta é converter-se em matéria-prima mineral. Portanto, sua finalidade na vida é aproximar-se o mais possível do plano físico e experimentar o maior número possível de vibrações grosseiras. Tampouco sabe, nem pode saber nada da pessoa em cujo Corpo Astral encontra-se momentaneamente. Este elementar deseja preservar sua vida separada e crê que unicamente pode consegui-lo mediante sua conexão com o homem; é consciente da mente inferior do ser humano e sabe que, quanto mais matéria mental possa misturar consigo mesmo, mais longa será sua vida astral.

Ao morrer o corpo físico, como se tem consciência de que o prazo da sua vida separada é reduzido e sabe que a morte astral do homem sobrevirá mais ou menos rápido, o elementar, com o fim de prolongar o mais possível a duração do Corpo Astral, redistribui a matéria do mesmo em capas concêntricas, deixando para fora a mais tosca. A partir do ponto de vista do elementar do desejo, este é um bom exercício, porque a matéria mais grosseira permanece unida durante mais tempo e resiste melhor ao atrito. O Corpo Astral redistribuído chama-se Yâtâna ou corpo de sofrimento. No caso de um homem malvado, em cujo Corpo Astral predomina a matéria mais grosseira, é conhecida como Dhruvam, ou corpo forte. A redistribuição do Corpo Astral produz-se na superfície da contraparte do corpo físico, não na superfície do ovoide que o rodeia. O resultado é que constitui obstáculo à livre e perfeita circulação da matéria astral que geralmente se dá no Corpo Astral. Por outro lado, o homem pode somente responder a vibrações recebidas na capa exterior do Corpo Astral. Poderíamos dizer que permanece como encerrado em uma caixa de matéria astral e unicamente pode ouvir e ver coisas do plano mais baixo e tosco. Ainda que estivesse rodeado de influências elevadas e belas formas de pensamento, apenas seria consciente da existência delas, porque as partículas de matéria astral que poderiam responder-lhes estão encerradas e não poderiam alcançá-las. Por outro lado, ao não ser capaz de perceber a matéria mais grosseira do astral de outras pessoas, nem ser consciente das suas limitações, imagina-se que a pessoa a qual se olha possui unicamente as características desagradáveis que ele pode perceber. Uma vez que só pode ver o mais baixo e grosseiro, as pessoas do seu entorno parecem-lhe monstros. Em tais circunstâncias, não é raro que considere o mundo astral como o inferno. A redistribuição do Corpo Astral pelo elementar do desejo não inclui em absoluto a possibilidade de reconhecer a matéria dentro do ovoide, ainda que as mudanças naturais que se produzem em conjunto tendem a tornar a forma aparentemente mais sutil e mais espiritual, conforme vai transcorrendo o tempo, por motivos que se explicarão adiante.

 A concha ou capa externa desintegra-se com a passagem do tempo; então o homem pode responder às vibrações de grau imediatamente superior do plano astral; assim se eleva ao sub-plano seguinte e assim sucessivamente, passando de um sub-plano a outro. Sua permanência em cada sub-plano corresponderá, logicamente, à quantidade e atividade da matéria do seu Corpo Astral, vinculada a cada sub-plano. Quando dizemos que a pessoa "se eleva" de um plano a outro, não há o que interpretar estas palavras, como que muda necessariamente de lugar no espaço, senão que transfere sua consciência de uma esfera à outra. No caso de uma pessoa com o Corpo Astral redistribuído, o foco de consciência traslada-se da concha exterior à imediata, a dentro. Desta maneira, a pessoa deixa de responder às vibrações de um grau de matéria para responder a outro grau de ordem superior. Conforme parece, esfuma-se um mundo com seu cenário e seus habitantes e faz sua aparição de outro novo. Como a concha costuma desintegrar-se gradualmente, o homem percebe que a contraparte dos objetos físicos vão desvanecendo-se, no tempo em que as formas do pensamento tornam-se cada vez mais vívidas. Se ao longo deste processo encontra ocasionalmente outra pessoa, crerá que o caráter da referida pessoa está melhorando sem cessar, o que se deve a que a mesma vai tornando-se mais capaz de apreciar vibrações superiores dessa índole.

De fato, a redistribuição do Corpo Astral não pára de criar dificuldades à plena e verdadeira visão do homem, no que se refere a seus amigos. Acontece isto em todas as etapas da sua vida astral. Este processo de redistribuição do Corpo Astral ocorre na maioria das pessoas, mas pode ver-se freado pelo homem que se oponha a ele com firmeza. De fato, toda pessoa que compreenda as condições do plano astral deveria negar-se redondamente a permitir que se produza tal redistribuição do Corpo Astral por parte do elementar do desejo. Em tais casos, as partículas do Corpo Astral, permanecerão mescladas, como ocorre durante a vida; portanto, em vez de ficar recluso em um só sub-plano, o homem será livre em todos os sub-planos, de acordo com a constituição do seu Corpo Astral. O elementar, temeroso no seu estado de semiconsciência, procurará transferir seu medo ao homem que trata de impedir-lhe a redistribuição, com o objetivo de dissuadi-lo disto. Este é um dos motivos pelos quais convém ter noções sobre estas matérias antes da morte.

Se a redistribuição já teve lugar, existe a possibilidade de que alguém, desejoso de ajudar a pessoa, rompa tal estado, deixando-a livre para que possa trabalhar na totalidade do plano astral, em vez de ficar confinada a um só subplano.

Capítulo 13
Vida após a morte: princípios

Sempre se há de insistir no fato de que não se produz nenhuma mudança repentina no homem ao morrer. Pelo contrário, após a morte, mantém-se exatamente igual ao que era antes, salvo o corpo físico que tenha deixado de possuir. Tem a mesma inteligência, a mesma disposição, as mesmas virtudes e os mesmos vícios. A privação do corpo físico não o transforma em um ser diferente, da mesma forma que tampouco muda quando se deixa o abrigo. Além disso, as condições em que se encontra são as que ele mesmo originou com seus pensamentos e desejos. Não há nem recompensa, nem castigo que provenham do exterior, senão unicamente as consequências do que tenha feito, dito e pensado, enquanto vivia no mundo físico. Conforme seguimos avançando em nossa descrição da vida astral após a morte, se observará que os fatos verdadeiros são equiparáveis ao conceito católico sobre o purgatório e ao de Averno dos gregos. A ideia poética da morte como niveladora universal é completamente absurda, produto da ignorância. Na realidade, na grande maioria dos casos, a perda do corpo físico não muda em absoluto o caráter, nem a inteligência da pessoa; portanto existe tanta variedade de graus de inteligência entre os chamados mortos, como a que se dá entre os vivos.

O fato mais relevante e o primeiro que devemos levar em conta, é que, após a morte, não se descobre ninguém com uma vida nova e distinta, senão que se encontra com a continuação da vida no plano físico, ainda que com certas condições alteradas. Tanto é assim que, com a sua chegada ao plano astral, após a morte física, o homem nem sempre tem a impressão de haver morrido e ainda que se dê conta do sucedido, não compreende de imediato, em que se diferencia o mundo astral do físico. Em certos casos a pessoa considera que o fato de estar, consciente, é uma prova irrefutável de que não morreu. Isto ocorre, em ampla extensão da crença na imortalidade da alma. Se uma pessoa nunca ouviu falar da vida no plano astral, é muito provável que se sinta mais ou menos inquieta pelas condições totalmente imprevisíveis em que se encontra. Afinal não tem mais remédio senão aceitá-las, ainda que não as entenda, convencida de que são necessárias e inevitáveis.

Ao contemplar os mundos novos pela primeira vez, provavelmente notará muito pouca diferença, e crerá que está contemplando o mesmo mundo de antes. Como vimos, cada grau de matéria astral é atraído pelo grau correspondente de matéria física. Portanto, se nos imaginamos que o mundo físico desaparece da existência, sem que se produza nenhuma outra modificação, teremos, contudo, uma reprodução exata do mesmo em matéria astral. Por conseguinte, o homem continuará vendo no plano astral, as paredes, os móveis, as pessoas etc., aos quais estava habituado, perfilados como sempre, na matéria astral mais densa. Não obstante, se analisar de perto estes objetos, se dará conta de que todas as partículas se movem com rapidez e são visíveis, em vez de serem invisíveis como eram no plano físico. Mas como são poucos os que examinam o fenômeno de perto, o homem ao morrer, raramente percebe qualquer mudança, nos primeiros momentos.

Nos países ocidentais, torna-se difícil crer que morreram, simplesmente porque ainda veem, ouvem, sentem e pensam. Pouco a pouco irão convencendo-se do ocorrido, à medida que percebam que ainda que estejam vendo seus amigos, nem sempre podem comunicar-se com eles. Em algumas ocasiões falam-lhes, mas eles não parecem ouvir; procuram tocá-los, mas percebem que não podem fazer nenhuma pressão sobre eles. Apesar disso, durante algum tempo creem estar sonhando, porque, às vezes, quando seus amigos dormem, são absolutamente conscientes e falam-se de igual para igual como faziam antes.

O homem no plano astral vai percebendo gradualmente as diferenças entre a vida no referido plano e a que viveu no mundo físico. Por exemplo, logo repara que desapareceram para ele a dor física e a fadiga. Observa também que no mundo astral os desejos e os pensamentos expressam-se através de formas visíveis, ainda que sejam compostas essencialmente da matéria mais sutil do plano. À medida que continua a vida, tais condições tornam-se cada vez mais patentes. Além disso, a pessoa que no plano astral, geralmente não pode ver o corpo físico dos seus amigos, não obstante, pode ver e de fato vê, os corpos astrais. Em consequência disso conhece os sentimentos e as emoções deles. Talvez não seja capaz de observar detalhadamente os acontecimentos da vida física dos seus amigos, mas perceberá automaticamente sentimentos tais como: amor, ódio, ciúmes ou inveja já que se expressam através dos corpos astrais. Por isto os que ainda continuam vivendo creem que perderam o morto, mas este nunca tem a impressão de haver perdido os que vivem. De fato, após a morte, a pessoa sente no seu Corpo Astral a influência dos sentimentos dos amigos que vivem no mundo físico, mais facilmente e com maior intensidade do que quando estava na Terra, posto que já não tem corpo físico que debilite suas percepções.

O homem no plano astral não costuma ver a contraparte astral completa dos objetos, senão apenas a porção dos mesmos que corresponde ao subplano particular em que se encontra neste momento. Além do mais, nem sempre pode reconhecer com segurança, a contraparte astral de um corpo físico, ainda que o esteja vendo. Geralmente se requer uma notável experiência para poder identificar objetos com clareza e qualquer tentativa que se destine a isto, oferecerá resultado vago e incerto.

Com frequência encontram-se exemplos em casas visitadas por aparecidos, onde se produzem estranhos ou vagos movimentos, como atirar pedras ou coisas semelhantes. Às vezes pessoas que por não compreenderem que após a morte, não estão obrigadas a trabalhar para viver, nem comer, nem dormir, continuam preparando e consumindo alimentos inteiramente criados pela sua fantasia e inclusive constroem uma casa para viver.

É conhecido o caso de um homem que ergueu uma casa, pedra a pedra, cada uma das quais havia sido criada em separado pelo seu pensamento. Como é lógico, com o mesmo esforço poderia ter criado a casa de uma só vez. Finalmente se lhe fez compreender que, como as pedras careciam de peso, as condições eram diferentes daquelas da vida física e deste modo ficou convencido de que levantava novas investigações. Do mesmo modo, uma pessoa não habituada às condições da vida astral, continuará entrando e saindo de uma casa pela porta ou pela janela, sem que reparasse que podia passar com a mesma facilidade através da parede. Por motivos idênticos, caminhará pelo chão, quando poderia igualmente flutuar e transladar-se pelo ar.

As pessoas que durante sua vida na terrena, tenham-se familiarizado através da leitura ou de outra maneira, com as condições da vida astral, depois da morte se encontram em um terreno mais ou menos conhecido e em consequência, saberão o que devem fazer. A experiência demonstra que a apreciação inteligente do ensino ocultista sobre esta questão, representa enormes vantagens para o homem, após a morte. Não menos benéfico é que a pessoa esteja a par das condições da vida astral, ainda que a tenha considerado simplesmente como uma de tantas hipóteses e não se tenha aprofundado nela. Aqueles que não possuam esse conhecimento sobre o mundo astral, o melhor que podem fazer é analisar sua posição, tratando de ver a natureza da vida em que se encontram e descobrir a melhor maneira de tirar o melhor partido da situação. Além disso, seria recomendável que consultassem algum amigo experiente. As condições da vida anteriormente mencionadas constituem o chamado Kâmaloka, cujo significado literal é lugar ou mundo de Kâma ou desejo que corresponde ao limbo da teoria escolástica. Em largos traços, Kâmaloka é uma região habitada por entidades inteligentes ou semi-inteligentes. Encontram-se nela muitos tipos e formas de coisas viventes, tão distintas umas das outras como um fiapo de grama diferencia-se de um tigre, ou um tigre diferencia-se do homem, porto que ali se encontram muitas outras entidades, além das pessoas falecidas. O astral interpenetra o mundo físico e é interpenetrado por ele, mas como os estados da matéria de ambos os mundos são distintos, coexistem, sem que as entidades de um sejam conscientes das do outro. Unicamente, em circunstâncias anormais podem ter conhecimento de tal existência. De tudo isto se deduz que Kâmaloka não é exatamente uma zona distinta, senão que está separada do resto do plano astral pelos estados de consciência das entidades a ela pertencentes, entidades que são seres humanos que se desprenderam do seu corpo físico e etérico, mas que não puderam fazer o mesmo com Kama, ou o que é o mesmo, da sua natureza passional e emocional. A este estado se lhe é chamado também Pretaloka. Preta faz referência a um ser humano que perdeu seu corpo físico, todavia se vê entorpecido pela envoltura da sua natureza animal. A condição Kamaloka localiza-se em cada sub-divisão do plano astral.

    Muitos seres, ao morrer, encontram-se em um estado de inquietude considerável, enquanto que outros sentem um positivo terror. Ao se encontrarem com as formas mentais que eles mesmos e seus semelhantes conservaram durante séculos, como por exemplo, os demônios, uma divindade cruel e iracunda, o castigo eterno e outras do estilo, se veem reduzidos a um penoso estado de temor que lhes produz um agudo sofrimento mental muito prolongado, antes de encontrarem-se livres da fatal influência de conceitos tão absolutamente falsos e absurdos. Devemos, não obstante, esclarecer com persistência, com sinceridade, que só, entre as chamadas comunidades protestantes esta terrível condição adquire a forma mais grave. A grande igreja católica romana com sua doutrina do purgatório aproxima-se muito mais do autêntico conceito do plano astral. Os praticantes devotos desta religião são conscientes de que o estado em que se encontram, após a morte, é apenas provisório e que devem tentar abandoná-lo o quanto antes, por meio de uma intensa aspiração espiritual. Admitem também o sofrimento como algo necessário para corrigir as imperfeições do seu caráter, antes de passarem às esferas mais elevadas e luminosas. Vemos, pois, que as religiões ainda que devessem ensinar aos homens o que os espera e como viver no plano astral, a maior parte delas não o faz. Por isso, quando o homem chega ao mundo astral, necessita de muitas explicações relacionadas com o novo mundo em que se encontra. Afortunadamente, após a morte, como antes dela, existem alguns poucos que chegam a ter uma compreensão inteligente do fato da evolução e graças a este conhecimento, percebem sua situação e sabem o que podem fazer. Atualmente um grande número destas pessoas tanto vivas como mortas dedica-se a ajudar aqueles que morreram ignorando a autêntica natureza da vida após a morte. Infelizmente, tanto no plano astral como no físico, os ignorantes raramente estão dispostos a aproveitar o conselho ou o exemplo daqueles que são mais inteligentes. Para os que antes da sua morte física tenham-se familiarizado com as verdadeiras condições da vida no plano astral, uma das características mais agradáveis dessa vida é a tranquilidade e sentirem-se livres das necessidades imperiosas como: comer e beber, iniludíveis na vida física. No plano astral a pessoa é realmente livre: livre de fazer o que queira e de empregar seu tempo como mais lhe agrade.

Como já indicamos antes, o homem morto fisicamente, cada vez se recolhe mais a si mesmo. O ciclo completo de vida e morte pode comparar-se a uma elipse, da qual a única porção mais baixa chega ao mundo físico. Durante a primeira fase do ciclo o ego recobre-se de matéria; o ponto central da curva está constituído pelo grau médio da vida física, onde a força do ego se expandiu ao máximo e começa o longo processo de recolhimento. Cada encarnação física pode considerar-se como a projeção de uma porção do ego (cuja morada habitual é a parte superior do plano mental) nos planos inferiores. Mais tarde recolhe-se esta projeção, com as experiências adquiridas e com as novas qualidades que se desenvolvam. A parte de vida que se passa após a morte no plano astral é, por conseguinte um período de retiro ou de recolhimento do ego em si mesmo. Durante a última etapa da vida física, os pensamentos e o interesse do homem deveriam centrar-se cada vez menos nas questões materiais. Analogamente, durante a vida astral, o homem deveria prestar menos atenção à matéria astral inferior, da qual se compõem as contrapartes dos objetos físicos e ocupar-se da matéria superior que dá origem às formas do desejo e do pensamento. Não se trata de que ao morrer fisicamente, o homem mude sua colocação no espaço (ainda que em parte isto seja certo), mas também muda o centro do seu interesse. Por conseguinte, a contraparte do mundo físico que acaba de abandonar, vai desaparecendo paulatinamente da sua vista e cada vez vive mais no mundo do pensamento. Seus desejos e emoções ainda subsistem, por isto, dada a facilidade com que a matéria astral obedece aos desejos e pensamentos, as formas que o rodeiam são, na sua maioria, a expressão dos seus próprios sentimentos, cuja natureza determina em grande parte, se a vida ali será de boa ventura ou não. Ainda que nesta obra não nos ocupemos da vida após a morte que transcorre no mundo celestial, ou seja, no plano mental, devemos observar que se desejarmos compreender plenamente o que sucede ao Corpo Astral no plano astral, é preciso considerar que a vida neste plano é, em larga escala, uma fase intermediária no ciclo completo da vida e da morte, uma preparação para vida no plano mental. Como já analisamos, pouco depois da morte física, o Corpo Astral fica em liberdade; desde a perspectiva da consciência, diz-se que Kâma-manas fica em liberdade. A partir desse momento, a porção inferior de Manas que não esteja unida à Kâma, libera-se progressivamente, levando consigo, as experiências que podem ser assimiladas pelo corpo mental superior. Enquanto isso, a porção de manas inferior que ainda se mantém vinculada à Kâma proporciona ao Corpo Astral uma consciência algo confusa, uma memória fragmentária dos acontecimentos da vida que acaba de concluir.

Se as emoções e as paixões forem intensas e o elemento mental fraco, o Corpo Astral estará dotado de energia que lhe permitirá manter-se durante longo tempo no plano astral. Mostrará, além do mais, uma consciência considerável, graças à matéria mental associada a ele. Por outro lado, se a vida na Terra é caracterizada pela mentalidade e pela pureza, mais que pela paixão, o Corpo Astral será fraco, um simples e pálido reflexo do homem, que se desintegrará e perecerá em um prazo relativamente breve.

Capítulo 14
Vida após a morte: peculiaridades

Ao analisar tais condições da vida astral do homem, há de se ter presente dois fatores primordiais: o período que terá de passar em um determinado subplano e a quantidade de consciência durante sua permanência ali. O prazo de tempo está em função da quantidade de matéria do respectivo subplano contida no Corpo Astral durante a vida física. Ver-se-á obrigado a permanecer em tal subplano até que a sua matéria se tenha desprendido do Corpo Astral.

Ao longo da vida física, como já vimos, a quantidade de Corpo Astral que o homem forma, está determinada diretamente por suas paixões, emoções e desejos e indiretamente por seus pensamentos, assim como por seus hábitos físicos, alimentos, bebidas, higiene, moderação etc. Um Corpo Astral tosco e grosseiro, resultado de uma vida com estas mesmas características, fará que o homem responda exclusivamente às vibrações mais baixas; por isto, após a morte, ficará sujeito ao plano astral durante o prolongado e lento processo de desintegração do corpo da referida matéria. Contrariamente, um Corpo Astral insensível às baixas e grosseiras vibrações do mundo astral, responderá unicamente às influências superiores; por conseguinte, encontrará menos dificuldades na sua vida *"post-mortem"* e sua evolução avançará de modo rápido e simples. A quantidade de consciência estará em função do grau até que tenha vivificado e utilizado a matéria do subplano correspondente, ao longo de sua vida física. Caso durante a vida terrena, tenha prevalecido livremente a natureza animal e se tenha desatendido ao aspecto do intelecto, sufocando o espiritual, o Corpo Astral ou de desejos, subsistirá durante longo tempo, após a morte física. Por outro lado, se a natureza dos desejos foi submetida e dominada durante a vida na Terra, purificando-a e acostumando-a a vergar-se mediante a natureza superior, o Corpo Astral disporá de pouca energia, pelo que se desintegrará e desvanecerá em seguida. O homem médio, não está isento em absoluto de baixos desejos antes da morte; portanto, passa um longo período, mais ou menos consciente, nos diversos subplanos do plano astral, com o fim de consumir as forças geradas, de modo que o ego se libere. O princípio geral consiste em que quando o Corpo Astral esgotou sua atração por um subplano, a maior parte da matéria mais grosseira desprende-se e passa a tomar parte de um nível de existência superior. Sua gravidade específica vai crescendo, por assim dizer, continuamente, de maneira que se eleva cada vez mais dede as capas densas até às mais sutis, detendo-se somente quando se estabelece um equilíbrio perfeito.

O fato de se encontrar em um determinado subplano do mundo astral significa que se desenvolveu a sensibilidade das partículas do Corpo Astral correspondentes a esse subplano. Por sua parte, gozar de uma perfeita visão no plano astral quer dizer que se desenvolveu a sensibilidade de todas as partículas do Corpo Astral até o ponto e que todos os subplanos fiquem visíveis ao mesmo tempo. Uma pessoa cuja vida tenha sido boa e pura, com intensos sentimentos e aspirações altruístas e espirituais, não experimentará nenhuma atração até o plano astral. Se a deixássemos só, encontraria muito poucas coisas que a retivessem no referido plano ou que a integrarão na atividade durante sua relativamente curta permanência no mesmo. Ao ter dominado suas paixões terrenas ao longo da sua vida física, havendo dirigido sua força de vontade para terrenos mais elevados, ficam-lhe poucas energias de baixos desejos para despregar-se no plano astral. Consequentemente, sua permanência neste plano será muito breve e com toda probabilidade experimentará apenas uma semiconsciência sonolenta, até que acabe dormindo, enquanto seus princípios superiores por fim se libertem do Corpo Astral e penetrem na bem-aventurança do mundo celestial ou plano mental. Mas tecnicamente falando, diremos que durante a vida física, Manas purificou Kâma, com o qual está entrelaçado, por isto, após a morte, o único que fica de Kâma é um simples resíduo, que se desprende com facilidade ao retirar-se o ego. Essa pessoa, por conseguinte, possuirá muito pouca consciência no plano astral. Por outro lado, é muito provável que a pessoa tenha no seu Corpo Astral uma boa parte de matéria astral grosseira, procedente de encarnações anteriores. Ainda que tenha sido educada e se comportado em vida de uma maneira que não foi permitido vivificar essa matéria grosseira e ainda que uma grande porção dela tenha-se desprendido e substituído por materiais mais finos, pode ocorrer que ainda fique uma quantidade considerável. Portanto, o homem deverá permanecer em certo tempo em um nível baixo do plano astral, até que toda essa matéria tenha sido desprendido. Contudo, por não ter sido vivificada, terá pouca consciência disto e permanecerá praticamente adormecida, ao longo de toda sua permanência ali.

Entre cada dois estados de matéria existe um ponto que se conhece como ponto crítico. Da mesma forma que o gelo pode aquecer-se até o ponto em que o mínimo aumento de calor o convertaem líquido, a água pode esquentar até um grau em que o menor aumento de calor a transforme em vapor. Analogamente, cada estado de matéria astral pode alcançar um ponto em que qualquer aperfeiçoamento adicional a conduza ao estado imediatamente superior. Se o homem refinou cada estado da matéria do seu Corpo Astral, a fim de purificar até o máximo grau possível de delicadeza, ao primeiro choque de força desintegradora quebra a coesão e devolve a matéria ao seu estado original, deixando-o livre imediatamente e trasladando-se ao subplano seguinte. O trânsito pelo plano astral de uma pessoa assim, será extremamente veloz, quase instantâneo, para penetrar no estado superior do mundo celestial ou mental.

Após a morte, todos os seres humanos estão obrigados a passar por todos os subplanos do astral até chegar ao mundo mental, mesmo que o homem seja consciente ou não de alguns destes subplanos ou de todos e em que medida, estará em função dos fatores citados. Portanto, dentro de limites muito amplos variará o grau de consciência que tenha a pessoa no plano astral, em seu percurso até o plano mental, Alguns se detém apenas algumas horas ou dias nesse plano; outros, permanecem muitos anos e inclusive por séculos. Para um homem médio, uma permanência de 20 ou 30 anos no plano astral, após a morte física é uma média regular. Um caso insólito é o da rainha Isabel da Inglaterra, que sentiu um amor tão imenso por seu país, que por muito pouco não passou ao mundo celestial. Desde sua morte, tratou quase sem êxito, de transmitir suas ideias a seus sucessores acerca do que deveriam fazer pela Inglaterra.

Outro caso que se destaca é o da rainha Vitória, que passou muito rapidamente pelo plano astral e entrou no mundo celestial. Este trânsito apressado foi devido, sem dúvida, a milhões de formas de pensamentos de amor e de gratidão que lhe foram enviados, assim como a sua inata bondade. Em geral, a questão do intervalo entre vidas terrenas é bastante complexa.

Aqui trataremos brevemente do período que corresponde ao plano astral, para detalhes, leia *"A vida interna"*, de Charles W. Leadbeater. Ao analisar os intervalos entre duas vidas, devemos ter presentes os seguintes fatores:

1. – A classe do ego.
2. – O modo como foi individualizado.
3. – A duração e a natureza da última vida terrena.

A tabela na página 142 apresenta a duração média da vida astral, determinada pela classe do ego.

O método de individualização ocasiona uma determinada diferença, mas é muito menos acentuada nas classes mais baixas. Os individualizados pelo intelecto costumam ter um intervalo entre vidas mais longo do que os que se individualizam de outra forma. Em termos gerais, a pessoa que morre jovem terá um intervalo mais curto do que a que morre em uma idade avançada; mas é provável que tenha uma vida astral mais prolongada, devido às emoções mais intensas, que se esgotam na vida astral, gerando-se durante os primeiros anos da vida física. Não devemos esquecer que no mundo astral, nossa maneira de medir o tempo apenas pode aplicar-se; se na vida física, umas tantas horas de angústia ou de dor parecem intermináveis, esta característica multiplica-se por cem no plano astral. Nele, o homem só pode medir o tempo através das suas sensações. Da deformação deste fato procede a falsa crença na condenação eterna. O tempo de permanência, como o grau de consciência em cada um dos subplanos, depende do tipo de vida que o homem tenha levado no mundo físico.

Outro fator de grande relevância é a atitude mental da pessoa após a morte física. A vida astral pode ser dirigida pela vontade, como também a vida física. Um homem com pouca força de vontade é no mundo astral o mesmo que no físico: a criatura do entorno que ele mesmo criou. Pelo contrário, um homem decidido sempre pode tirar o maior proveito das condições e viver sua vida, apesar delas. Em consequência, no plano astral o homem não se desprende das suas más tendências, a menos que se empenhe para conseguir. Se não faz os esforços necessários, por força terá de sofrer devido à sua incapacidade para satisfazer seus desejos, porque realmente isto só poderia fazê-lo, se possuísse um corpo físico. No decurso do tempo, tais desejos se esgotarão e desaparecerão, simplesmente pela impossibilidade de satisfazê-los. A pesar disso, o processo acelera-se grande parte enquanto o homem se liberta dos maus desejos que o freiam e decide-se a fazer o esforço requerido.

O homem que ignora sua verdadeira situação, costuma meditar e refletir sobre seus desejos, prolongando assim a duração deles e aferrando-se desesperadamente, todo o tempo possível, às partículas grosseiras do plano astral, porque as sensações a elas relacionadas parecem aproximá-lo da vida física a que ele ainda aspira. Como é natural, o que deveria fazer é anular o desejo terreno e recolher-se em si mesmo, o mais rápido possível. Ainda assim, o mero conhecimento intelectual das condições da vida astral e dos ensinamentos teológicos em geral é de imprescindível valor para o homem, após a morte física. É da maior transcendência, que após a referida morte, o homem compreenda com clareza que está retirando-se continuamente ao ego e por isto, deve esforçar-se por apartar seu pensamento das coisas físicas e concentrar sua atenção em assuntos espirituais que o manterão ocupado, quando passar do plano astral ao mental ou mundo celestial. Adotando esta atitude, facilitará em grande medida, a desintegração do Corpo Astral, em lugar de se atrasar desnecessária e inutilmente nos subplanos mais baixos do plano astral.

Infelizmente muitas pessoas negam-se a dirigir seus pensamentos para cima e aferram-se insistentemente às coisas terrenas. Não obstante, com o passar do tempo, devido à evolução normal, vai perdendo gradualmente o contato com os mundos inferiores, mas ao resistir a cada passo, cria-se um sofrimento que poderia evitar-se, atrasando em grande medida o seu progresso. Nesta ignorante oposição ao curso natural das coisas, a possessão de um cadáver físico serve ao homem como ponto de apoio no plano físico. O melhor remédio contra isto é a cremação do cadáver, que é uma fora de destruir o vínculo com o plano físico. Alguns exemplos da vida astral após a morte, podem ilustrar a natureza e o desenvolvimento dessa vida. Um homem comum, sem cor, nem bom nem mau, não muda em absoluto ao morrer: permanece sem cor. Portanto, nada experimenta nem sofrimento nem alegria; de fato pode ocorrer que a vida ali lhe pareça um pouco aborrecida, já que, por não haver cultivado nenhuma afeição concreta ao longo da sua vida física, não encontrará nada que lhe interesse na sua vida astral. Se, durante a vida física, não teve outras ocupações, senão o bate-papo insípido, os esportes, os negócios e a roupa, é lógico que quando não os tiver, nem puder tê-los, não saiba em que ocupar o tempo. Não obstante, o homem que experimenta fortes desejos de baixa índole e que na vida física tenha sido, por exemplo, ébrio ou um sensual, sentir-se-á ainda pior. Não só conservará suas ânsias e desejos (lembre-se de que os centros de sensação estão localizados em kâma e não no corpo físico), senão que os sentirá com mais força do que antes, porque a plena vitalidade deles se expressa na matéria astral e não se emprega parte dela para por em ação as pesadas partículas físicas. Um homem assim se encontrará na condição mais degradada do plano astral; aparentemente, estará o bastante próximo do físico para perceber como certos odores, ainda que a vibração originada só sirva para, todavia, estimular mais seus loucos desejos e conduzi-lo às bordas do frenesi. Por não possuir, porém, um corpo físico, mediante o qual, poderia satisfazer seus anelos, não pode aplacar sua terrível sede. Daí procedem as incontáveis tradições dos fogos do purgatório, mencionadas em todas as religiões.

    As referidas tradições revelam com exatidão as angustiosas condições descritas, condições que podem prolongar-se durante muito tempo, posto que desapareçam muito lentamente por causa do desgaste. A explicação e a justificação automática do processo não dão lugar a dúvidas: o homem criou para si próprio essas condições e com suas ações determinou o grau de poder e a duração das mesmas. Este, é o único meio pelo qual pode desprender-se dos seus vícios, porque, se reencarnar em seguida, a nova vida se iniciaria precisamente tal como acabou a última, quer dizer, escravo das suas paixões e apetites e teria muito menos possibilidade de dominar-se.

Entretanto, as novas condições fazem com que suas ânsias e desejos se debilitem até desaparecer, o que lhe brinda a oportunidade de começar a nova encarnação desprovida dessa carga.

Após tão dura lição, é possível que seu ego leve a termo todo tipo de esforços para impedir que seus veículos inferiores tornem a cometer o mesmo erro. Um alcoólico é capaz, às vezes, de envolver-se em um véu de matéria etérea e materializar-se. Em tais condições, pode perceber-se o olor do álcool, mas não o sente da mesma forma como nós. Por isso, seu empenho em forçar que outros se embriaguem também, com o fim de poder introduzir-se parcialmente em seus corpos físicos e obcecá-los, deste modo, podem voltar a experimentar diretamente o gosto e outras sensações desejadas. A obsessão pode ser temporal ou permanente. Como já assinalamos, um sensual morto pode apropriar-se de um veículo que esteja ao seu alcance e satisfazer seus baixos desejos. Em outras ocasiões, alguém pode obcecar outro como um ato de vingança premeditado, como o caso de um homem que obcecou a filha de um inimigo. A obsessão pode resistir melhor e esquivar-se graças à força de vontade. Quando ocorre, quase sempre é porque a vítima rendeu-se voluntariamente à influência invasora; portanto, o primeiro passo é evitar que se produza o ato de submissão. A mente deve opor-se à obsessão com resistência firme e decidida, convencida de que a vontade humana é mais forte do que qualquer influência maligna. A obsessão, como é óbvio, opõe-se à ordem natural das coisas e é enormemente prejudicial a ambas. Ainda assim, devemos mencionar o efeito que produz sobre o Corpo Astral após a morte, o hábito de fumar em excesso. O veneno satura o corpo a tal ponto que endurece e não pode atuar nem mover-se de modo adequado. Durante algum tempo o homem encontra-se como que paralisado, pode falar, mas é impossível fazer qualquer movimento e é praticamente insensível a influências superiores. Apenas quando se debilita a parte envenenada do Corpo Astral, pode sair de tão penoso estado.

O Corpo Astral renova suas partículas da mesma forma que o físico, mas não há nada que equivalha a comer e digerir o alimento. As partículas que se desprendem são substituídas por outras da atmosfera circundante. Ali não existem os desejos puramente físicos de fome e sede, mas o desejo de satisfazer o paladar que experimenta o glutão e o desejo do ébrio de experimentar a sensação produzida pelo álcool, por serem ambos astrais, todavia persistem.

Como vimos, podem ser motivo de grandes sofrimentos, considerando que já não possuem o corpo físico, que é o único que lhes permitiria satisfazer tais desejos. Existem muitos mitos e tradições que pode ilustrar as condições descritas. Um deles é o de Tântalo, que padecia uma sede insaciável e que foi condenado a ver retroceder a água no preciso instante em que ia tocá-la com seus lábios. Outro, que exemplifica a ambição, é o de Sísifo, condenado a fazer rodar uma pesada rocha montanha acima, só para vê-la deslizar-se montanha abaixo, quando praticamente alcançava o cume. A rocha simboliza os planos ambiciosos que o homem se empenha em fazer para logo encontrar-se com o que carece de corpo físico para poder levá-los à prática. Com o tempo, sua ambição egoísta vai-se desgastando, percebe que não tem necessidade de empurrar a rocha e a deixa em paz ao pé da montanha. Outro mito é o de Tício a quem os corvos mordiscavam o fígado, enquanto permanecia atado a uma rocha e não obstante, o fígado crescia à medida que os corvos o devoravam. Este exemplo representa o homem torturado pelo remorso de pecados cometidos na Terra. A pior vida que o homem comum do mundo pode preparar para depois da morte é uma existência inútil, tremendamente aborrecida e carente de todo interesse racional, como o resultado de ter esbanjado sua vida na Terra em satisfações egoístas, frivolidades e intrigas. As coisas que anela já não pode consegui-las, porque no plano astral não se fazem negócios. Ainda quando possa ter toda companhia que queira, a sociedade é para ele algo muito distinto, porque no astral não existem os convencionalismos em que se baseia a sociedade na Terra. Desta forma, o homem constrói para si seu próprio purgatório e seu próprio céu; são estados de consciência.

O inferno não existe, é apenas uma ficção da imaginação teológica. Nem o purgatório, nem o céu podem ser eternos, já que uma causa distinta não pode produzir um resultado infinito. Não obstante, as condições depois da morte, para o homem da pior natureza talvez se possam descobrir melhor mediante a palavra inferno, ainda que este não seja eterno. Assim, há ocasiões em que o assassino é perseguido pela sua vítima, sem que jamais possa escapar de tal perseguição. A vítima (salvo seja de tipo muito baixo) está envolta em inconsciência e assim torna ainda mais horrível a perseguição mecânica. Os que realizam vivisseções também tem seu inferno, onde vivem rodeados das suas vítimas mutiladas, lastimando-se, tremendo e gritando. As referidas formas estão vivificadas, não pelas almas dos animais, senão pela vida Elemental que se estremece de ódio pelo torturador, repetindo com regularidade mecânica os piores experimentos, com plena consciência de todo o horror que eles encerram. Está obrigado a sofrer esta tortura, por causa do costume adquirido durante a vida na Terra. As mencionadas condições não se dão de maneira arbitrária, mas são consequência inevitável de causas criadas pela própria pessoa.

As lições da natureza são severas, porém, ao final, resultam misericordiosas, porque contribuem para a evolução da alma ao serem rigorosamente corretivas e saudáveis. Para muitas pessoas o estado após a morte é muito melhor do que a vida na Terra, A primeira sensação de que é consciente aquele que morre, costuma ser a de uma extraordinária e deliciosa liberdade. Não há nada que lhe crie preocupações, não há deveres a cumprir, exceto ao que ele mesmo queira impor-se.

Se considerarmos a questão desde este ponto de vista, tem razão aqueles que afirmam que os vivos, fisicamente encerrados e confinados nos seus corpos físicos, estão verdadeiramente menos vivos do que aqueles a quem chamamos mortos. Estes são muito mais livres, porque estão menos condicionados às situações materiais. Podem trabalhar com maior eficácia e dedicar-se a um campo de atividade muito mais amplo.

A pessoa que não tenha permitido a redistribuição do seu Corpo Astral pelo Elemental do desejo se encontrará livre em todo este mundo e não lhe parecerá demasiado povoado como para lhe trazer moléstias, pois é muito mais extenso do que a superfície da Terra e a população é menor, já que a vida humana média no plano astral é mais breve do que na Terra. Os que morreram, no plano astral se encontram ao redor de uma terceira parte dos que vivem e deixaram temporalmente o corpo físico enquanto dormem. Ainda que o plano astral esteja atento a todos os seus habitantes que não tenham aceitado a redistribuição de seus corpos astrais, a maior parte deles permanece próxima à superfície da Terra. Quanto ao homem de tipo mais elevado, levaremos em consideração agora algum que manifeste certo interesse por coisas de índole racional, como música, literatura, ciência etc. Neste plano mão é necessário dedicar uma parte considerável do dia para ganhar a vida, assim, o homem é livre para fazer o que lhe apeteça, sempre que possa levar até o fim, sem ajuda de matéria física.

No mundo astral, não só é possível ouvir a melhor música, senão que ouvi-la muito melhor, porque aqui se captam harmonias que não se podem ouvir com os ouvidos físicos. O artista tem ao seu alcance toda a beleza do mundo astral. O homem pode transportar-se de um a outro lado com grande rapidez e contemplar as maravilhas da natureza com muito mais facilidade que no plano físico. Se for um historiador ou um cientista, as bibliotecas e os laboratórios do mundo estarão à sua disposição e sua compreensão dos processos naturais será muito mais perfeita do que antes, porque poderá ver tanto a ação interna como a externa e verá as causas que anteriormente só podia deduzir a partir dos efeitos. Em todos estes casos a satisfação é muito mais profunda, já que não há lugar para a fadiga. O filantropo pode continuar com suas obras de caridade com mais vigor do que antes e em condições mais favoráveis do que no mundo físico. No mundo astral há milhares a quem pode ajudar e com maior segurança de poder beneficiá-los realmente. No plano astral, qualquer um, após a morte, pode iniciar estudos e adquirir ideias totalmente novas para si. Conhece-se o caso de alguém que aprendeu música, ainda que este seja um fato fora do comum. Em termos gerais, a vida no mundo astral é muito mais ativa do que no plano físico, pois a matéria astral está muito mais vitalizada que a física e as formas são mais plásticas. As possibilidades de desfrutar e de progredir no mundo astral são em todos os sentidos, muito maiores do que no plano físico. Mas as referidas possibilidades são de ordem superior, pelo que requerem maior inteligência para poder aproveitá-las.

 O homem que na sua vida terrena tenha dedicado seu pensamento e energia unicamente a coisas materiais, terá poucas probabilidades de adaptar-se a condições mais vantajosas, pois sua mente, meio atrofiada, não terá capacidade suficiente para captar as amplas possibilidades de uma vida mais elevada. Pelo contrário, o homem que na Terra tenha dedicado sua vida e interesse a assuntos elevados, poderá progredir em poucos anos de existência astral, muito mais do que em uma longa vida física. Por serem os prazeres astrais muito mais intensos do que os do mundo físico, corre-se o risco de desviar-se do caminho do progresso. Mas os deleites da vida astral não representam um grave perigo para os que, pelo menos tenham vislumbrado algo superior. Depois da morte, o homem deveria tentar passar o mais rápido possível e não cair nos refinados prazeres do mundo astral mais do que nos do físico. O homem evoluído que, depois de morto, é, em todos os sentidos tão ativo durante sua vida astral como foi ao longo da sua vida física, indubitavelmente pode impulsionar ou entorpecer tanto seu próprio progresso como o de outros, como antes; desta forma continuamente está gerando Kama da maior importância. De fato, a consciência do homem que habita no plano astral permanentemente, é em geral, muito mais precisa do que quando passava suas horas de sono no plano astral. Graças a isto, é capaz de pensar e de atuar com firmeza, pelo que suas possibilidades de criar Kama bom ou mau são muito maiores.

Podemos afirmar, em geral, que o homem é capaz de criar Kama sempre que sua consciência esteja desenvolvida, ou sempre que possa atuar ou escolher. Assim, as ações praticadas no plano astral podem produzir frutos kármicos na próxima vida terrena. No subplano astral mais baixo, existem outras coisas que podem atrair a atenção do homem, que se ocupa muito pouco com o que sucede no mundo físico, exceto quando visita lugares de vício. No subplano seguinte, estão os homens que, ainda despertos, concentram seus desejos e pensamentos em assunto meramente mundanos. Consequentemente, rondam ao redor das pessoas e lugares com que tiveram um vínculo mais estreito durante sua vida terrena e chegam a conhecer muitas coisas a eles relacionadas. Não obstante nunca podem ver a matéria física, mas só a sua contraparte astral. Assim, por exemplo, um teatro repleto de público tem sua contraparte astral que é visível para as entidades astrais. Apesar disto, não veem, como os vemos nós, nem os trajes, nem a expressão dos atores. As emoções destes, por serem simuladas e não reais, não deixam vestígio no plano astral.

Os habitantes do subplano, que se encontra na superfície da Terra, acham-se rodeados pelas contrapartes astrais das montanhas, das árvores, dos lagos etc., que existem fisicamente. Nos dois subplanos seguintes, também se dá a consciência das coisas físicas, mas em grau paulatinamente decrescente. Nos subplanos que seguem, só pode lograr-se o contato com o plano físico, por meio de um esforço especial, o comunicar-se através de um médium. Desde o plano mais elevado, a comunicação com um médium seria muito difícil. Os que moram nos subplanos mais elevados, costumam proporcionarem-se as cenas que desejam. Alguns deles rodeiam-se de paisagens da sua própria invenção, mas outros aceitam as criadas por outras pessoas. Em certos casos, o homem elabora as fantásticas cenas descritas nas Escrituras religiosas: cria torpes modelos de árvores cheios de joias, mares de cristal mesclado com fogo, criaturas cheias de olhos por dentro e deuses providos de centenas de cabeças e braços. Em tudo aquilo que os espíritas denominam Terra de verão, as pessoas da mesma raça e da mesma religião procuram estar juntas após a morte, como na vida terrena, por isto há uma espécie de cadeia dos referidos lugares, sobre os países aos quais pertencem as pessoas que o criaram e constituem comunidades diferentes, umas das outras, o mesmo como acontece na Terra. É devido não só à afinidade natural, mas à existência no plano astral das barreiras linguísticas. Este princípio é aplicável no plano astral em geral. Nas sessões espíritas do Ceilão observou-se que as entidades comunicantes eram budista, que além-túmulo, havia encontrado confirmação aos seus preconceitos religiosos, exatamente igual ao que ocorre com os membros das distintas seitas cristãs da Europa.

No plano astral, os homens encontram, não só suas próprias formas mentais, como também as de outros. Estas são, algumas vezes, o resultado de gerações de pensamentos de milhares de pessoas, todas na mesma direção. Não é raro o caso de pais que tentam inculcar nos filhos suas ideias a respeito de algum assunto que lhes interessa em particular: por ex., um compromisso matrimonial. Essa influência é danosa, pois existe a possibilidade de que quem a receba, possa considerá-la como desejo subconsciente próprio. Em numerosas ocasiões, os mortos erigem-se como anjos guardiões dos vivos: as mães costumam proteger seus filhos, os maridos, suas viúvas etc., ao longo de muitos anos. Em outros casos, um escritor ou compositor de música inculcará suas ideias em um ser vivente no mundo físico, de forma que, obras atribuídas a este, sejam realmente do morto. O que recebe o escrito ou a composição pode ser consciente da influência, ou ignorá-la por completo. Um famoso novelista, em uma das suas declarações, reconheceu que não sabe de onde vêm suas obras, que na realidade não são criadas por ele, senão por mediação dele. Provavelmente não seja o único, mas os outros não são conscientes disto. Um médico, após a morte, com frequência continua interessando-se pelos seus pacientes, procurando curá-los, desde o outro lado, ou aconselhando a seu substituto, tratamentos que, graças às suas novas faculdades astrais, considera mais eficazes.

A maior parte das pessoas classificadas como boas e que falecem de morte natural, provavelmente não são conscientes de algo físico, ao atravessar os subplanos inferiores, antes de despertar a consciência astral. Não obstante, existe a possibilidade de que sejam atraídas ao mundo físico por uma séria preocupação por alguém que nele deixaram. A dor e os lamentos de familiares e amigos também podem atrair a atenção de alguém que tenha passado ao plano astral e isto tende a pô-lo de novo, em contato com a vida terrena. Esta tendência para baixo se acentua mais com a repetição, até que pela própria vontade, a pessoa trata de manter-se em contato com o mundo físico. Durante algum tempo, aumentará a faculdade de ver coisas terrenas, mas logo decrescerá, o que bem possível, o fará sofrer mentalmente, ao notar que está perdendo essa capacidade. Em muitos casos, os que permanecem neste mundo, não só provocam muito sofrimento desnecessário, como também prejudicam seriamente aqueles cuja perda lamentam com sua dor irrefletida. Durante todo o tempo que passa no plano astral, seja breve ou prolongado, a pessoa está sujeita às influência terrenas. Nos casos de parentes e amigos que lamentam a perda, estabelecem-se vibrações no Corpo Astral dos defuntos que chegam e despertam na mente o manas inferior. Uma vez desperto do seu estado sonolento, é possível que o defunto tente comunicar-se com seus amigos da Terra, talvez, valendo-se de um médium Este despertar, no geral, vem acompanhado de um intenso sofrimento. Em todo caso, retarda-se o processo natural do desprendimento do ego. Os ensinamentos ocultistas não aconselham de modo algum que se esqueçam os mortos, senão que se assegurem de que a recordação carinhosa dos defuntos é uma força, que, convenientemente dirigida, pode ajudá-los na sua ascensão ao mundo celestial (plano mental) e acelerar seu trânsito pelo estado intermediário, o que lhes será de grande utilidade. Entretanto, os lamentos não os ajudam, pelo contrário, prejudicam-nos. Com muito acerto, a crença religiosa do Indostão prescreve a cerimônia de Shraddha e a igreja católica, suas orações pelos falecidos. Estas pregações, junto com os cerimoniais que as acompanham, geram elementais que lutam contra o Corpo Astral da entidade de Pâma e precipitam a desintegração do mesmo, acelerando seu passo para o mundo celestial. Por exemplo, quando se celebra uma missa com a finalidade de ajudar uma pessoa falecida, esta, sem dúvida, se beneficia. Graças à afluência da força, inevitavelmente capta sua atenção o intenso pensamento com que se lhe rodeia e ao ser atraído à igreja, participa da cerimônia e desfruta em grande medida do resultado. Ainda que a pessoa falecida permaneça inconsciente, à vontade e a oração do sacerdote enviando-lhe uma corrente de força que o beneficia enormemente. As preces coletivas e os bons desejos expressos em favor dos mortos, ainda que vagos e, portanto, menos eficazes do que os pensamentos mais concretos, no geral, proporcionam em conjunto uma grande ajuda cuja importância é inegável. Europa não é consciente do quanto deve às ordens religiosas que se dedicam noite e dia a rezar pelos fiéis defuntos.

HOMENS LUNARES: PRIMEIRA ORDEM

Individualmente na cadeia lunar círculo nº	Tipo Atual	Duração média da Vida Astral
5	Egos avançados (alguns deles estão adquirindo contínuas incarnações, de tal modo que não existe a questão de intervalos).	5 anos; um Ego inclusive pode passar de forma rápida e inconsciente.
	Homens que se destacam na Arte, Ciência ou na Religião.	Tendência geral à vida astral mais prolongada, em especial no caso de artistas e religiosos.
6	Donos de terras e profissionais	20 a 23 anos.
7	Classe média alta	25 anos.
Classe de Ego	Tipo Atual	Duração média da Vida Astral
Segunda ordem Homens lunares	Burgueses	40 anos
Primeira classe Homens-animais lunares Animais lunares	Profissionais qualificados. Profissionais manuais	40 anos, em subplano médio. 40 a 50 anos no subplanos inferiores.
Segunda classe Animais lunares	Alcoólicos e desocupados	40 a 50 anos, geralmente no sexto subplano
Terceira classe Animais lunares	Os mais baixos da humanidade	5 anos no sétimo subplano.

Capítulo 15
Vida após a morte: casos especiais

Praticamente não existe diferença entre a consciência de um psíquico e a de uma pessoa comum depois da morte, se excetuarmos que o psíquico, provavelmente, por estar mais familiarizado com a matéria astral, se encontrará mais no seu elemento, no novo ambiente. Ser psíquico significa possuir um corpo físico mais sensível, em certo sentido, que a maioria das pessoas. Por isto, quando abandona o corpo físico, a desigualdade desaparece.

Uma morte repentina como a provocada por um acidente, não deteriora necessariamente a vida astral. Não obstante é preferível à morte natural, porque a debilitação progressiva própria da idade avançada ou os efeitos de uma prolongada enfermidade, costumam vir quase invariavelmente acompanhados de uma queda e fragmentação das partículas astrais. Por esta razão, ao morrer e recobrar a consciência no plano astral, o homem já encontra, pelo menos, feita uma parte do trabalho principal que deveria realizar no dito plano. Na maioria dos casos, quando a vida se interrompe subitamente por um acidente ou pelo suicídio, o vínculo entre Kâma (desejo) e Prana (vitalidade) não se rompe facilmente; em consequência, o Corpo Astral fica intensamente vivificado.

O processo de despojar os princípios sutis da sua envoltura física, nos casos de morte repentina, motivada por qualquer causa, comparou-se com o ato de retirar a semente de uma fruta verde. Uma parte considerável da matéria astral mais grossa fica aderida à personalidade. Por este motivo permanece retida no subplano baixo. Por outro lado, o terror ou a perturbação mental que costumam acompanhar a morte por acidente, não constituem de modo algum uma preparação apropriada para a vida astral. Em alguns casos, ainda que não seja frequente, a perturbação e o temor podem perdurar por algum tempo após a morte. As vítimas por pena de morte, além do dano que se lhes causa ao arrancar violentamente seu Corpo Astral do físico, enquanto estão dominadas por sentimentos de ódio, paixão, vingança e outros, são elementos particularmente perigosos no mundo astral. Por insuportável que seja para a sociedade um assassino no seu corpo físico, é muito mais perigoso, uma vez expulso do dito corpo. A sociedade pode proteger-se dos assassinos no corpo físico, mas está indefesa diante dos assassinos lançados ao plano astral em plena efervescência das suas paixões. Tais indivíduos poderiam agir perfeitamente como instigadores de outros crimes. Sabe-se muito bem, certos tipos de crime, repetem-se várias vezes na mesma comunidade. No que diz respeito aos suicidas, a situação complica-se ainda mais, devido ao seu ato temerário diminui extraordinariamente o poder do ego para atrair para si a porção inferior; portanto o expõe a maiores perigos. Contudo, devemos considerar que, como já escrevemos, o grau de culpabilidade do suicida varia consideravelmente, dependendo das circunstâncias, desde o ato sem culpa de Sócrates, passando por todos os graus até o de aquele que se suicida para escapar do castigo dos seus crimes. Como é óbvio, a situação após morte varia em função destes aspectos. No geral, as consequências cármicas do suicídio são enormes, influindo, sem dúvida sobre a vida seguinte e provavelmente, sobre mais de uma vida. É um delito contra a natureza, interferir no período prescrito pela vida física, porque cada pessoa tem fixado um prazo de vida, que está determinado por uma complicada série de causas anteriores, quer dizer, pelo carma; tal término deve fluir até esgotar-se, antes da dissolução da personalidade.

    A atitude mental da pessoa no momento da sua morte determina sua posterior situação. Existe uma profunda diferença entre quem entrega sua vida por razões altruístas e alguém que destrói intencionalmente a sua por motivos egoístas, tais como o medo e outros do estilo.

Os homens puros e de mente espiritual, as vítimas de acidentes etc., passam o resto da sua vida natural dormindo placidamente. Outros casos, permanecem conscientes (frequentemente envoltos na cena final da sua vida terrena durante certo tempo), retidos na região a que estão vinculados pela capa exterior do seu Corpo Astral. Sua vida em Kâmaloca normal não começa até que se tenha desembaraçado de toda sua vida terrena e são conscientes do mundo astral e do físico que os rodeia. Não devemos supor, nem por um instante, que o homem tenha justificativa para suicidar-se, nem para buscar a morte, considerando a superioridade, em muitos sentidos, da vida astral sobre a física.

Os homens encarnam em corpos físicos com uma finalidade que unicamente pode realizar-se no mundo físico. Neste há de aprender algumas lições, que não podem aprender-se em nenhuma outra parte; quanto antes as aprenda, mais rápido se verá o homem livre da necessidade de voltar à vida inferior e mais limitada da Terra. O ego está obrigado a sofrer muitas moléstias para encarnar em um corpo físico, assim como para viver durante o pesado período da primeira idade, durante o qual adquire pouco a pouco e com grande esforço o domínio sobre os novos veículos; portanto, não se devem desperdiçar estupidamente estes esforços. Neste ponto se há de obedecer ao instinto da própria conservação, pois é obrigação do homem aproveitar o máximo possível sua vida terrena e conservar tudo o que lhe permitam as circunstâncias. Se um homem falecido repentinamente tiver levado uma vida baixa, brutal, egoísta e sensual, ficará completamente consciente no subplano do mais baixo astral e pode ser que se converta em uma entidade terrivelmente malvada. Abrasado pelos apetites que já não pode satisfazer, tratará de contentar suas paixões, valendo-se de algum médium ou pessoa sensível que possa obcecar. Tais entidades experimentam um prazer diabólico, ao por em prática todas as artes do engano astral para induzir outros a cometerem os mesmos excessos que eles. Entre este grupo encontram-se os demônios tentadores da literatura eclesiástica. A descrição que apresentamos a seguir expressa com clareza a situação das vítimas de morte violenta, seja por suicídio ou por acidente, quando são pessoas depravadas ou pouco refinadas.

Sombras e desgraças:
Se forem pecadores ou sensuais vagam até que lhes chegue a hora em que devam morrer. Mortos na plenitude das suas paixões terrenas que os atam às habituais, são atraídos pelas oportunidades que e lhes oferece de satisfazê-las instantaneamente. São os pishâchas, ou íncubos e súcubos da época medieval: os demônios da sede, da gulodice, da luxúria e da avareza; elementais de astúcia, perversidade e crueldade intensificada, que incitam suas vítimas a cometerem horríveis crimes, regozijando-se na consumação dos mesmos. Os soldados falecidos em combate, não entram nesta categoria porque, ainda que a causa pela qual lutam, seja justa ou injusta em abstrato, eles a consideram justa. Para eles, é o cumprimento do dever e sacrificam suas vidas de forma voluntária e abnegada. Apesar dos seus horrores, em certo plano, a guerra pode ser um poderoso fator de progresso. O que é também o núcleo na ideia contida do muçulmano fanático, segundo a qual, o homem que morre lutando por seu credo alcança diretamente uma vida muito agradável no outro mundo. As crianças que morrem com idade prematura, provavelmente não tenham muita afinidade com as subdivisões mais baixas do mundo astral e raramente são encontradas em subplanos astrais mais baixos. Algumas pessoas aferram-se com tanto desespero à existência material que, ao morrerem, seus corpos astrais não podem

separar-se por completo do etérico e por isso despertam, todavia, rodeados de matéria etérea. Tais pessoas encontram-se em um estado muito desagradável: estão afastadas do mundo astral pela envoltura etérea que as rodeia, mas ao mesmo tempo estão excluídas da vida física comum, porque carecem dos órgãos correspondentes aos sentidos físicos. A consequência é que deambulam em solidão, aterrorizados, sem poderem comunicar-se com entidades de nenhum dos planos. São incapazes de compreenderem que, se não se aferrarem freneticamente à matéria, transcorridos alguns momentos de inconsciência, passariam à vida comum do plano astral. Agarram-se, porém, ao seu mundo cinza com sua mísera semiconsciência, para não mergulharem no que consideram extinção completa, ou no inferno, como lhes foi ensinado a crer. Não obstante, com o passar do tempo, a envoltura etérea desgasta-se e reata-se o processo natural, apesar dos esforços destes seres. Alguns, no seu desespero, soltam-se e preferem a aniquilação à existência que levam, com um resultado que surpreende pelo lado agradável. Em certos casos, outra entidade astral ajuda estes indivíduos, convencendo-os que soltem o que para eles é vida. Outros casos têm a infelicidade de encontrar o modo de reiniciar, em certo sentido, seu contato coma vida física, através de um médium. Por regra geral, porém, o espírito guia do médium impede-os, muito acertadamente, do acesso à referida vida.

    O guia atua convenientemente, já que tais entidades, por seu terror e necessidade, perdem qualquer escrúpulo e obcecam-no, até enlouquecer o médium, contra cujo ego combatem como lutam as pessoas para sobreviverem a um afogamento. Isto não lhes resulta difícil, sempre que o ego do médium não tenha pleno domínio sobre seus veículos, para manter desejos, pensamentos e paixões indesejáveis. Em certas ocasiões, uma entidade pode apoderar-se do corpo de uma criança, desalojando a frágil personalidade a que está destinado. Outras vezes chegam até a obcecar o corpo de um animal, em cujo caso, o fragmento da alma grupo (que no animal, ocupa o lugar do ego no homem), exerce sobre o corpo um domínio menos enérgico do que o de um ego. Esta obsessão pode ser completa ou parcial. A entidade obsessiva desta forma consegue entrar de novo em contato com o plano físico; vê através dos olhos do animal e sente a dor infligida ao mesmo; de fato, nesses momentos é o animal, no que concerne à sua consciência. O indivíduo ligado deste modo a um animal não pode abandonar o corpo voluntariamente, só poderá fazê-lo de modo gradual e com esforço considerável, talvez durante vários dias. Geralmente, liberta-se com a morte do animal; ainda que reste um laço astral que há de ser desprendido. Após a morte do animal, o referido ser, às vezes, procura obcecar outro membro do mesmo rebanho, ou qualquer outra criatura de quem possa apropriar-se no seu desespero. Os animais mais frequentemente tomados são, aparentemente, os menos evoluídos, tais como as ovelhas e os cervos. Os animais mais inteligentes, como cães, gatos e cavalos, não são despossuídos com tanta facilidade, ainda que ocorram casos. Todas as obsessões, sejam de um corpo humano ou de um animal, prejudicam e criam obstáculos ao desenvolvimento da entidade obsessivo, porque fortalecem temporariamente seu vínculo com o material e atrasam desta forma, o avanço natural na vida astral, além de criar vínculos cármicos indesejáveis.

Quando um indivíduo, estimulado por apetites desenfreados, estabelece um vínculo muito forte com um animal de qualquer tipo, seu Corpo Astral apresentará características animais; inclusive pode chegar a adotar a aparência do animal cujas qualidades fomentou durante a vida terrena. Em casos extremos, o indivíduo pode ficar unido ao Corpo Astral do animal e desta forma, permanecer encadeado, como um prisioneiro ao corpo físico do mesmo. Em tais condições, o homem é consciente no mundo astral, goza das suas faculdades humanas, mas não pode exercer controle sobre o corpo do animal, nem expressar-se por meio do mesmo no plano físico. O organismo animal age como carcereiro, mais do que como veículo. Por tanto, a alma do animal não abandona o corpo, senão que permanece como autêntico ocupante dele. Casos como este, explicam, pelo menos parcialmente, a ampla crença em muitos países orientais, de que, em determinadas circunstâncias, um homem pode reencarnar em um corpo animal. Um destino semelhante aguarda o homem no seu regresso ao plano astral em sua volta para renascer no físico. (Cap.24: O renascimento). As pessoas firmemente apegadas à Terra devido à ansiedade, chamam-se, por vezes, de "inclinadas à Terra".

Conforme disse St. Martin, tais pessoas são permanentes não retornadas, porque são incapazes de desprenderem-se por completo da matéria física, até que se resolva algum assunto que se lhes interesse em particular. Já vimos que o homem real vai retirando-se cada vez mais dos seus corpos exteriores e que manas ou mente, em particular, trata de desprender-se de Kâma, o desejo. Em determinados casos, a personalidade ou homem inferior está tão poderosamente dominado por Kâma que a mente inferior está absolutamente escravizada e não pode desprender-se, a tal ponto que o vínculo entre o mental inferior e o superior, quer dizer, o fio de prata que a liga ao mestre, corta-se em dois. Isto se denomina no ocultismo de *"perda da alma"*. É a perda do eu pessoal que se separou do seu criador e ele mesmo se condenou. Nos casos mencionados, inclusive durante a vida terrena, o quaternário inferior está separado da triada; quer dizer, os princípios inferiores, encabeçados por manas inferior, estão separados dos princípios superiores, Atma, Buddhi e manas superior. O homem está dividido em dois, bruto liberou-se e caminha desenfreado, levando consigo o reflexo da luz manásica, que devia tê-lo guiado durante o curso da sua vida. Referida criatura, graças a possuir uma mente, é mais perigosa do que um animal não evoluído. Ainda que humano na forma, é de natureza bestial, carece de sentimentos, de verdade, de amor e de justiça. Após a morte física, esse Corpo Astral é uma entidade de terrível poder, com a particularidade que pode reencarnar no mundo dos homens.

Sem outros instintos que os animais, estimulados pela paixão e jamais por emoções, com uma astúcia que nenhum bruto pode emular e uma perversidade deliberada, alcança a máxima degradação e é o inimigo natural de todos os seres humanos normais. Um ser deste tipo, que se conhece como elemental humano, afunda-se mais e mais em cada reencarnação, até que a força maligna se esgota e perece, desprendida da fonte da vida; desintegra-se então e desaparece como existência separada. Do ponto de vista do ego, não se tirou daquela personalidade nenhuma colheita nem experiência de proveito; o raio não aportou nada e o inferior resultou em um completo fracasso. A palavra Elemental tem sido empregada por diversos escritores e com diferentes sentidos; não obstante, é recomendável limitá-la à entidade que acabamos de descobrir.

APÍTULO 16
O PLANO ASTRAL

Neste capítulo nos limitaremos a descrever, até onde nos seja permitido a complexidade do tema, a natureza, a aparência, as propriedades etc., do plano do mundo astral. Outros capítulos são dedicados à enumeração e descrição das entidades que habitam o referido mundo. O estudante inteligente compreenderá o quão difícil é descobrir o mundo astral na linguagem física e de forma adequada. A tarefa pode comparar-se a do explorador de uma selva tropical desconhecida, quando se lhe pede que faça uma descrição detalhada das regiões que visitou. A dificuldade de pormenorizar o plano astral complica-se devido a dois fatores:

1º O complexo que resulta trasladar adequadamente do astral ao físico a recordação do que se viu;

2º O inapropriado da linguagem do plano físico para poder expressar grande parte do que se deve dizer.

Uma das características que mais se destacam do mundo astral é que está repleto de fôrmas que mudam continuamente. Nele se encontram não só formas de pensamento constituídas de essência Elemental e animadas por um pensamento, senão também grandes massas de essência Elemental das quais surgem sem cessar, formas que tornam a desaparecer nela submersas. A essência Elemental existe em cada subplano sob centenas de variedades, como se o ar fosse visível, em movimento ondulatório constante e carregado de cores que variam, como o nácar. Esta matéria astral vê-se agitada constantemente por correntes de pensamento. Os pensamentos fortes persistem durante um tempo prolongado como entidades, enquanto que os fracos recobrem-se de essência Elemental, para logo dissolverem-se outra vez. Já vimos que a matéria astral tem sete graus de finura, que se correspondem com os 7 graus da matéria física: sólidos, líquidos, gasosos etc. Cada um destes graus de matéria é base de um dos subplanos ou subdivisões do plano astral. É habitual falar destes sete subplanos como se estivessem um encima do outro, de fato, em muitos diagramas aparecem dispostos deste modo. Esta maneira de representá-los contém algo de verdade, mas não é 100% certa. A matéria de cada subplano interpenetra a do inferior; portanto, na superfície da Terra coexistem os sete subplanos no mesmo espaço. Contudo, também é certo que os subplanos superiores expandem-se sobre a Terra mais extensamente que os mais densos. Uma equivalência bastante aproximada da relação existente entre os subplanos astrais dá-se no mundo físico. Os líquidos interpenetram consideravelmente os sólidos; por ex., a água infiltra-se na Terra, os gases interpenetram os líquidos (água contém no geral um volume importante de ar). Não obstante, é essencialmente certo que o maior volume de água acha-se em mares e rios etc., sobre Terra sólida. De modo análogo, o maior volume de matéria gasosa repousa sobre a superfície das águas e eleva-se no espaço muito mais acima do que os sólidos e os líquidos. Algo semelhante acontece com a matéria astral.

    O conjunto de matéria astral mais densa encontra-se dentro dos limites da esfera física. A respeito deste ponto devemos observar que a matéria astral segue as mesmas leis gerais da matéria física e gravita até o centro da Terra. O subplano mais baixo, penetra até certa profundidade no inteiro da Terra; desta maneira, as entidades que habitam o mesmo, encontram-se sob a superfície da Terra. O seguinte subplano coincide em parte com a superfície terrestre. O terceiro subplano expande-se até muitas milhas na atmosfera.

    O limite externo do mundo astral estende-se até aproximadamente a distância média da órbita da lua; de maneira que no perigeu, o plano astral da Terra e o da lua costumam tocar-se, mas não assim, no apogeu. *(Nota: a distância da Terra à lua é de umas 240.000 milhas).*

Daí que os gregos chamaram o plano astral de o mundo sublunar. Isto explica que em determinado dias do mês seja possível a comunicação astral com a lua, coisa que não ocorre em qualquer dia. É conhecido o caso de um homem que chegou à lua e teve que esperar que a comunicação se restabelecesse ao aproximar-se do satélite. A diferença entre os membros de um grupo é comparável a que existe entre dois sólidos, por ex., aço e areia; a diferença entre grupos pode equiparar-se a existente entre um solo e um líquido. O último subplano tem como fundo o mundo físico, ainda que se lhe veja parcialmente deformado, já que tudo o que é luz, bom e belo é invisível.

Há quatro mil anos, o escriba Ani descreveu-o em um papiro egípcio nos seguinte termos: *"que lugar é este onde cheguei? Não tem água, nem ar; é profundo e sem fundo; é negro como a noite mais escura; os homens deambulam sem rumo; nele, um homem não pode viver com o coração tranquilo"*. Para o desafortunado ser humano que reside em tal subplano é realmente certo aquele: *"toda a Terra está envolta em trevas e é morada cruel"*; mas é escuridão que emana dele mesmo faz com que sua existência se desenrole na noite eterna do mal e do horror. Um inferno real, ainda que, como todos os infernos, é criação do homem. A maioria dos estudantes está de acordo em que a investigação da mencionada região é uma tarefa tremendamente desagradável, que produz uma sensação de densidade e de materialidade grosseira, indescritivelmente repugnante para o Corpo Astral liberado. Produz uma sensação parecida ao abrir-se caminho em meio a um líquido viscoso, negro e além do mais, os moradores do local são absolutamente indesejáveis. O homem decente provavelmente encontraria muito poucas coisas que o atraíssem ao 7º subplano; os únicos que costumam despertar a consciência nele são os que sentem desejos baixos e grosseiros, tais como: os aficionados à bebida, os sensuais, os criminosos violentos e outros indivíduos deste tipo. Os subplanos 6º, 5º, e 4º, têm como fundo o plano físico com que estamos familiarizados. A vida no 6º é igual à vida física comum, excetuando-se o corpo físico e suas necessidades. O 5º, e o 4º, são menos materiais e mais distantes do mundo inferior e dos seu interesses. Assim como ocorre no físico, a matéria astral mais densa é em excesso para as formas correntes da vida astral, mas nesse mundo habitam outras formas que são totalmente desconhecidas para os estudantes da superfície. No 5º, e no 4º, subplanos, as associações meramente terrenas surgem cada vez com menos importância. Seus moradores tem maior tendência a modelar seu entorno, conforme o que mais persista em seus pensamentos. Os subplanos 3º, 2º, e 1º, ainda que ocupem o mesmo espaço, parecem estar mais afastados do mundo físico, em consequência, são mais distantes e em proporção são menos materiais. A essa altura, as entidades perdem de vista a Terra e suas coisas. No geral estão profundamente absorvidas em si mesmas e em grande medida, criam seu próprio ambiente, ainda que seja este o bastante objetivo para ser perceptível por outras entidades. Estas entidades praticamente não são conscientes das realidades do plano, senão que habitam cidades imaginárias próprias, em parte, criadas completamente por seus pensamentos e em parte, em estruturas herdadas dos seus predecessores e posteriormente ampliadas. Nestes subplanos encontram-se as regiões de caça aos peles vermelhas, o Valhalla dos nórdicos, o paraíso repleto de beldades do muçulmano, a Nova Jerusalém de ouro e pedras preciosas do cristianismo e o céu pleno de liceus do reformador materialista. Encontra-se também a terra de verão dos espíritas, onde há casas, escolas, cidades etc., que para uma percepção mais clara, estão muito longe de ser o que seus satisfeitos criadores imaginam, ainda que reais por algum tempo. Apesar de tudo, muitas das criações são verdadeiramente belas, ainda que efêmeras. Um visitante que não tenha visto nada melhor passeará contente com o cenário que se lhe brinda, em tudo superior a quanto exista no mundo físico. Como é natural, o visitante pode construir seu próprio cenário de acordo com suas fantasias se assim preferir.

O 2º. Subplano é, sobretudo, a morada do religioso, egoísta e pouco espiritual. Ali ilumina sua dourada coroa e rende culto à sua própria representação material da divindade característica do seu país e época.

O 1º. Subplano está especialmente destinado aos que, durante sua vida terrena, dedicaram-se a tarefas materialistas, mas intelectuais, desenvolvidas, não para beneficiar a seus semelhantes, senão movidos por uma ambição egoísta, ou simplesmente como exercício intelectual. Estas pessoas permanecem muitos anos neste subplano, desenvolvendo felizes suas questões intelectuais, mas sem trazer benefícios a ninguém e apenas avançar em seu caminho para o mundo celestial. Neste subplano atômico, os moradores não constroem criações imaginárias, como ocorre nos subplanos inferiores. Os pensadores e os homens de ciência, a miúdo utilizam, para fins de estudo, quase todos os poderes do plano astral completo, já que são capazes de descer quase até o físico, seguindo certas linhas marcadas. Deste modo podem chegar até a contraparte astral de um livro físico e dele extraírem os dados de que necessitam. Com toda a facilidade entram em contato com a mente do autor, gravam suas ideias na mesma e regressam com as desta. Algumas vezes, atrasam durante longo tempo sua partida para o mundo celestial, devido à avidez com que buscam linhas de estudo e de experimentação no plano astral. Ainda que falemos da matéria astral como se fosse sólida, na realidade, só é relativamente. Uma das razões que levaram os alquimistas a representarem a matéria astral mediante a água foi devido à sua fluidez e penetrabilidade. Em proporção ao seu tamanho, as partículas de matéria astral mais densas estão separadas das gasosas; pelo que aos corpos astrais mais densos lhes resulte mais fácil passar um através do outro, do que o gás mais leve ao propagar-se no ar.

Os habitantes do plano astral continuamente estão passando uns através de outros e através de objetos astrais fixos. Ali não pode produzir-se nada parecido com o que chamamos de colisão. Em condições normais, dois corpos que se interpenetram não se sentem afetados de um modo apreciável. Não obstante, se a interpenetração continua durante algum tempo, como ocorre quando duas pessoas estão sentadas uma ao lado da outra, em uma igreja ou em um teatro, podem influir-se mutuamente de forma considerável. Se uma pessoa no astral considera que uma montanha é um obstáculo, não conseguirá passar através dela. Aprender que não é tal obstáculo, é precisamente parte do objetivo da denominada *prova de Terra*. Uma explosão no plano astral pode resultar tão catastrófica como uma explosão de pólvora no plano físico, mas os fragmentos astrais voltarão a unir-se com grande rapidez. Por isto, no plano astral não podem produzir-se acidentes, no sentido a que atribuímos, porque o Corpo Astral, visto sua fluidez, não pode ser destruído nem prejudicado de forma permanente, como ocorre com o corpo físico. Um objeto puramente astral pode ser movido mediante uma mão astral, se desejar, mas não a contraparte astral de um objeto físico, já que para consegui-lo, teria que materializar uma mão e mover o objeto físico, que acompanhará naturalmente a contraparte astral. Esta existe porque o objeto físico existe, do mesmo modo que o perfume de uma rosa preenche a habitação porque a rosa nela se encontra. Não se pode deslocar um objeto físico, movendo a contraparte astral, pela mesma razão que não se pode mover a rosa, movendo o seu perfume.

No plano astral, nunca se toca a superfície de coisa algum para saber se é branda ou dura, áspera ou suave, quente ou fria; senão que, ao pôr-se em contato com a substância interpenetrante, percebe-se um ritmo distinto de vibração, que pode ser, obviamente, agradável ou desagradável, estimulante ou deprimente. Por isso, se alguém pisa na terra, parte do seu Corpo Astral interpenetra o terreno sob seus pés, mas o Corpo Astral não advertirá o fato por algo que corresponda à sensação de dureza, nem por nenhuma diferença na capacidade de mover-se. No plano astral não se experimenta a sensação de saltar sobre um precipício, senão simplesmente a de flutuar sobre o mesmo. Ainda que as luzes de todos os planos procedam do sol, o efeito que provoca no plano astral é completamente distinto do que produz no físico. No astral, há uma luminosidade difusa que evidentemente, não provém de uma direção determinada. Toda a matéria astral é luminosa por si mesma, mas um Corpo Astral não é como uma esfera pintada, senão como um fogo vivente. Jamais há escuridão no plano astral. A passagem de uma nuvem escura diante do sol não se adverte no plano astral, nem tampouco a sombra da Terra a que chamamos noite. Por serem transparentes, os corpos astrais não produzem sombra. As condições atmosféricas e climatológicas não influem no trabalho no plano astral nem tampouco no mental. Contudo, em uma grande cidade a diferença é grande, devido à multidão de formas de pensamento.

No plano astral existem muitas correntes que arrastam as pessoas carentes de vontade e também os que a tem, mas não sabem como empregá-la. Não há nada similar ao sono no plano astral. Alguém pode esquecer neste plano do mesmo modo que no físico. Talvez seja, todavia, mais fácil esquecer naquele do que neste, porque há mais atividade e está mais povoado. Conhecer uma pessoa no plano astral não implica necessariamente em tê-la conhecido no mundo físico. Com frequência, chama-se o plano astral de reino da ilusão, mas em si mesmo não é mais ilusório do que o mundo físico, exceto pela pouca confiança que merecem as impressões trazidas por videntes pouco expertos.

Explica-se isto principalmente por duas notáveis características do dito plano: em primeiro lugar; seus moradores possuem a assombrosa faculdade de mudar suas formas com chocante rapidez e também a de confundir extremamente aqueles à custas de quem desejam divertir-se. Em segundo lugar, a visão astral é muito diferente e muito mais ampla do que a física. Na visão astral, um objeto se vê, por assim dizê-lo, por todos os lados ao mesmo tempo; cada partícula interior de um sólido é claramente visível, o mesmo que as exteriores; quer dizer, tudo está completamente isento da deformação provocada pela perspectiva. Se olhar um relógio astralmente, ver-se-á a esfera e todas as ruelas colocadas separadamente, nada encima de outra coisa.

Observando um livro fechado, se poderá ver cada página, não através das restantes páginas, para frente ou para trás, senão diretamente como se cada uma delas fosse a única página visível. Se compreenderá com facilidade que em tais condições, inclusive, os objetos mais familiares resultem absolutamente desconhecidos e que o visitante não esperto encontre graves dificuldades para compreender o que vê na realidade e ainda mais, quando quer explicar o que vê, empregando a inadequada linguagem comum. Um momento de reflexão, porém, fará compreender que a visão astral se aproxima muito mais do que a visão física da autêntica percepção das deformações da perspectiva. Além das citadas fontes possíveis de erro, o assunto complica-se mais pelo fato de que a visão astral conhece formas de matéria que, apesar de serem puramente físicas, são invisíveis em condições normais. Assim são, por exemplo, as partículas que compõem a atmosfera que continuamente se desprendem das coisas com vida, assim como os quatro graus da matéria etérea. Por outro lado, a visão astral apresenta cores mais além do espectro visual comum, que são completamente diferentes: os raios ultravermelhos e ultravioletas, conhecidos pela ciência física, são claramente perceptíveis na visão astral.

Tomemos um exemplo concreto. Uma rocha vista através da visão astral, deixa de ser uma massa inerte de pedra. Para a visão astral é observável a totalidade da matéria física, em lugar de só uma pequena porção dela; são perceptíveis as vibrações das partículas físicas; é visível a contraparte astral, formada por vários graus de matéria astral, toda em movimento incessante; vê-se como circula a vida universal (Prana) através dela e emanando dela; observa-se a aura que rodeia a pedra; aprecia-se como se impregna da sua própria essência Elemental, sempre ativa, mas sempre cambiante. No caso do vegetal, do animal e do homem, logicamente as complicações são mais numerosas. Um bom exemplo do tipo de erro que se pode cometer no plano astral, é a frequente inversão dos números que o vidente tenha que anotar, por exemplo, dirá 139, quando é 931 e coisas parecidas.

No caso de um estudante de ocultismo, preparado por um mestre experto, esse erro seria impossível, exceto por precipitação ou falta de cuidado, já que o estudante deverá seguir um longo e variado curso nesta ciência de ver adequadamente. Um vidente esperto, com o tempo, adquire segurança e confiança ao tratar de fenômenos astrais, que ultrapassam em grande medida os da vida física. É errôneo falar pejorativamente do plano astral e considerá-lo pouco digno de atenção. Como é natural, seria verdadeiramente desastroso para qualquer estudante depreciar seu desenvolvimento superior e dar-se por satisfeito por haver alcançado a consciência astral. Em determinados casos, indubitavelmente podem desenvolver-se em primeiro lugar as faculdades mentais superiores, algo assim como ocultar durante um tempo o plano astral. Não é esse, porém, o método que costumam adotar os mestres da sabedoria com seus discípulos. Para a maioria, o progresso a saltos não é factível, portanto, há que avançar passo a passo. Na Voz do Silêncio, mencionam-se três Aulas. A primeira a da Ignorância é o plano físico; a segunda a da Aprendizagem e a do plano astral, assim chamado porque a abertura dos chacras astrais revela muito mais do visível no plano físico e o indivíduo sente-se mais próximo da realidade das coisas; não obstante nada mais di que o lugar de aprendizagem para o provador. Na aula da Sabedoria, que é o plano mental, adquire-se conhecimento ainda real e preciso. Uma parte importante do cenário do pano astral consiste no que a miúdo, ainda que erroneamente, chamam-se os registros da luz astral.

Estes registros (que na realidade, são uma espécie de materialização da memória divina, algo assim como a representação fotográfica viva de tudo o que sucedeu) estão impressos em um nível muito mais elevado de uma forma real e permanente e unicamente se refletem no plano astral de maneira mais ou menos irregular. Por isso, uma pessoa cujo poder de visão não se eleve sobre ela, provavelmente não consiga mais do que episódios ocasionais e desconectados do passado, em vez de um relato coerente. Não obstante, estas imagens refletidas, de qualquer tipo de acontecimentos passados, reproduzem-se sem cessar no plano astral e constituem uma parte importante do entorno do investigador.

A comunicação no plano astral está condicionada pelo conhecimento da entidade, assim como ocorre no mundo físico. Uma pessoa capaz de utilizar seu corpo mental pode ali comunicar suas ideias às entidades humanas com mais facilidade e rapidez do que na Terra, valendo-se de impressões mentais. Contudo, os moradores habituais do plano astral em geral não são capazes de exercitar este poder. Parecem restringidos por limitações semelhantes às que predominam na Terra, ainda que talvez sejam menos estritas. Em consequência, como já dissemos, associam-se tanto aqui como ali em grupos afins, quanto a crenças, simpatias e linguagens comuns.

Capítulo 17
Diversos fenômenos astrais

Existem motivos para crer que não transcorrerá muito tempo até que algumas aplicações de uma ou duas forças suprafísicas, cheguem a ser conhecidas pelo mundo em geral. Uma experiência muito comum nas sessões espíritas é o emprego de força praticamente irresistível, por exemplo, para mover enormes pesos e objetos variados. Esses efeitos podem produzir-se de distintas formas. Sobre quatro delas, podemos apresentar os seguintes indícios:

    1. Na superfície da Terra dão-se grandes correntes elétricas que fluem de um polo a outro; por seu volume, tais forças são tão irresistíveis como a maré alta. Conhecem-se métodos com cuja aplicação pode utilizar-se sem perigo esta extraordinária força. Contudo, a mera intenção de controlá-la por parte de algum inexperto encerra grandes perigos.

    2. Há uma pressão etérea que, em certo modo, corresponde à pressão atmosférica, ainda que seja infinitamente maior do que esta. O ocultismo prático ensina a maneira de isolar uma porção do éter do resto, com o objetivo de pôr em ação a extraordinária força da pressão etérea.

    3. Existe um imenso depósito de energia potencial que permaneceu dormindo na matéria, durante a involução do sutil ao grosseiro. Se mudar a condição da matéria, pode liberar-se e empregar-se parte desta energia, do mesmo modo que a energia latente em forma de calor pode liberar-se, alterando a condição da matéria visível.

    4. Podem produzir-se muitos efeitos através do que se conhece como vibração simpática. Fazendo-se soar a nota clave do

tipo de matéria na qual se queira influir, podem provocar-se um número infinito de vibrações simpáticas. Quando isto se realiza no plano físico, como ocorre, por exemplo, ao tocar uma nota, em uma harpa e provocar o som em outras harpas afinadas em uníssono, não se desenvolve energia adicional. No plano astral, porém, a matéria é muito menos imóvel, de maneira que, quando se ativa mediante vibrações simpáticas, acrescenta sua própria força vivente ao impulso original e assim podem intensificar-se as vibrações até um grau cujo resultado não é proporcional à causa. Não parece que tenha limites ao que se possa levar a cabo com esta força, se estiver em mãos de um grande adepto, perfeito conhecedor das possibilidades que ela oferece. A criação do próprio surgiu como resultado das vibrações estabelecidas pela Palavra Falada. A eficácia dos mantras ou encantamentos, cujo objetivo não seja dominar nenhum Elemental, senão simplesmente, a repetição de certos sons, depende da ação das vibrações simpáticas.

Os fenômenos de desintegração produzem-se também por meio da ação de vibrações extremamente rápidas que se acrescentam à força de coesão das moléculas do objeto sobre o qual atua. Uma vibração ainda mais elevada, de tipo algo distinto, descompõe essas moléculas em seus átomos constituintes. Um corpo, reduzido desta forma à sua condição etérea, pode trasladar-se de um ponto a outro em grande velocidade. No momento em que a força aplicada se retire, o objeto retornará à sua condição primitiva, devido à pressão etérea. É preciso explicar como conserva a forma um objeto, quando se desintegra e se torna a materializar. Por exemplo, se aplicar calor a uma chave de metal, até a condição de vapor, ao retirar a fonte de calor, o metal se solidificará; mas será um pedaço de metal, em lugar de uma chave. A razão é que a essência Elemental que dá forma à chave desaparece ao variar a condição. Não é que se veja afetada pelo calor, senão que, ao destruir seu corpo provisional como sólido, a essência Elemental regressa ao grande depósito da mesma, de forma semelhante. Por conseguinte, quando se esfria, o metal da chave torna à sua condição de sólido e a essência Elemental, Terra, que entra nele, não é a mesma de antes; por isso não há motivo para que se conserve a forma da chave. Quem desintegre uma chave para transportá-la de um lugar a outro, deverá ter o cuidado de conservar a essência Elemental exatamente da mesma forma, até que o traslado tenha terminado. Mais tarde, ao retirar sua força de vontade, a forma de essência Elemental atuará como um molde, até que se fluirão as partículas que estão solidificando-se; melhor dizendo, as partículas se agruparão ao seu redor. Desta maneira, se não falta o poder de concentração do operador, a forma da chave se conservará exatamente igual.

Os transportes:

Ou seja, os traslados quase instantâneos de objetos, situados a grandes distâncias nas sessões espíritas, algumas vezes são produzidos dessa maneira, porque, uma vez desintegrados, os objeto podem atravessar com suma facilidade qualquer substância sólida, por exemplo, o muro de um edifício ou a lateral de uma caixa fechada. A passagem da matéria através da matéria, quando se consegue entender, é tão simples como a passagem da água por um coador ou do gás por um líquido.

A materialização:

A mudança de um objeto do estado etéreo ao sólido realiza-se se invertendo o processo anteriormente descrito. Neste caso, também se requer uma constante força de vontade para impedir que a matéria condensada retorne à condição etérea. (Ver cap. 28).

As alterações elétricas de qualquer tipo dificultam tanto a materialização como a desintegração, talvez pela mesma razão que a luz brilhante as torne quase impossíveis, devido ao efeito destrutivo da vibração forte.

A reduplicação:
É produzida, formando uma imagem mental perfeita do objeto que se deve copiar e em seguida a matéria astral e a física necessária reúnem-se ao redor do molde assim configurado. O fenômeno requer um considerável poder de concentração, já que se deve manter a visão de cada partícula do objeto que se deve duplicar com exatidão e de maneira simultânea, tanto interior como exterior. Um operador que não seja capaz de extrair diretamente do ambiente a matéria necessária, pode tomá-la do material do artigo original, cujo peso se verá reduzido proporcionalmente.

A precipitação de letras:
É produzida de diversas maneiras. Um adepto colocará uma folha de papel diante de si mesmo, se formará uma imagem mental da escritura que queira que apareça nela e extrairá do éter a matéria com a qual objetivará a imagem. Também pode produzir, com a mesma facilidade, resultado idêntico sobre uma folha de papel colocada diante do correspondente, qualquer que seja a distância que tenha entre eles. O terceiro Método é mais rápido e se emprega com maior frequência. Consiste em gravar toda a substância da carta na mente de algum discípulo e deixar que realize o trabalho mecânico de precipitação. O discípulo imagina que viu então a carta escrita no papel do punho e letra do mestre e materializa o escrito tal como descrevemos. Se tiver dificuldade para atrair o material do éter e por sua vez precipitar o escrito no papel, utilizará tinta ou pó colorido. Assim mesmo é fácil imitar a escrita de uma pessoa e fazê-la passar pela de outra, tanto que resultaria impossível descobrir pelos meios comuns uma falsificação feita deste modo. O discípulo dispõe de um meio infalível para detectá-la, mas outros tão somente podem provar o conteúdo da origem do escrito pelo conteúdo da carta e o espírito que nela alenta, já que o manuscrito, por melhor que seja a imitação, não possui valor de prova. É provável que o principiante, durante a

tarefa, só possa imaginar algumas poucas palavra por vez, mas um discípulo mais treinado poderá visualizar uma página completa ou toda a carta. Desta forma, em uma sessão espírita, produzem-se por vezes, longas cartas em poucos segundos. Os quadros precipitam-se de idêntica forma, só que neste caso há que neste caso há que visualizar toda cena simultaneamente; se houver necessidade de muitas cores devem usá-las, mantê-las separadas e aplicá-las convenientemente. Como se pode ver, a faculdade artística desempenha um papel importante, pelo que, os artistas experientes terão mais êxito do que os que careçam desse entretenimento. escrita em pedras é produzida em alguns casos, por precipitação, ainda que seja mais frequente eu se materializassem pequenas porções de mãos, do tamanho suficiente para poder escolher o lápis.

A levitação:
Isto é, quando um corpo humano flutua no ar, ocorre com certa frequência nas sessões espíritas, por meio de mãos de espíritos que sustentam o corpo do médium. Também pode conseguir-se com a ajuda dos elementais do ar e da água. Não obstante, existe outro método que se emprega sempre no oriente e no ocidente, só em ocasiões. A ciência oculta conhece a forma de neutralizar e inclusive inverter a força de gravidade. De fato, esta é de índole magnética e mediante ela se pode realizar a levitação. Não cabe dúvida de que se empregou este método para elevar algumas das naves aéreas da antiga Índia e na Atlântida e não se descarta que tenha-se utilizado um método semelhante na construção das pirâmides de Stonehenge. A levitação também ocorre com certos ascetas da Índia e alguns dos grandes Santos cristãos, os quais, ao entrarem em profunda meditação se elevaram sobre o solo, de que são exemplos, Santa Teresa, são José de Cupertino e muitos outros. Levando-se em conta que a luz se baseia nas vibrações do éter, é evidente que, quem saiba como produzir tais vibrações, poderá criar *"luzes de espírito"*, ou uma suave

fosforescência, a variedade elétrica brilhante, ou essas esferas de luz dançante em que se transformam com tanta facilidade, certo tipo de elementais do fogo.

A manipulação do fogo:
Sem se queimar, é feita cobrindo-se a mão com uma finíssima capa de substância etérea. De maneira que não deixe passar o calor. Existem, além desta, outras formas de fazê-lo.

A produção do fogo:
Enquadra-se também dentro dos recursos do plano astral, do mesmo, a maneira de contrapor-se ao seu efeito. Pelo que parece, existem três formas de consegui-lo:

1) Estabelecer e manter o grau necessário de vibração, quando houver necessidade de produzir combustão.

2) Introduzir de modo quadri-dimensional um minúsculo fragmento de matéria resplandecente e a seguir soprá-lo até que se converta em chama.

3) Introduzir elementos químicos que deem origem à combustão.

A transmutação de metais:
Obtém-se reduzindo um pedaço de metal à condição atômica e redistribuindo os átomos de modo distinto.

A repercussão.
De que trataremos no capítulo dos protetores invisíveis, é provocada também pelo princípio de vibração simpática, descrito anteriormente.

Capítulo 18
A 4ª dimensão

No mundo astral encontram-se características que coincidem, com exatidão, com o mundo das quatro dimensões, concebido pela geometria e pela matemática. Tão grande é a coincidência, que se conhecem casos em que o estudo puramente intelectual da geometria e da 4ª. dimensão proporcionaram a visão astral ao estudante. Os clássicos sobre este tema são as obras de C.H. Hinton: Scientific Romances, vol.I e II; a New era of Thought; The Fourth Dimension. O bispo Charles W. Leadbeater recomenda estes livros e assegura que o estudo da 4ª. dimensão é o melhor método que conhece para adquirir um conceito das condições predominantes no plano astral. Afirma que o texto de C. H. Hinton sobre a 4ª dimensão é o único que oferece uma explicação, neste plano, dos fatos de visão astral continuamente observados. Obras posteriores como: The Beautiful Necessity; a Primer of Higher Space; Fourth Dimensional vistas, etc., de Claude Bragdon; assim como: Tertium Organum (obra muito esclarecedora) de P. D. Ouspensky e muitas outras. Para os que não tenham estudado o assunto, oferecemos um breve esquema de algumas das características principais subjacentes na 4ª dimensão. Um ponto que tem posição, mas não magnitude, não possui dimensões; a linha criada pelo movimento do ponto tem uma dimensão:

Comprimento:
A superfície, originada pelo movimento da linha, em ângulo reto a si mesma, conta com duas dimensões:

Comprimento e largura:
Um sólido, produzido pelo movimento de uma superfície em ângulo reto a si mesma, possui três dimensões:

Comprimento, largura e espessura:
O Tesseract é um objeto hipotético, originado pelo movimento de um sólido, em uma nova direção em ângulos retos a si mesmo, que possui quatro dimensões: comprimento, largura, espessura e outra, em ângulo reto a estas três, que não tem representação em nosso mundo de três dimensões. Muitas das propriedades do Tesseract podem deduzir-se da tabela seguinte: O tesseract, tal como o descreve c.h.hinton, é uma realidade, conforme afirma o bispo leadbeater e é uma figura muito comum no plano astral. Em: *Some occult experiences* de J. Van Manen, tenta-se representar graficamente um globo tetradimensional. Existe um estreito e sugestivo paralelo entre os fenômenos que poderiam produzir-se por meio de um objeto tridimensional em um mundo hipotético de duas dimensões, povoado por seres conscientes de unicamente duas dimensões e muitos fenômenos astrais, tal como se nos apresentam a nós que vivemos em um mundo físico ou tridimensional. Assim, por exemplo:

a) Objetos elevados através da 3ª dimensão poderiam fazer-se aparecer e desaparecer, à vontade, do mundo de duas dimensões.

b) Um objeto totalmente rodeado por uma linha poderia ser levantado do espaço fechado pela 3ª dimensão.

c) Dobrando um mundo de duas dimensões, representado por uma folha de papel, poder-se-iam unir dois pontos distantes e inclusive fazê-los coincidir, destruindo deste modo o conceito bidimensional da distância.

d) Um objeto na mão direita pode inverter-se pela 3ª dimensão e voltar a aparecer em forma de objeto na mão esquerda.

e) Olhando de cima para baixo, desde a 3ª dimensão, pode observar-se pela extensão visual todos os pontos de um objeto de duas dimensões, sem a deformação provocada pela perspectiva. Para um ser que se limita ao conceito de duas dimensões, os exemplos citados pareceriam milagrosos e absolutamente incompreensíveis. É curioso que

possam ocorrer, e de fato ocorrem continuamente, enganos deste tipo, como bem sabem os espíritas:
1. Entidades e objetos que aparecem e desaparecem.
2. Fazem-se «transportes» de artigos trazidos de grandes distâncias.
3. Tiram-se objetos de caixas que estão fechadas.
4. O espaço aparece como inexistente.
5. Um objeto pode ser invertido, por exemplo, um de mão direita torna-se de mão esquerda.
6. Todas as partes de um objeto, um cubo, por exemplo, veem-se simultaneamente sem deformação de perspectiva; de modo parecido, toda a matéria de um livro fechado pode ver-se ao mesmo tempo.

A explicação de que uma força como a dos Chacras, por exemplo, não emane aparentemente de nenhuma parte, é como pode supor-se, que proceda da 4ª dimensão. Um líquido derramado em uma superfície tende a estender-se em duas direções, tornando-se muito fino na 3ª dimensão.

	Pontos	Linhas	Superfície	Sólidos
O ponto tem:	1	–	–	–
A linha tem:	2	1	–	–
A superfície de quatro lados tem:	4	4	1	–
O cubo tem:	8	12	6	1
O tesseract tem:	16	32	24	8

Um gás, analogamente tende a expandir-se em três dimensões; ao fazê-lo assim, pode ser que se torne menor na 4ª dimensão; quer dizer, a densidade de um gás pode ser a medida da sua espessura relativa na 4ª dimensão.

Está claro que não é necessário deter-se nas quatro dimensões, porque talvez tenha infinitas dimensões de espaço. Em qualquer caso, parece inquestionável que o mundo astral seja tetradimensional, o mental tem cinco dimensões e o búdico seis. É evidente que, por exemplo, existam sete dimensões, irá havê-las sempre em todas as partes; que dizer que não haverá um ser de três ou quatro dimensões. A diferença aparente consiste na reduzida capacidade de percepção da entidade implicada, não motivada por nenhuma mudança nos objetos percebidos. Esta ideia esta muito bem desenvolvida no Tertium Organum, de Ouspensky. Não obstante uma pessoa pode desenvolver a consciência astral e ser incapaz de perceber ou de apreciar a 4ª dimensão. De fato, é certo que a média dos que penetram no plano astral, não percebem, de forma alguma, a 4ª dimensão. Advertem apenas algo manchado, a maioria delas, passa sua vida astral sem descobrir a realidade da 4ª dimensão, na matéria circundante. Entidades como os espíritos da natureza, que pertencem ao mundo astral, possuem por natureza, a faculdade de ver o aspecto tetradimensional de todos os objetos, mas nem sequer eles os veem com perfeição, porque só percebem a matéria astral dos objetos e não, a física, do mesmo modo que vemos a física e não a astral. A passagem de um objeto através de outro não estabelece a questão da 4ª dimensão, mas pode surgir da desintegração, que é um método essencialmente tridimensional. O tempo, na realidade, não é a 4ª dimensão, contudo, considerar o problema desde o ponto de vista do tempo, ajudará, de certo modo, a compreendê-lo. A passagem de um cone através de uma folha de papel apareceria, para uma entidade que habitasse a folha de papel, como um círculo que muda de tamanho; a entidade, como é natural, seria incapaz de perceber todas as etapas do círculo existentes como parte do cone. De forma parecida, para nós, o crescimento de um objeto sólido, visto desde o plano búdico, corresponde à vista do cone como um todo. Isto lança certa luz sobre nosso engano no que se relaciona ao passado, ao presente e ao futuro e sobre a capacidade de previsão. A visão transcendental do tempo está muito bem tratada no relato intitulado "Stella", incluído no volume II de Scientif romances. Pode encontrar-se também duas referências interessantes na Doutrina Secreta, vol. I, p.114 e vol. III, p. 742. É significativa a observação de que a geometria, tal como a estudamos agora, não é mais do que um fragmento, uma preparação esotérica para uma realidade esotérica. Uma vez perdido o verdadeiro sentido do espaço, o primeiro passo para tal conhecimento é o da 4ª dimensão. Podemos conceber no início da sua evolução, como é capaz de mover-se e de ver-se em dimensões infinitas, uma das quais desaparece a cada passagem para baixo, até que só fiquem três para a consciência cerebral do mundo físico. Desta forma, pela involução na matéria, perdemos o conhecimento de tudo, menos de uma parte minúscula dos mundos que nos rodeiam e inclusive o que se vê, é visto de modo imperfeito.

Graças à visão tetradimensional, se observará que os planetas, que aparecem isolados de nossas três dimensões, estão unidos em quatro dimensões; de fato, estes globos são pétalas de uma grande flor; por isso que os hindus representam o sistema solar como uma flor de loto. Também existe, mediante uma dimensão superior, uma relação direta entre o coração do Sol e o centro da Terra, de modo que aparecem elementos na Terra sem atravessar o que denominamos a superfície. Este estudo da 4ª. Dimensão parece conduzir diretamente ao misticismo. Assim C. H. Hinton fecha mão constantemente da frase: *"rejeitando o eu"*, para indicar que, para apreciar um sólido em 4º dimensão, há que considerá-lo, não a partir de qualquer ponto de vista, senão desde todos eles; ou seja, há que transcender o "Eu", o ponto de vista particular isolado e substituí-lo por uma visão geral.

Capítulo 19
Entidades astrais humanas

A tarefa de enumerar as entidades astrais, em toda sua variedade e extensão, resultaria tão colossal como a enumeração e descrição da totalidade das entidades físicas. Só o que podemos fazer aqui é classificar os principais tipos, oferecendo uma breve descrição de cada um deles. A fim de completar esta classificação, é preciso manifestar que, além das entidades enumeradas, por ocasiões, aparecem no mundo astral adeptos muito elevados de outros planetas do sistema solar e inclusive visitantes mais ilustres procedentes de pontos muito mais afastados. Ainda quando seja isto possível, é quase inconcebível que tais visitantes se manifestem em um plano tão baixo como o astral. Se assim o desejam, podem criar um corpo provisional de matéria astral deste planeta. Existem outras duas grandes evoluções que se desenvolvem neste planeta, ainda que, conforme parece, nem elas, nem o homem, devem conhecer sua mútua existência.

No caso de pôr-se em contato com elas, seria possivelmente no plano físico, pois sua relação com o astral é muito fraca. A única possibilidade de que apareçam, reside em que se produza um acidente muito pouco provável em magia cerimonial. Por outro lado, são muito poucos os magos avançados que sabem como provocá-los; apesar de que isto acontece algumas vezes.

A classe humana. a) Vivos fisicamente.

1. Pessoas comuns.

Este grupo é constituído de pessoas cujos corpos físicos estão adormecidos, flutuando pelo mundo astral, em diversos graus de consciência, de acordo com o que descrevemos no c.IX.

2. O psíquico.

Uma pessoa com desenvolvimento psíquico será, no geral, plenamente consciente fora do corpo físico, mas por falta de entranhamento adequado, interpretará de modo errôneo tudo o que veja. Pode, com frequência, percorrer todos os subplanos astrais, mas em certas ocasiões, sentir-se-á em particular atraída por um subplano determinado e raramente se afastará da sua influência. No que concerne à recordação do que viu, oscilará desde a absoluta claridade, até a total deformação ou esquecimento completo. No caso em que não tenha um mestre que o guie, aparecerá sempre em Corpo Astral, já que não saberá como atuar no seu veículo mental.

3. O adepto e seus discípulos.

Esta classe não costuma empregar o Corpo Astral, e sim o mental, formado pelos quatro subplanos inferiores do plano mental. A vantagem deste veículo consiste em permitir a passagem instantânea do mental ao astral e deste àquele, além do mais, admitindo o emprego em qualquer momento do poder maior e sentido mais agudo, característicos do plano (ver página 207). Uma vez que o corpo mental não é perceptível à visão astral, o discípulo que trabalha no referido corpo, aprende a envolver-se em um véu de matéria astral, quando pretende fazer-se visível às entidades astrais. Ainda que seja em aparência uma exata reprodução do homem, o referido veículo não contém nenhuma matéria do seu próprio Corpo Astral, senão que é uma reprodução do mesmo, do mesmo modo como uma materialização reproduz o corpo físico. No princípio do seu desenvolvimento, o discípulo atuará no seu Corpo Astral como os demais, mas seja qual for o corpo empregado, o discípulo de um instrutor competente é absolutamente consciente e pode atuar com facilidade em qualquer dos subplanos.

4. *O mago negro e seus discípulos.*

Esta classe assemelha-se até certo ponto a do adepto e seus discípulos, excetuando-se que o desenvolvimento é orientado para o mal em lugar de ir para o bem e empregam os poderes adquiridos com propósitos egoístas em vez de altruístas. Nas filas mais baixas há negros que praticam os ritos do Obi e do Vodu, assim como curandeiros das tribos selvagens e magos negros tibetanos, de inteligência mais evoluída e, portanto, mais culposos.

A classe humana. b) Mortos fisicamente.

1 – A pessoa comum depois da morte.

Este grupo, muito numeroso, é composto de pessoas de todas as classes e categorias, em muito diversos estados de consciência, como já foi explicado nos capítulos anteriores.

2. – A sombra.

No capítulo XXIII veremos que, quando a pessoa conclui sua vida astral, morre nesse plano, deixando atrás de si o Corpo Astral, desintegrando-se, exatamente igual ao que ocorre com a morte física, abandona o cadáver físico em decomposição. Em muitas ocasiões, o ego não pode retirar dos princípios inferiores todo o seu princípio manásico (mental) e portanto, uma parte da sua matéria mental permanece aderida ao cadáver astral.

A porção restante do mental é formada pelo mais grosseiro de cada subplano, que o Corpo Astral logrou arrancar do mental. E o Corpo Astral conhecido como sombra é uma entidade e não é de modo algum, o indivíduo real; contudo, possui exatamente o mesmo aspecto pessoal, sua memória e todas as suas pequenas particularidades. Portanto, facilmente se lhe pode confundir com a verdadeira pessoa, como ocorre frequentemente nas sessões espíritas.

Tal entidade não é em absoluto consciente de tal despersonalização, uma vez que, no que concerne ao intelecto, necessariamente deve crer-se que é o indivíduo. É, na realidade, um recipiente que guarda as qualidades inferiores do indivíduo, mas carece de alma. A duração da vida de uma sombra varia de acordo com a quantidade de matéria mental inferior que a vivifique; mas, como ela se consome sem cessar, seu intelecto é uma quantidade decrescente. Não obstante, pode ser que possua uma espécie de astúcia animal e que no fim da sua carreira, seja capaz de comunicar-se, tomando temporalmente a inteligência do médium. Dada a sua natureza, é muito suscetível de ser arrastada por qualquer tipo de más influências e ao estar separada do seu ego, não tem nada na sua composição que seja capaz de corresponder às boas. Portanto, presta-se, com facilidade a diversos fins de ordem inferior dos magos negros. A matéria mental destas sombras desintegra-se progressivamente e retorna à matéria geral do seu próprio plano.

3. A casca de ovo.

É o cadáver astral de uma pessoa nas últimas fases de desintegração, abandonado de toda partícula mental. Por conseguinte carece de toda consciência ou inteligência e desliza com passividade pelas correntes do plano astral. Não obstante, ainda pode ser vivificado, em horrível paródia de vida, durante breves momentos, se conseguirem pôr-se ao alcance da aura de um médium. Nestas circunstâncias, conservará exatamente as feições e a aparência da pessoa desaparecida e até certo ponto, pode reproduzir suas expressões e sua escrita. Assim mesmo possuía capacidade de responder automaticamente às vibrações (no geral, de ordem mais baixa) que estava acostumada a sentir na última fase da sua existência como sombra.

4. A casca de ovo vitalizada.

Na realidade esta entidade não é humana, mas aparece nesta classificação porque sua vestimenta exterior, a casca de ovo passiva e insensível, foi durante um tempo uma dependência da humanidade. Vida, inteligência, vontade e desejo que possua, serão os de Elemental artificial que o vitaliza, Elemental que é o produto de um mal pensamento do homem. Uma casca de ovo vitalizada é sempre maligna, um verdadeiro demônio tentador, cuja influência negativa se vê limitada unicamente pela magnitude do seu poder. Como a sombra, com frequência se utiliza da magia de Obi e do Vodu. Alguns autores denominam-na: «Elemental humano».

5. *O suicida e a vítima de morte repentina.*

Foram descritos no c. XV, ao analisar vida após a morte. Devemos insistir em que esta classe, do mesmo modo como as sombras e as cascas de ovo vitalizadas, constituem o que se pode chamar de vampiros menores, porque, quando encontram ocasião, alargam sua existência, absorvendo a vitalidade dos seres humanos nos quais podem influir.

6. *O vampiro e o lobo astral.*

Estas duas classes são atualmente muito pouco frequentes; algumas ocasiões se encontram exemplos em países onde existem rastros de sangue da 4ª raça, tais como Rússia e Hungria. É possível que um homem leve uma vida tão degradada, egoísta e brutal, que toda mente inferior fique enredada em seus desejos e no final permaneça separada do ego. Isto só pode ocorrer naqueles que tenham esgotado até o mínimo vestígio de desinteresse ou de espiritualidade e não tenha nada capaz de redimi-lo. Uma entidade perdida desta maneira, logo após a morte, vê-se incapaz de permanecer no mundo astral e plenamente consciente, é atraída sem remédio ao lugar que lhe corresponde, a misteriosa 8ª esfera, para desintegrar-se lentamente, depois de viver experiências que preferimos não descrever. Contudo, se falece por suicídio ou morte súbita, em determinadas circunstâncias (sobretudo se tem algumas noções de magia) pode iludir o destino a que está condenada, vivendo a horrível existência do vampiro. Como a 8ª esfera não pode reclamá-lo até após a morte do corpo, mantém-no em uma espécie de transe cataléptico, mediante a transfusão de sangue extraída de outros seres humanos, valendo-se do seu Corpo Astral semimaterializado. Deste modo adia seu destino final, cometendo um número sem fim de assassinatos. O remédio mais eficaz contra estes casos é, como supõe acertadamente a superstição, a cremação do cadáver, privando assim a entidade do seu ponto de apoio. Quando se abre a tumba de um indivíduo deste tipo, o cadáver aparece fresco e são e a miúdo, o ataúde está cheio de sangue. A cremação como é lógico, torna impossível este tipo de vampirismo.

O lobo astral pode manifestar-se pela primeira vez só durante a vida física do indivíduo e invariavelmente implica algum conhecimento das artes mágicas, o bastante para permitir-lhe projetar o Corpo Astral. Ao fazer isto um homem decididamente cruel e brutal, em determinadas circunstâncias, outras entidades astrais podem apropriar-se do seu Corpo Astral e materializá-lo, não em forma humana, mas na de algum animal selvagem, no geral, na de lobo. Neste estado, percorrerá o país matando outros animais, inclusive seres humanos, satisfazendo desta forma, a ânsia de sangue que sente, assim como a que sentem os demônios que o fustigam. Nestes casos, como ocorre nas materializações comuns, ma ferida provocada na forma astral, é reproduzida no corpo físico, pelo curioso fenômeno da repercussão. Após a morte do corpo físico, porém, o astral que, provavelmente continuará aparecendo da mesma forma, tornar-se-á menos vulnerável. Também será menos perigoso, pois, salvo que encontre um médium adequado, não poderá materializar-se por completo. Nestas manifestações é bem possível que tenha uma grande porção de matéria do corpo etérico e talvez também algo de líquido e gasoso do corpo físico, como ocorre em algumas materializações. Em ambos os casos, este corpo fluido parece ser capaz de afastar-se a muito maior distância do físico o que é possível para um veículo que contenha matéria etérea. As manifestações, tanto do vampiro como do lobo astral, costumam ficar limitadas à proximidade do seu corpo físico.

7. O mago negro e seu discípulo.

Esta classe pode comparar-se, mutantis mutandis, a do discípulo que espera reencarnar-se, mas neste caso, o indivíduo desafia o processo natural de evolução e permanece no mundo astral por arte de magia, às vezes, da índole mais espantosa. Não parece conveniente enumerar ou descrever as distintas subdivisões desta classe, pois, o estudante de ocultismo procura evitá-las. Todas as entidades que prolongam desta forma sua vida no plano astral, mais além do limite natural, fazem-no à custa dos outros, absorvendo a vida destes, de um modo ou de outro.

8. O discípulo à espera da reencarnação.

Esta é também uma classe pouco habitual em nossos tempos. O discípulo que decidiu não passar ao *devachan*, quer dizer, não ir ao mundo celestial, senão continuar seu labor no plano físico, pode fazê-lo com a permissão de muito elevada autoridade, neste caso seu mestre lhe preparará uma reencarnação apropriada. No caso em que se lhe conceda tal permissão, diz-se que o discípulo tem que permanecer obrigatoriamente no plano astral, enquanto se resolva a questão, porque se alcança tocar o plano mental um só instante, pode ver-se arrastado por uma corrente irresistível até a linha de evolução normal e passar ao mundo celestial, ou seja, o mental. Algumas ocasiões, ainda que raro, pode ser colocado diretamente em um corpo adulto, cujo ocupante anterior já não o utiliza, mas não é frequente que encontre um corpo adequado. Enquanto isso, o discípulo é absolutamente consciente no plano astral e pode desenvolver o trabalho que seu mestre lhe tenha encomendado, com maior eficácia do que quando se encontrava entorpecido pelo corpo físico.

9. O Nirmanakya.

É realmente muito raro que um ser tão exaltado como o Nirmanakaya se manifeste no plano astral. Trata-se de um ser que, apesar de ter ganhado o direto de desfrutar de descanso em bem-aventurança indescritível ao longo de inumeráveis etapas, decidiu manter-se em contato com a Terra, suspenso, como se disséramos, entre este mundo e o Nirvana, a fim de gerar correntes de força espiritual, úteis para impulsionar a evolução. Se quisesse aparecer no plano astral, provavelmente criaria para si mesmo um Corpo Astral provisório, tomando a matéria atômica deste plano. É possível, pois um Nirmanakaya conserva seu corpo causal, assim como os átomos permanentes que teve durante toda a sua evolução. Desta maneira, a qualquer momento pode materializar os corpos mental, astral e físico, se assim o desejar.

ENTIDADES ASTRAIS

Humanas		Não humanas	Artificiais
Vivas fisicamente	Mortas fisicamente		
1. pessoas comuns	1 pessoas comuns	1 essência elemental	1. elementais formados inconscientemente
2. psíquicos	2. Sombra	2. corpos astrais de animais	2. elementos formados conscientemente
3. adepto ou seu discípulo	3. casca de ovo	3. espírito da natureza	3. artificiais humanos.
4. mago negro ou seu discípulo	4. cascas de ovo vitalizadas		
	5. suicidas e vítimas de morte repentina		
	6. vampiros e lobos astrais		
	7. magos negros ou seus discípulos		
	8. discípulos à espera de reencarnação		
	9. nirmanakayas		

Capítulo 20
Entidades astrais não humanas

Essência Elemental.

O termo «Elemental» foi aplicado por diferentes autores a entidades de muitos diversos tipos. Neste livro utiliza-se para indicar essência monódica, durante determinadas etapas da sua existência. Por sua vez, a essência monódica pode definir-se como afluência de espírito ou força divina à matéria. É muito importante que os estudantes se deem conta de que a evolução desta essência Elemental se faz na curva descendente do arco, como se lhe costuma denominar. Significa que seu progresso apoia-se no submergir por completo na matéria, tais como a veem no reino mineral, em vez de afastar-se deste. Portanto, o progresso para ela consiste em descer à matéria, em vez de ascender aos planos superiores. O fluxo, antes de chegar ao estado em que vivifica um homem, atravessa, vitalizando-o estas seis fases de evolução:

O primeiro reino Elemental (no plano mental superior), o segundo reino Elemental (no plano mental inferior), o terceiro reino Elemental (no plano astral), o mineral, o vegetal e o animal. Em algumas ocasiões, chama-se a essência Elemental de mônada animal, vegetal ou mineral, ainda que isto se preste à confusão, porque, muito antes de chegar a qualquer desses reinos, converte-se, não em uma, senão em muitas mônadas. Nesta obra, estamos tratando unicamente da essência Elemental astral. Esta essência é força divina que desceu e recobriu-se de matéria até o subplano atômico astral, envolvendo-se em um corpo de matéria astral atômica. A esta combinação é a que denominamos *Essência Elemental do plano astral*, essência que pertence ao terceiro reino Elemental, o imediatamente anterior ao reino mineral. Ao curso das suas 2.401 diferenciações no plano astral, atrai a si mesma numerosas e variadas combinações de matéria dos diferentes subplanos. Essas combinações, porém, são só temporais, posto que continuem sendo basicamente um reino.

Em relação ao grupo que estamos examinando, na realidade não existe algo como um Elemental. O que encontramos, sim, é um vasto depósito de essência Elemental, extraordinariamente sensível ao mais sutil pensamento humano; responde com uma delicadeza inimaginável, em uma fração infinitesimal de segundos, à vibração provocada nela por um exercício completamente inconsciente da vontade ou do desejo do homem. No momento, porém, em que essa essência transforma-se em força vivente pela influência do pensamento ou da vontade, passa a ser um Elemental e pertence à classe *artificial*. Inclusive, neste caso, sua existência separada é, no geral, evanescente; por isso, enquanto se esgota o impulso, retorna à massa indiferenciada de essência Elemental de onde provém. O visitante do plano astral ficará imediatamente impressionado pelas variadas formas que adota a onda incessante de essência Elemental, girando continuamente ao seu redor; ameaçadora às vezes, mas que sempre se afasta ao menor esforço da vontade. Também se assombrará diante do interminável exército de entidades que emergem sem cessar deste oceano à existência separada, evocadas pelos pensamentos e sentimentos do homem, sejam bons ou maus.

A essência Elemental pode classificar-se em termos gerais, de acordo com o tipo de matéria que a envolve: sólida, líquida, gasosa etc. Estes são os elementais dos alquimistas da idade média, os quais sustentavam acertadamente que um Elemental, ou seja, uma porção de apropriada essência Elemental vivente, é inerente em cada elemento; o que equivale a dizer que é a parte constituinte de toda substância física. Cada um dos sete tipos principais de essência Elemental, pode classificar-se por sua vez em sete subdivisões, atingindo um total de 49. Além destas divisões horizontais, completamente separadas, existem também sete tipos absolutamente distintos de essência Elemental, cuja diferença não tem nada a ver com o grau de materialidade, senão com o caráter e a afinidade. Os estudantes provavelmente conheçam esta classificação como divisão perpendicular, divisão que está relacionada com os raios. Existem também sete subdivisões em cada tipo de raio, isto é, 49 subdivisões perpendiculares no total. O número total de classes de matéria Elemental é de 49 por 49, ou seja, 2.401. A divisão perpendicular é muito mais duradoura e fundamental do que a horizontal, porque a essência Elemental no ciclo da evolução atravessa sucessivamente pelas distintas classes horizontais, mas subsiste na sua própria subdivisão perpendicular durante todo esse ciclo. Quando uma porção de essência Elemental permanece durante alguns momentos sem ver-se afetada por influências externas (o que raramente sucede), não possui uma forma definida própria. Não obstante, com a menor alteração irrompe uma surpreendente confusão de formas variáveis e sempre cambiantes, que se formam, se agitam e desaparecem em uma velocidade parecida a das borbulhas na superfície da água fervendo.

Estas formas evanescentes, ainda que originadas geralmente de criaturas viventes de algum tipo, humanas ou de outra índole, não pressupõem a existência de entidades separadas na essência. Ou melhor, parecem simples reflexo do vasto depósito de luz astral, ainda que em certa medida, ajustem-se ao caráter da corrente de pensamento que as gera, se bem que quase sempre possuam alguma deformação grotesca, algum aspecto perturbador ou desagradável. Quando a essência Elemental adota formas ajustadas à corrente de pensamentos involuntários e semiconscientes, que a maioria das pessoas deixa fluir passivamente de seus cérebros, a inteligência que escolhe a forma adequada, não procede da mente do pensador, nem tampouco provém da própria essência Elemental, já que esta pertence a um reino ainda mais afastado da individualização do que o mineral, que carece por completo de poder mental consciente. Entretanto, a essência possui uma capacidade extraordinária de adaptação, que muito se assemelha à inteligência. Não cabe dúvida de que esta qualidade tenha dado apoio a alguns livros primitivos para classificar os elementos como criaturas semi-inteligentes da luz astral. O reino Elemental propriamente dito não admite conceitos tais como o bem e o mal. Existe em todas as divisões do referido reino uma espécie de inclinação ou tendência que os faz mais hostis do que benévolos para os seres humanos. Assim se explica a experiência corrente do neófito no plano astral, a cujo encontro saem hostes de variado espectros ameaçadores que sempre retrocedem quando se lhes faz frente com determinação. Como asseguravam os escritores medievais, a culpa desta inclinação ou tendência a tem inteiramente o próprio homem: deve-se à influência e falta de simpatia que ele manifesta para outros seres vivos.

Durante a idade do ouro, no passado, não foi assim, nem tampouco o será no futuro, quando o homem mudar de atitude. Então, tanto a essência Elemental como o reino animal, se tornarão dóceis e serviçais para o homem, e não hostis como são agora. Isto revela que o reino Elemental é em conjunto e em grande medida, o que o pensamento coletivo da humanidade faz que seja. Quem possa manejar e dirigir as forças inerentes às múltiplas variedades de essência Elemental, pode empregá-las em múltiplas aplicações. A imensa maioria das cerimônias de magia depende quase exclusivamente desta manipulação, esteja dirigida pela vontade do mago, ou por alguma entidade astral mais concreta, evocada por ele para tal fim. A essência Elemental é o instrumento, através de qual se produzem quase todos os fenômenos físicos nas sessões espíritas. É também o agente dos fenômenos que ocorrem algumas vezes nas chamadas casa de aparecidos. Estes fenômenos são originados por alguma entidade inclinada à Terra, que tenta chamar a atenção, ou por algum espírito da natureza de baixa ordem, pertencente à 3ª classe. Nunca devemos considerar o Elemental como o promotor: ele é simplesmente, uma força latente que necessita ser ativada por um poder externo.

Os corpos astrais dos animais.

Este é um grupo consideravelmente numeroso, apesar de que no plano astral não ocupe uma posição de particular importância, porque seus componentes não permanecem ali durante muito tempo. A imensa maioria dos animais ainda não se individualizou de maneira permanente e quando um deles morre, a essência monódica, que se manifestou através dele, torna à alma de onde procede, levando consigo o progresso ou a experiência alcançada durante a vida na Terra. Não obstante, isso não ocorre de imediato, já que o Corpo Astral do animal redistribui-se, do mesmo modo como o do ser humano e o animal tem uma existência real no mundo astral, cuja duração, ainda que não seja muito prolongada, varia conforme o grau de inteligência que tenha desenvolvido. Na maior parte dos casos esta existência não é mais do que um estado de sonolência, ainda que pareça completamente feliz. Os relativamente escassos animais domésticos que conseguiram individualização e não voltaram a nascer como simples animais neste mundo, passam no plano astral uma vida mais prolongada e mais vivida que seus companheiros menos avançados. Estes animais individualizados costumam permanecer próximos da casa e em contato com seus amigos e protetores. Este período vem acompanhado de outro mais feliz, ao que se chama consciência dormente, período que durará até que em um mundo futuro adote a forma humana. Durante todo esse tempo, o animal encontra-se em um estado parecido ao do humano no mundo celestial, ainda que em um nível inferior. Uma subdivisão interessante deste tipo é a dos símios antropoides, os quais já estão individualizados e preparados para a encarnação humana na Ronda próxima e alguns deles o farão, inclusive antes. Nos países civilizados, os corpos astrais animais contribuem em boa medida ao sentimento generalizado de hostilidade que existe no referido plano, devido à matança organizada que se executa em matadouros e em certos esportes, que envia ao mundo astral, milhões de animais atemorizados e assustados diante da maldade do ser humano. Em nossos tempos, este sentimento acentuou-se devido à prática da vivificação.

Espíritos da natureza de toda classe.
São tão numerosos e tão variados que só podemos oferecer aqui uma pequena síntese das características comuns a todos eles. Os espíritos da natureza pertencem a uma evolução muito diferente da nossa. Nunca foram nem serão membros de uma humanidade como a nossa. O único traço que nos relacionam conosco é que temporalmente habitam o mesmo planeta. Conforme parece, são animais de uma evolução superior: dividem-se em sete grandes grupos e habitam os mesmos sete estados da matéria, impregnada pelas respectivas variedades de essência Elemental. Por isso, existem espíritos da natureza da Terra, da água, do ar e do fogo (ou éter) e são entidades astrais inteligentes, que residem e atuam em cada um dos entornos citados. Só os pertencentes ao grupo do ar habitam geralmente no mundo astral, mas seu número é tão amplo que se encontram em todas as partes.

Na literatura medieval, os espíritos da natureza recebiam seus próprios nomes: gnomos, os da Terra; Ondinas, os da água; Silfos, os do ar e Salamandras, os do fogo ou éter. Na linguagem popular, são chamados também de fadas, duendes, peris, sátiros, faunos e muitos outros nomes. Suas formas são múltiplas e variadas, sendo a mais frequente a humana anã. Como a maior parte das entidades astrais, pode adotar voluntariamente qualquer aparência, ainda que tenha suas formas favoritas, que assumam quando um motivo especial não os obrigue a adotar outra. No geral são invisíveis à visão física, mas têm o poder de fazerem-se visíveis quando o desejam, por meio da materialização. Cada um destes grupos está encabeçado por um grande ser, a inteligência que dirige e guia todo o departamento da natureza, administrado e submetido pela classe de identidades que está sob o domínio do referido ser. Os hindus dão-lhes os seguintes nomes: Indra, senhor do Akasa, o éter; Agni, senhor do fogo; Pavana, senhor do ar; Varuna, senhor da água; Kshiti, senhor da Terra.

Como já dissemos, o vasto reino dos espíritos, da natureza, é, na sua grande extensão, um reino astral, ainda que, uma grande parte do mesmo pertença à região etérea do plano físico. Existe um grande número de subdivisões ou raças entre os espíritos da natureza, cuja inteligência e caráter variam tanto quanto como entre os seres humanos. A maior parte deles evita completamente o homem, porque os hábitos e emanações deste resultam-lhes desagradável. A contínua pressa das correntes astrais, ocasionada pelos inconstantes e mal regulados desejos humanos, alteram e molestam-nos. Todavia, por ocasiões, travam amizade com os seres humanos e inclusive os ajudam. A atitude serviçal é pouco frequente, mostrando na maioria dos casos, indiferença ou desagrado, ou melhor, se divertem enganando e atraiçoando o homem.

Muitos destes casos se dão em solitárias regiões montanhosas e nas sessões espíritas. Na hora de praticar tais enganos, resulta-lhes de grande utilidade seu extraordinário poder de ofuscar, de modo que suas vítimas veem e ouvem unicamente o que eles lhes sugerem, como se fossem sujeitos hipnotizados. Contudo, os espíritos da natureza não podem dominar a vontade humana, exceto em casos de pessoas com uma mentalidade muito frágil ou aquelas cuja vontade está paralisada pelo terror. Só podem enganar os sentidos, chegando inclusive a dar-se o caso de transtornar ao mesmo tempo, um considerável número de pessoas. Algumas das atuações mais maravilhosas dos prestidigitadores hindus, executam-se evocando a ajuda dos espíritos da natatureza com objetivo de produzir a alucinação coletiva. Parece que seu sentido de responsabilidade é muito reduzido e sua vontade está menos desenvolvida do que a do homem comum. Em consequência, podem ser facilmente dominados pela hipnose e ser empregados para acatarem a vontade do mago. Podem ser utilizados para numerosos fins, já que cumprem fielmente e com segurança as tarefas que estão ao seu alcance. Em algumas regiões montanhosas, os espíritos da natureza às vezes provocam alucinações aos viajantes atrasados, fazendo-os ver casas e pessoas que na realidade não existem. Estas alucinações nem sempre são fugazes, senão que podem perdurar por muito tempo. O alucinado experimenta uma infinidade de aventuras imaginárias e surpreendentes, para encontrar-se, depois que tudo desaparece e ver-se em um vale desolado ou em uma planície açoitada pelos ventos. Se quiser cultivar relações de amizade com tais seres, o homem deverá estar limpo de emanações ofensivas para eles, como as produzidas pela carne, pelo álcool, pelo tabaco e a falta de higiene em geral, como também de qualquer sentimento de cobiça, cólera, inveja, ciúmes, avareza e depressão; Em outras palavras, deverá ser puro e impecável tanto em nível físico como no astral. Os sentimentos nobres, elevados e equilibrados criam em torno do homem uma atmosfera em que os espíritos da natureza submergem com grande prazer. Todos eles desfrutam da música, chegando inclusive a entrar nas casas para gozar dela e mover-se ao seu ritmo. Deve-se atribuir também aos espíritos da natureza grande parte dos chamados fenômenos físicos que tem lugar nas sessões espíritas; de fato, muitas destas sessões correm a cargo destas travessas criaturas. São capazes de responder a perguntas, enviar falsas mensagens, por meio de golpes ou inclinações, mostrar luzes e trazer objetos afastados, ler o pensamento de qualquer um dos presentes, propiciar a escrita ou esboços, inclusive materializações. Como é possível supor, são capazes de acrescentar a alucinação entre seus outros enganos. É muito provável que não tenham a menor intenção de enganar ou causar dano, mas alegram-se ao desempenhar seu papel com êxito e se alegram com a devoção e o afeto que se lhes demonstra como espíritos queridos e protetores angélicos. Participam do prazer dos presentes e consideram que realizam uma boa obra ao consolar os aflitos. Disfarçam-se, às vezes, adquirindo formas de pensamento criadas pelo homem e divertem-se enormemente iluminando cornos ou uma cauda pontiaguda, por exemplo, e apagando labaredas em suas travessuras. Outras vezes assustam crianças muito impressionáveis com suas aparições. Não esquecer, não obstante, que os espíritos da natureza não podem sentir receio; portanto não são conscientes do mal que fazem e é provável que o medo da criança seja fingido e que é uma forma de brinquedo. Nenhum dos espíritos da natureza possui uma individualidade reencarnada permanente. Em sua evolução, desenvolvem a proporção maior de inteligência antes de alcançar a individualização. Os períodos de vida das distintas classes variam enormemente; alguns são muito curtos e outros muito mais prolongados que os da vida humana. A existência parece ser simples, gozosa, irresponsável, muito parecida com a de um grupo de crianças felizes rodeadas por um ambiente físico extremamente favorável. Entre eles não existe sexo, nem tampouco as enfermidades, nem a luta pela sobrevivência. Sentem intensos afetos e podem estabelecer amizades íntimas e duradouras. São suscetíveis à cólera e aos ciúmes, mas dura pouco diante do desmedido prazer que experimentam ao desempenhar todas as operações da natureza, que é sua característica que mais se destaca.

    Os corpos do espíritos da natureza carecem de estrutura interna, pelo que não podem ser despedaçados nem feridos, nem lhes afetam o calor ou o frio. Conforme o que parece, estão livres de qualquer medo. Ainda que brincalhões e travessos, raramente são maliciosos se não forem provocados. Como grupo, desconfiam do homem e no geral, sofrem com a presença de um recém-chegado ao mundo astral, a tal ponto que se lhes apresentam sob forma desagradável e aterradora. Não obstante, se o recém-chegado nega-se assustar-se, aceitam-no em seguida, como um mal necessário e não lhe prestam atenção; outros se tornam amigos dele.

Uma das maiores diversões dos espíritos da natureza consiste em brincar com as crianças e entretê-las de mil maneiras, enquanto residem no mundo astral e estão mortas para o mundo físico. Alguns menos brincalhões e mais elevados são venerados nas aldeias como deuses locais. Apreciam as homenagens que se lhes oferecem e estão dispostos a realizar qualquer pequeno serviço que se lhes solicite. Os adeptos sabem como utilizar os serviços dos espíritos da natureza e, com frequência, lhes confiam determinados trabalhos; mas o mago comum só pode fazê-lo se os invoca, quer dizer, se atrai sua atenção com súplicas e lhes promete algo, ou melhor, por meio da evocação, quer dizer, obrigando-os a lhes obedecer. Nenhum destes, porém, é recomendável; a evolução é, além do mais, altamente perigosa, porque o operador desperta uma hostilidade que pode ser nefasta. Nenhum discípulo de um mestre se arriscaria a utilizar estes métodos. A classe mais elevada dos espíritos da natureza é formada pelos silfos ou espíritos do ar, cujo veículo mais baixo é o astral. Possuem uma inteligência equiparável à do homem médio. Para eles, o meio de alcançar a individualização é amando e associando-se aos membros imediatamente superiores, ou seja, os anjos astrais. Um espírito da natureza que queira experimentar a vida humana pode obcecar-se por algum ser vivente no mundo físico. Houve casos em que uma determinada classe de espíritos da natureza materializou-se fisicamente e manteve relações indesejáveis com homens e mulheres. Devido a este fato, nasceram relatos sobre faunos e sátiros, ainda que às vezes, essas histórias sejam concernentes a uma evolução muito distinta à subumana. De passagem, deve constar que o resultado final da evolução destes espíritos é igual em todos os aspectos ao alcançado pela humanidade, apesar de que esse reino seja muito diferente do humano, posto que os referidos espíritos carecem de sexo e de medo e não tem que lutar por sua existência.

Os devas.

Os seres assim chamados pelos hindus, recebem em outras partes do mundo o nome de anjos, filhos de Deus etc. Pertencem a uma evolução diferente da humana, evolução que se pode considerar como um reino imediatamente superior ao humano. Na literatura oriental, a palavra deva emprega-se para designar também qualquer classe de entidades não humanas. Nesta obra a empregamos no seu sentido restrito. Os devas não serão nunca humanos, porque a maioria deles já se encontra mais além do estado humano, não obstante, alguns deles foram humanos no passado. Os corpos dos devas são mais fluidos do que os humanos; a textura da sua aura é, por assim dizer, mais frouxa; são capazes de expansão e contração muito maiores e possuem certa qualidade ígnea, claramente distinguível se a comparamos com a de um ser humano comum. A forma interna da aura de um deva, que é quase sempre humana, é muito menos preciosa que a do homem; o deva vive mais na circunferência, mais em toda a aura que o homem. Os devas costumam aparecer como seres humanos de estatura gigantesca; possuem uma linguajem de cores, que talvez não seja tão exata como a nossa, ainda que em certo sentido talvez seja mais expressiva. Com frequência, os devas põem-se à disposição dos homens, o bastante desenvolvidos e capazes de apreciá-los, para explicar e esclarecer questões relativas às suas atividades. Ainda que vinculados à Terra, os devas evoluem em um grande sistema de sete cadeias; nossos sete mundos vêm a ser um só mundo para eles. Muito poucos seres humanos alcançaram o grau em que é possível unir-se à

evolução dos devas. A maioria deles procede de outras humanidades do sistema solar, algumas inferiores e outras superiores a nossa. O objetivo da evolução dévica é elevar seu mais alto nível a um grau muito superior ao que há de chegar a humanidade no período correspondente. As três grandes divisões inferiores dos devas são:
1. Kamadevas, cujo corpo mais baixo é o astral.
2. Rupadevas, cujo corpo mais baixo é o mental inferior.
3. Arupadevas, cujo corpo mais baixo é o mental superior ou causal.

A manifestação dos Rupadevas e dos Arupadevas no plano astral é tão pouco frequente como a materialização de uma entidade astral no plano físico. Sobre as divindades citadas, existem outras quatro grandes divisões e acima do reino dos devas, encontram-se as grandes hostes dos espíritos planetários. Nesta obra interessa-nos os Kamadevas. O meio geral entre ele é muito mais elevado do que entre nós, pois todo o mal foi eliminado da sua evolução desde há muito tempo. Diferenciam-se enormemente quanto à disposição: um homem realmente espiritual pode alcançar um grau de evolução mais elevado que alguns do Kamadevas. Através de determinadas evocações mágicas pode-se alcançar a atenção de um deva, mas a única vontade humana que pode dominar a sua, é a de alguns adeptos de ordem elevada. No geral, tem-se a impressão de que reparam no nosso mundo físico, ainda que circunstancialmente algum deles preste certo auxílio, de um modo similar a como alguns de nós ajudam um animal.

São conscientes, apesar de que atualmente qualquer interferência nos assuntos humanos possa fazer mais mal do que bem. Convém mencionar aqui os quatro deva-rajas, ainda que não pertençam exatamente a nenhuma de nossas classes. Esses quatro seguiram uma evolução que em nada corresponde a nossa. São conhecidos como regentes da Terra, os anjos dos quatro pontos cardeais, ou os maharajás chatur. Não roguem aos devas, senão aos quatro elementos da Terra, ar, água e fogo, com os espíritos da natureza. E essências que habitam nesses elementos.

A doutrina secreta refere-se a eles como globos alados e esferas de fogo.

Na Bíblia cristã, Ezequiel tenta descrevê-los em termos muito parecidos.

Nomes	Pontos da bússola	Hostes elementais	Cor simbólica
Dhritarãshtra	Leste	Gandharvas	Branco
Virũdhaka	Sul	kumbhandas	Azul
Virũpaksha	Oeste	Nãgas	Vermelho
Vãishrãvana	Norte	Yakshas	Ouro

No simbolismo de todas as religiões faz-se alusão a eles, e são venerados como protetores da humanidade. São os agentes do Kama do homem durante sua vida terrena; de modo que jogam com um papel importante no destino humano. As grandes deidades cármicas do cosmos, os Lipikas, equilibram as ações de cada personalidade, ao produzir-se a ação definitiva dos princípios, no final da vida astral e proporcionam, por assim dizer, o modelo de um duplo etéreo, perfeitamente adequado ao seu carma para a próxima encarnação do homem. São, porém, os deva-rajas, os quais, por ter domínio sobre os elementos do que se comporá o corpo etérico, regulam suas proporções, de forma que satisfaçam exatamente a intenção dos Lipikas.

Ao longo da vida do indivíduo, os deva-rajas neutralizam continuamente as mudanças produzidas na condição do homem, devidas ao exercício do próprio livre arbítrio e dos que o rodeiam, a fim de que o carma se cumpra com exatidão e justiça. Podem adquirir voluntariamente formas materiais e humanas e são conhecidos os casos em que assim o fizeram. Todos os espíritos da natureza de ordem superior e os elementais artificiais atuam como agentes dos devarajas, na realização do seu magnífico trabalho. Conservam em suas mãos todos os fios e assumem toda a responsabilidade. É raro manifestarem-se no plano astral, mas quando o fazem, são indubitavelmente os mais notáveis dos habitantes não humanos do referido plano. Na realidade deve haver sete devarajas no lugar de quatro, mas fora do círculo dos iniciados pouco se sabe e menos ainda podemos dizer do que concerne aos outros três.

Capítulo 21
Entidades astrais artificiais

As entidades artificiais compõem a classe mais numerosa e são as mais importantes para o homem. Constituem uma enorme massa caótica de entidades semi-inteligentes que se distinguem entre si, do mesmo modo como se diferenciam os pensamentos humanos, razão pela qual é praticamente impossível classificá-las e distribuí-las com detalhes.

Por ser uma completa criação humana, estão estreitamente vinculadas ao homem de modo cármico e a ação sobre ele é direta e ininterrupta.

Elementais formados inconscientemente.

No capítulo VII descrevemos como se originam estas formas de desejos e de pensamentos. O desejo e o pensamento do homem atraem a essência Elemental plástica e no instante lhe dão a forma adequada como ser vivente. Esta forma não está em absoluto sob o controle do seu criador, senão que possui vida própria, cuja duração é proporcional à intensidade do pensamento que a criou, que pode ir desde alguns minutos até muitos dias.

Elementais formados conscientemente.

É lógico que os elementais criados por deliberação daqueles que operam conscientemente e sabem o que fazem, com perfeição, sejam muito mais poderosos do que os criados de maneira inconsciente. Os ocultistas e as escolas branca e negra empregam com frequência elementais artificiais no seu trabalho, já que poucas tarefas escapam ao poder dessas criaturas, quando são preparadas cientificamente e são dirigidas com conhecimento e habilidade. Quem sabe como fazê-lo, pode manter a conexão com o Elemental e dirigi-lo, de modo que este atuará praticamente se estivesse dotado da mesma inteligência do seu doador. Leia capítulo VII.

Artificiais humanos.

Esta é uma classe muito peculiar, cujos componentes são muito escassos, mas tem uma importância desproporcional ao seu número por causa da sua estreita vinculação com o movimento espírita. Para poder explicar a origem deste tipo de elementais, é necessário que se remonte à antiga Atlântida.

Entre as lojas de estudos ocultistas preliminares da Iniciação, constituídas por Adeptos da Boa Lei, existe uma que segue praticando o mesmo ritual daquele velho mundo e ensina a mesma linguagem atlante, sagrada e oculta, que se ensinava na época da Atlântida. Os instrutores desta loja não possuem o grau de adeptos e a loja não participa diretamente da Fraternidade dos Himalaias, ainda que alguns adeptos desta fraternidade estivessem associados à referida loja em encarnações anteriores. Aproximadamente, pelos meados do século XIX, os chefes da referida loja, preocupados com o evidente materialismo da Europa e da América, decidiram fazer-lhe frente com métodos novos e oferecer oportunidade para que qualquer pessoa sensata pudesse obter provas da vida fora do corpo físico. Este movimento desenvolveu-se na vasta rede do espiritismo moderno, cujos partidários contam-se entre milhões. Além de outros resultados, é indubitável que graças ao espiritismo, uma enorme quantidade de pessoas adquiriu a crença em uma vida futura, do tipo que for. É este um excelente triunfo, apesar de que alguns considerem que se conseguiu com um custo excessivo. O método que se adotou foi o seguinte: tomou-se uma pessoa falecida, foi desperta completamente no plano astral, foi instruída, em certo grau, acerca dos poderes e possibilidades do referido plano e foi colocado diante dela um círculo espírita. Esta pessoa, por sua parte, instruiu de modo parecido outras personalidades falecidas; assim atuavam sobre os assistentes das sessões, chegando a converter alguns destes em médiuns. Às vezes, indiscutivelmente, os dirigentes do movimento manifestaram-se, eles mesmos, em forma astral nos mencionados círculos, mas na maioria dos casos, limitaram-se a dirigi-los e guiá-los como lhes pareceu conveniente. Não cabe a menor dúvida de que o movimento prosperou, a tal ponto que se tornou aos iniciadores, impossível controlá-lo, de modo que não são responsáveis diretos pelo desenvolvimento posterior. A intensificação da vida astral dos guias colocados á frente dos círculos inevitavelmente retardou seu progresso natural. Ainda que no princípio se pensasse que tal demora fosse generosamente compensada pelo bom carma derivado do guiar a outros para a verdade, logo se chegou à conclusão de que não se podiam utilizar espíritos-guias sem ocasionar-lhes danos graves e permanentes.

Em certos casos, esses guias foram retirados, colocando outros em seu lugar. Em outros casos, não obstante, não se estimou oportuno realizar as trocas; por isto adotou-se um expediente muito destacado que deu origem à curiosa classe de criaturas, às quais demos o nome de *"artificiais humanos"*. Permitiu-se que os princípios superiores do guia original prosseguissem sua retardada evolução e passaram ao mundo celestial, mas a Sombra que havia ficado atrás foi tomada, mantida e manipulada, de modo que aparecesse diante do círculo como antes. No início, parecia que tais operações eram levadas a cabo pelos membros da loja, porém, mais tarde se decidiu que a pessoa falecida, escolhida para ocupar o lugar do espírito-guia precedente, tomara posse da Sombra ou casca deste e simplesmente apresentara seu próprio aspecto. Isto é o que se chama uma entidade artificial humana.

Pelo visto, em alguns casos, realizou-se mais de uma troca sem despertar suspeitas, mas alguns investigadores do espiritismo descobriram que, depois de muito tempo, de repente apareciam diferenças na maneira e disposição de um espírito.

Nenhum dos membros da Fraternidade dos Himalaias jamais praticou a formação de uma entidade artificial deste tipo, ainda que considerassem que não deviam opor-se a que o fizessem os que consideravam adequado realizar essas práticas. Além do engano que isto implicava, o ponto frágil de tal procedimento é que podia ser adotado por outros além da loja, nada podia impedir que os magos negros proporcionassem espíritos comunicadores, como sabemos que foram feitos em algumas ocasiões.

Capítulo 22
O espiritismo

O termo espiritismo emprega-se para designar comunicações de índoles muito diversas com o mundo astral, mediante a intervenção de um médium. Especificou-se a origem e a história do movimento espírita no capítulo 21.

O mecanismo etérico que torna possível os fenômenos espíritas aparece extensamente descrito na obra, *"O Duplo Etérico"*, cujo estudo recomendamos aos leitores. Passemos agora a considerar o valor, se é que tem algum, deste meio de comunicação com o mundo invisível e a natureza das fontes de onde provêm tai comunicações.

Nos primeiros tempos da sociedade teológica, H. P.Blavatskky escreveu com grande entusiasmo sobre o tema do espiritismo, insistindo muito sobre a insegurança de todo o procedimento e na preponderância das usurpações de personalidade sobre as aparições reais. Sem dúvida, esse ponto de vista influenciou e determinou em grande medida a desfavorável atitude de muitos membros da sociedade teológica no que concerne ao espiritismo em geral. Por outro lado, o bispo Leadbeater assegura que sua própria experiência pessoal foi mais favorável. Dedicou vários anos de sua vida à experiência no campo do espiritismo e disse ter presenciado em várias ocasiões quase todos os fenômenos citados na literatura sobre o tema. De acordo com sua própria experiência, uma grande maioria das aparições é autêntica. As mensagens que transmitem, muitas vezes, carecem de interesse; os ensinamentos religiosos costumam qualificá-las como um cristianismo aguado; apesar de tudo, é um ensino liberal e muito mais avançado do que a atitude fanática ortodoxa.

O bispo Leadbeater afirma que os espíritas e os teólogos têm um campo muito importante em comum, por exemplo:
1. A vida depois da morte é uma certeza real, vívida e sempre presente.
2. O progresso eterno e a felicidade final para todos, bons e maus, é também uma certeza.

Estes dois pontos são de vital e transcendental importância e representam um avanço tão evidente sobre a posição ortodoxa comum, que é lamentável que espíritas e teólogos não se ponham de acordo sobre estas complexas questões e não obstante, coincidam em deixar outras de menor importância no que as diferem para resolvê-las quando o mundo, em geral, tenha admitido tais verdades. Nesta obra há um vasto campo para os dois grupos de pesquisadores da verdade. Aqueles que desejem presenciar fenômenos, os quais sejam incapazes de crer, sem ver com seus próprios olhos, irão passando de um modo natural para o espiritismo. Pelo contrário, os que aspiram a mais filosofia do que o espiritismo possa oferecer-lhes, voltarão sua vista de maneira natural para a teologia. Ambos os movimentos podem satisfazer os de mente aberta e tolerante, ainda que sejam de tipo muito diferente. É de se esperar, contudo, que tenha harmonia e compreensão entre os dois movimentos, levando-se em consideração os elevados fins que perseguem. Deve dar-se crédito ao espiritismo por haver alcançado seus propósitos, até o ponto de ter convertido um incalculável número de pessoas que não acreditavam em nada em particular e que passaram a ter uma convicção firme, proporcionando-lhes fé em uma vida futura. Isto, como já dissemos, sem dúvida alguma, é um admirável triunfo, ainda que alguns creiam que se conseguiu a um preço demasiado elevado, mas é só uma questão de opinião. Não resta dúvida de que o espiritismo encerra certos perigos para os caracteres emotivos, nervosos e facilmente influenciáveis. Estes não deveriam levar suas investigações demasiado longe, por motivos que não escaparão ao estudioso. Entretanto, não há método mais rápido para eliminar a incredulidade, pelo que está fora do plano físico, que levar à prática alguns experimentos. Para consegui-lo, talvez mereça a pena correr algum risco.

O bispo Leadbeater afirma, sem sombra de dúvidas, que apesar das fraudes e enganos, que foram cometidos em alguns casos, há grandes verdades atrás do espiritismo, que pode descobrir quem quer que esteja disposto a dedicar o tempo e a paciência necessários à investigação. Além do mais, temos a nossa disposição uma extensa bibliografia sobre o tema. Por outro lado, surgiram obras boas como a dos protetores invisíveis (ver cap.28) usando médiuns como agentes ou alguém presente à sessão. Portanto, ainda que o espiritismo tenha freado frequentemente as almas que, de outra maneira, teriam alcançado uma rápida liberação, por outra parte proporcionou meios de escape a outros, aos quais lhes foram abertos os caminhos para o progresso.

Ocorreram casos em que a pessoa falecida pôde aparecer sem ajuda do médium, ante parentes e amigos e comunicar-lhes seus desejos, mas tais casos são raros e a maioria das almas, apegadas à Terra, unicamente podem eliminar sua ansiedade graças aos serviços de um médium ou de um auxiliar invisível consciente. Em consequência é errôneo fixar-se unicamente no lado obscuro do espiritismo. Não devemos esquecer que fez muito bem em seu trabalho especial, oferecendo às pessoas falecidas a oportunidade de resolver seus assuntos, após uma morte inesperada e repentina.

Os estudantes destas páginas não deveriam estranhar o fato de que, entre os espíritas, existam alguns fanáticos e de critério estreito, que ignoram tudo, por exemplo, sobre a reencarnação.

De fato, é provável que a maiorias dos espíritas não se tenham ocupado dela, ainda que algumas das suas escolas o ensinem.

Vimos que ao morrer uma pessoa, costuma buscar a companhia dos que conheceu na Terra e reúne-se com o mesmo tipo de gente com quem se associava na vida. Por conseguinte, não é provável que saiba, depois de morto, sobre a reencarnação, mais do que sabia antes de falecer. No outro mundo, a maioria está rodeada de um montão de prejuízos que não lhes permite aceitar novas ideias. Esses prejuízos levam-nos ao plano astral e ali não são mais abertos para razões e ao sentido comum do que eram no mundo físico. É evidente que uma pessoa de mente aberta pode aprender muito no plano astral, podendo conhecer com ela, todo o ensino teológico, como fazem muitos. Isto explica que se encontrem fragmentos destes ensinamentos entre as comunicações espíritas. Também devemos levar em conta que existe um espiritismo superior, que o público desconhece e que nunca dá conta dos resultados que consegue. Os círculos melhores e mais avançados são os estritamente privados, que se limitam a um reduzido número de participantes. Nesses círculos reúnem-se sempre as mesmas pessoas e não se admitem desconhecidos para não alterar o magnetismo. As condições estabelecidas são especialmente perfeitas e os resultados que se obtêm, são, a miúdo, surpreendentes. Em muitas ocasiões, os chamados mortos faziam parte da família tanto como os vivos. O lado oculto de tais círculos é extraordinário, as formas de pensamento que os rodeiam são excelentes e estão calculadas para elevar o nível mental e espiritual da região onde trabalham.

Nas sessões públicas costumam aparecer falecidos de classe inferior, por causa do magnetismo muito misturado e confuso. Uma das maiores objeções que se apresentam contra a prática geral do espiritismo, é que no homem nédio, a consciência após a morte eleva-se sem cessar da parte inferior da natureza à superior. O ego, como já dissemos, retira-se e afasta-se dos mundos inferiores, portanto não é recomendável para sua evolução tirar sua natureza inferior da inconsciência natural em que se encontra, e colocá-la de novo em contato com a Terra, para comunicar-se através de um médium. Consequentemente, é uma benevolência cruel atrair á esfera da Terra alguém cuja mente inferior ainda deseja satisfazer desejos, porque isto retarda o avanço da sua evolução e interrompe o que teria que ser uma progressão ordenada. Isto prolonga a permanência em Kamaloka, nutre o Corpo Astral, retém o ego e se posterga a liberdade do mesmo. Em especial, em casos de suicídio ou morte repentina, não convém em absoluto despertar a Trishnã, isto é, o desejo de existência sensível. O perigo concreto neste ponto, se entenderá melhor, se levar em conta que, ao recolher-se o ego em si mesmo, cada vez é menos capaz de influir na parte inferior da sua consciência. Não obstante, a referida porção tem a faculdade de gerar carma, enquanto não seja completa a separação e em tais circunstâncias, é muito mais provável que acrescente mais carma mau do que bom. Por outro lado, pessoas que tenham levado mais vida e tenham grandes desejos de prazeres animais que não possam desfrutar diretamente, tenderão ajuntar-se em torno dos médiuns ou dos sensitivos e tratarão de utilizá-los para satisfazer suas ânsias. Estas se encontram entre as forças mais perigosas com as que temerariamente se enfrentam, em sua ignorância, os curiosos e os irrefletidos.

  Uma entidade astral pode, no seu desespero, aderir-se a um assistente sensitivo e obcecá-lo, inclusive pode segui-lo até sua casa e pegar-se á esposa ou á filha do mesmo. Tem-se produzido numerosos casos destes e no geral é quase impossível desembaraçar-se de uma entidade obsessiva deste tipo. Do mesmo modo temos visto que a tristeza apaixonada dos parentes e dos amigos da Terra tende também a atrair o que se foi à esfera da Terra, produzindo-se assim, um intenso sofrimento, no tempo em que se entorpece em sua evolução

normal. As entidades que podem comunicar-se se valendo de um médium, podem ser classificadas desta maneira:
Seres humanos mortos que se encontram no plano astral.
Seres humanos mortos que se encontram no devachan.
* *Sombras.*
* *Cascas de ovos.*
* *Cascas de ovos vitalizadas.*
* *Espíritos da natureza.*
* *O ego do médium.*
* *Adeptos Nirmânakâyas.*

Como a maior parte deles já foi descrita no capítulo XIV, ao ocupar-nos das entidades astrais, pouco nos resta a dizer sobre este ponto. Em teoria, qualquer pessoa morta que se encontra no mundo astral, pode comunicar-se através de um médium. Esta facilidade é muito maior enquanto está nos subplanos inferiores, mas vai decrescendo à medida que a entidade ascende aos subplanos superiores. Portanto, em igualdade de condições, é lógico esperar que a maior parte das comunicações recebidas por esta via proceda dos subplanos inferiores, quer dizer, de entidades relativamente pouco desenvolvidas.

O estudante recordará que o suicida e outras vitimas de morte repentina, incluindo criminosos justiçados, por haver morto em pleno vigor da sua vida física, são provavelmente os que sentem mais atração pelo médium, com a esperança de satisfazer seu Trishnâ ou sede de vida física. Em consequência, o médium ajuda a que nasça neles uma nova série de Skandhas, outro corpo com tendências e paixões muito piores do que as que perderam. Isto ocasiona grandes males para o ego e estimulará o renascimento em uma existência muito pior do que a anterior. A comunicação com uma entidade que resida no Devachan, isto é, o mundo celestial, não requer maiores explicações. Se o sensitivo ou o médium é de caráter puro e elevado, seu ego liberado pode elevar-se ao plano do Devachan e entrar em contato com a entidade.

Em muitas ocasiões, parece que a entidade aproximou-se do médium, mos o certo é que ocorre o contrário: é o ego do médium que se eleva ao subplano da entidade no Devacham.

Devido aos estados peculiares de consciência das entidades no Devachan (de que não podemos ocupar-nos nesta obra), as personagens recebidas desta forma não são de total confiança. No melhor dos casos, o médium ou sensitivo pode saber, ver e sentir unicamente o que a entidade sabe, vê e sente no Devachan. Portanto, quando se generaliza, há muitas probabilidades de erro, porque cada entidade vive no Devachan em sua esfera particular do mundo celestial. Outra causa de possível erro é que, apesar de que a substância da comunicação seja composta pelos pensamentos, conhecimentos e sentimentos da entidade comunicante, é muito provável que a personalidade e as ideias do médium condicionem em que se produz tal comunicação. Uma sombra pode aparecer com frequência na sessão e comunicar-se, apresentando a mesma aparência da falecida.

Ao possuir a memória, a idiossincrasia etc., desta pessoa, muitas vezes, não se diferencia dela; contudo, não é consciente de haver ocupado o lugar da entidade real. De fato, não é mais do que um ramalhete das qualidades inferiores da referida entidade.

Uma casca de ovo assemelha-se também exatamente ao falecido, ainda que não seja outra coisa, que o cadáver astral do mesmo, de que se desprenderam todas as partículas mentais. Ao entrar em contacto com a aura do médium, pode ser galvanizado, durante alguns segundos, em uma caricatura da entidade real. Tais fantasmas não possuem consciência, estão desprovidos de bons impulsos e tendem à desintegração; por conseguinte, unicamente podem fazer o mal, quer seja renovando sua vitalidade mediante o vampirismo nas sessões, ou humilhando o médium e os assistentes com conexões astrais desaconselháveis.

Uma casca de ovo vitalizada também pode comunicar-se através do médium. Pelo que vimos, é um cadáver astral, vitalizado por um Elemental essencial e é sempre maligno. Como é óbvio, representa um grande perigo para as sessões espíritas. Suicidas, sombras e cascas de ovos vitalizados, por serem vampiros menores, absorvem a vitalidade dos seres humanos, sobre os quais conseguem exercer influência. Por isso, tanto o médium como os assistentes, por vezes, sentem-se fracos e esgotados, ao terminar a sessão física.

Aos estudantes do ocultismo é ensinada a maneira de protegerem-se contra tais intentos, mas aos que não possuem estes conhecimentos, resulta-lhes difícil salvaguardar-se e devem contribuir com maior ou menor medida. A intromissão de sombras e de cascas de ovo nas sessões, dá lugar a que muitas das comunicações resultem estéreis desde o ponto de vista intelectual. A aparente intelectualidade das mesmas proporciona apenas reproduções. A falta de originalidade manifesta-se por não trazerem ideias novas nem independentes.

Espíritos da natureza.
Seu papel nas sessões espíritas foi descrito no cap. XX. Muitos dos fenômenos devem classificar-se como falsa vagueza de forças subumanas, mais do que como atos de espíritos, já que, enquanto ocupavam um corpo físico, foram incapazes de cometer tais desatinos.

O ego do médium.
Se o médium é puro e sincero e busca a luz, essa aspiração consegue pô-lo em contato com sua natureza superior e desce a luz que ilumina seu consciente inferior. A mente inferior une-se à superior e transmite todo o conhecimento que pode reter. Dessa maneira, algumas comunicações procedem do ego do próprio médium. A classe de entidades atraídas às sessões depende, em grande medida

do tipo de médium. Os de ordem baixa, atraem de modo natural visitantes muito pouco desejáveis, cuja vitalidade se fortalece na sessão. E não é só isto: se na sessão está presente um homem ou uma mulher de semelhante baixo desenvolvimento, o fantasma será atraído para tal pessoa e a ela se aderirá, gerando assim correntes entre o Corpo Astral da pessoa vivente e o Corpo Astral do falecido, com lamentáveis resultados.

Um adepto ou mestre comunica-se assiduamente com seus discípulos, sem recorrer aos métodos de comunicação comuns. Se o médium fosse um discípulo do mestre, é muito provável que a mensagem deste fosse interpretada como a de espírito de ordem inferior. Um Nirmânakâya é um ser humano que alcançou a perfeição que deixou de lado seu corpo físico, mas conserva seus princípios inferiores, mantendo-se em contato com a Terra, com o objetivo de ajudar na evolução da humanidade. Estas grandes entidades podem comunicar-se e em algumas ocasiões, comunicam-se através de um médium, mas este deve ser muito puro e de caráter muito elevado. A não ser que se tenha muita experiência em relação à humanidade, torna-se difícil crer em indivíduos que, sem maior importância, anelam apresentar-se como instrutores do mundo. No geral, são sinceros em suas intenções e estão convencidos de ter grandes ensinamentos que poderiam salvar a humanidade. Por serem conscientes do escasso valor dos objetos puramente terrenos, pensam com muito acerto que se pudessem inculcar suas ideias no gênero humano, o mundo se transformaria em algo muito diferente. Depois de adular o médium, fazendo-o crer que é o único canal para determinado ensinamento exclusivo e transcendental, uma destas entidades comunicantes é tomada pelos assistentes como um arcanjo ou como alguma outra manifestação mais direta da Deidade. Lamentavelmente, tal entidade costuma esquecer que durante sua permanência na Terra, outros faziam comunicações semelhantes, às que não prestava a mínima atenção. E não percebe que os outros, igualmente imersos nos assuntos mundanos, tampouco o escutarão e se negarão a seguir suas indicações.

Por vezes, algumas entidades adotam nomes distinguidos como: Jorge Washington, Miguel Arcanjo, Júlio César, pela justificável razão que o ensinamento sob tais nomes conta com mais probabilidade de ser aceito do que se chegasse com o nome de João Perez ou Tomas Brown. Do mesmo modo, entidades que tentam impressionar as mentes dos que veneram os mestres, tomam o nome destes, a fim de que sejam aceitas com mais facilidade as ideias que desejam revelar. Em certos casos, há quem tente prejudicar as obras do mestre, adotando a forma deste, para influir assim, sobre o discípulo do mesmo. Ainda que tais entidades possam reproduzir uma aparência física quase perfeita, resulta-lhes, absolutamente impossível, imitar o corpo causal do mestre; de maneira que, alguém que possua a visão causal não pode ser enganado deste modo. Em algumas ocasiões, os próprios membros da loja de ocultistas, que originou o movimento espírita, distribuíram valiosos ensinamentos sobre temas de profundo interesse, valendo-se de médiuns. Isto, porém, ocorreu em sessões familiares, estritamente privadas, nunca em sessões públicas previamente pagas.

Em *"A Voz do Silêncio"*, recomenda-se muito sensatamente: *Não busques o guru nestas sessões Mayávicas*. Não se deveria aceitar com fé cega, nenhum ensinamento de um preceptor que se ofereça desde o plano astral. Qualquer comunicação ou conselho que provenha de tal plano deve receber-se do mesmo modo que se faria com um conselho similar do plano físico. Devem tomar-se os ensinamentos pelo que valham, depois de analisados pela consciência e pelo intelecto. Uma pessoa não é mais infalível depois de morta do que quando estava viva fisicamente. Alguém pode passar muitos anos no mundo astral e não saber dele mais do que sabia quando saiu do mundo físico. Portanto, não se deve dar mais importância às comunicações do mundo astral (ou de qualquer outro plano superior), que a qualquer indicação realizada no plano físico. Um espírito que se manifesta a miúdo é tal como diz ser, mas também pode ocorrer que não seja.

Os assistentes de sessões não têm forma de distinguir o verdadeiro do falso, porque os recursos do plano astral podem utilizar-se para representar o que não é, perante as pessoas do mundo físico; por conseguinte, não se pode confiar no que parece ser prova convincente. Não pretendemos, nem por um instante, negar que algumas entidades autênticas tenham trazido comunicações importantes em sessões deste tipo. O que queremos dizer é que os que assistem normalmente a elas não tem forma de saber se os estão enganando ou não. Do que se disse é dedutível que são muito variadas as fontes, desde as que se podem receber comunicações do plano astral. Como disse H. P. Blavatski, a variedade de causas dos fenômenos é enorme; há que ser um adepto e deter-se para analisar cada manifestação, com objetivo de poder explicar, em cada caso, o que é subjacente nela. Para completar a exposição, podemos dizer que o homem médio, uma vez falecido, é capaz de fazer no plano astral tudo quanto pôde fazer no mundo físico. Podemos obter facilmente comunicações, escrevendo, em transe, ou utilizando poderes desenvolvidos do Corpo Astral, tanto de pessoas encarnadas como de desencarnadas. Por conseguinte, seria mais sensato cada qual desenvolver em si mesmo os poderes da própria alma, em vez de lançar-se de modo ignorante á prática de experimentos perigosos. Desta forma, se acumularão conhecimentos e se acelerará a evolução. O homem deve aprender que, na realidade, a morte não tem poder sobre ele; a chave da prisão do corpo está em suas mãos e deve aprender a usá-la conforme sua vontade.

    Da esmerada consideração do conhecimento que possuímos a favor e contra o espiritismo, parece depreender-se que é justificável para destruir o materialismo, contanto que se utilize com prudência e discrição. Quando se houver alcançado este objetivo, parece haver encerrado muitos perigos, tanto para os vivos quanto para os mortos. Em linhas gerais, não é recomendável, ainda que em casos de exceção, possa praticar-se sem risco e com grandes benefícios.

Capítulo 23
Morte astral

Finalizamos a história da vida no plano astral e pouco nos resta a acrescentar a respeito da morte no mesmo e da dissolução final.

O contínuo desprendimento do ego no transcurso de um período de tempo, cuja duração varia dentro de amplos limites, faz com que as partículas do Corpo Astral progressivamente vão deixando de funcionar. Este processo desenvolve-se, na maioria dos casos, em camadas dispostas por ordem de densidade, sendo a exterior, a mais densa de todas. Desta forma, o Corpo Astral desgasta-se pouco a pouco e vai desintegrando-se à medida que a consciência se retira paulatinamente do mesmo, devido ao esforço semiconsciente do ego. Assim, o homem vai abandonando gradativamente o que o retém e o impede de alcançar o mundo celestial. Durante sua permanência no plano astral, a mente entretecida de paixões, emoções e desejos, purifica-os e assimila a parte pura dos mesmos, absorvendo tudo que seja de utilidade para o ego; o que resta do carma é puro resíduo, que o ego, a triada imortal de atma-buddhi-manas, liberase com facilidade. Pausadamente, a triada, o ego, atrai a si a memória da sua vida terrena finalizada, seus amores, suas esperanças e aspirações, etc. e dispõe-se a sair de Kâmaloca e passar ao estado bem-aventurado de Devachan, a morada dos deuses, ou o mundo celestial. Não entraremos na análise do que ocorre ao ser humano com sua chegada ao chamado mundo celestial, pois está fora de limites dos temas aqui tratados. Podemos dizer por hora, em resumo, que o período transcorrido no Devachan é de assimilação das experiências da vida, de restabelecimento do equilíbrio, antes de dar início à nova decida para a encarnação. É o dia que segue à noite da vida terrena, o subjetivo em contraste com o período objetivo da manifestação.

Ao transladar-se de Kamaloka ao Devachan, o homem não pode levar consigo suas formas mentais de má condição. No plano do Devachan não pode existir a matéria astral, nem a matéria pode reagir às grosseiras vibrações das baixas paixões e desejos. Em consequência disso, o único que o homem pode levar ao Devachan, quando se desprendeu dos últimos resíduos do seu Corpo Astral, são os germes e tendências subjacentes, que ao encontrarem o meio apropriado, se manifestarão no plano astral como paixões e desejos do mesmo caráter. Tais germes ficam latentes no átomo astral permanente, durante a permanência no Devachan.

Ao finalizar a existência no Kamaloka, aparta-se da tela vital dourada do Corpo Astral, deixando que este se desintegre e torna ao átomo astral permanente que se recolhe no corpo causal. A última luta com o Elemental astral é produzida no fim da vida astral, porque o ego trata de recolher em si mesmo tudo o que pôs ao encarnar, no princípio da vida finalizada. Não obstante, ao tentar isto, encontra a resistência do Elemental de desejos que o próprio ego criou e alimentou. Na maioria, sempre resta algo da matéria mental enredada com a astral e é possível recuperá-la. O resultado da luta é que alguma porção da matéria do mental e inclusive do causal (mental superior) permanece no Corpo Astral, quando o ego o tiver abandonado definitivamente. Pelo contrário, os que durante a vida terrena tenham dominado por completo seus baixos desejos e tenham conseguido ser libertar destes, a mente inferior não tem que lutar e o ego pode retirar tudo o que foi posto quando encarnou, unido a todos os benefícios das experiências, faculdades etc. Também se dão casos extremos em que o ego perde tudo e converte-se no que se conhece como: almas perdidas ou elementais humanos. Em outros livros trataremos do corpo mental e do corpo causal. O abandono do Corpo Astral e o adeus a este plano é, pois, uma segunda morte, na qual o homem deixa um cadáver astral, que se desintegra, por sua vez, regressando os materiais do mesmo ao mundo astral, do mesmo modo como os materiais do corpo físico retornam à Terra. Conforme vimos no capítulo 19, sob os nomes de sombras, cascas de ovo etc.

Capítulo 24
Renascimento

Uma vez esgotadas as causas que o levaram ao mundo mental e tendo plenamente assimiladas as experiências do passado, o ego sente novamente o anelo de vida material, vida que só se pode satisfazer no plano físico. A este anelo, os hindus chamam de *trishnâ*. Pode considerar-se, primeiramente como desejo de expressar-se; em segundo lugar, como desejo de receber impressões externas, que lhe produzam a sensação de estar vivo. Isto é a lei da evolução.

Trishnâ, (o anelo) atua por meio de kâma (o desejo), o qual, tanto para o indivíduo como para o Cosmos, é a causa primária da reencarnação. Durante o repouso no mundo mental, o ego vê-se livre de sofrimentos e penas, mas o mal que fez na sua vida anterior manteve-se em estado de animação suspensa, não de morte. As sementes das más tendências anteriores começam a germinar, enquanto a nova personalidade começa formar-se para a nova encarnação. O ego deve carregar com o passado os germes e as sementes colhidas da última vida, aos quais os budistas denominam *skandhas*.

Kâma (o desejo), com seu exército de skandhas (germes), aguardam às portas do mundo mental, de onde surge o ego disposto a tomar uma nova encarnação. Os referidos germes consistem em qualidades materiais, sensações, ideias abstratas, tendências da mente, faculdades mentais etc. Põe-se em funcionamento o processo, ao concentrar o ego sua atenção não unidade mental que reinicia imediatamente sua atividade e mais tarde, no átomo astral permanente a que aplica sua vontade. As tendências que, conforme vimos, encontram-se em um estado de animação suspensa, são exteriorizadas pelo ego ao descer para a reencarnação e envolvem-se primeiro na matéria mental mais a essência Elemental do segundo grande reino, de modo que expressam com exatidão o desenvolvimento mental alcançado pelo homem no final da sua última vida celestial.

O homem reata, assim, o processo nele mesmo, no mesmo ponto em quer o deixou. O passo seguinte consiste em atrair a si a matéria do mundo astral e a essência Elemental do terceiro reino, conseguindo deste modo os materiais para construir seu Corpo Astral, fazendo que reapareçam os apetites, as emoções, e as paixões que traz das vidas anteriores. O ego, ao descer à reencarnação, não reúne a matéria astral conscientemente, senão como uma ação automática. Por outro lado, o material acumulado é a fiel reprodução do Corpo Astral, que teve, ao término da última vida astral, de modo que o homem reata a vida em cada mundo exatamente de onde a abandonou.

Os estudantes descobrirão no capítulo anterior uma parte da ação da lei cármica, de que não trataremos nesta obra. Cada encarnação está vinculada de forma inevitável, automática e exata às vidas anteriores, de maneira que a série compõe uma cadeia contínua. A matéria astral assim acumulada ainda não constitui um Corpo Astral definido. Em primeiro lugar, adquire a forma de um ovoide, que é a expressão mais aproximada do que se entende por forma real do corpo causal. Enquanto é formado o corpo físico da criança, a matéria física exerce uma violenta atração da matéria astral, anteriormente estava muito bem distribuída no ovoide e concentra grande massa da mesma dentro dos limites do corpo físico. À medida que o corpo físico vai desenvolvendo-se, a matéria astral reproduz todas as mudanças, 99% da referida matéria estão concentrados dentro da periferia do corpo físico e unicamente o 1% restante preenche o ovoide e constitui a aura, como já vimos. O processo de acúmulo da matéria ao redor do núcleo astral conclui-se às vezes, com grande rapidez, mas em outras ocasionam um grande atraso.

Quando terminou, o ego encontra-se na sua investidura cármica preparada para o mesmo, disposto a receber dos agentes dos senhores do Kârma, o duplo etérico como novo molde, onde se formará o corpo físico (Ver o duplo etérico). No princípio, as qualidades do homem não entram em ação; são simples germes de qualidades, que se asseguraram de um possível campo de manifestação na matéria dos novos corpos. Da facilidade ou entorpecimento que rodeiem a criança nos seus primeiros anos, dependerá que tais qualidades se desenvolvam na nova vida, com as mesmas tendências da anterior. Qualquer uma delas, boa ou má, poderá facilmente entrar em ação se alentar ou, pelo contrário, ficar neutralizada, se não se estimula.

Quando se ativa, pode chegar a ser na vida do homem um fator mais poderoso que na vida anterior; se se sufocar, fica simplesmente como um germe sem frutificar que, com o tempo se atrofia e morre e não aparece já em nenhuma outra encarnação. Pode afirmar-se, pois, que a criança ainda não possui um corpo mental, nem um Corpo Astral propriamente dito, senão que só tem ao seu redor e dentro de si mesmo os materiais com que haverá de construí-lo. Por exemplo, imaginemos que alguém foi alcoólatra na sua vida anterior: no mundo astral pode ter esgotado o desejo de beber e ver-se livre do mesmo. Não obstante, ainda que o desejo esteja anulado, subsistirá a mesma fraqueza de caráter que pode ocasionar que este desejo renasça e torne a dominá-lo. Na vida seguinte seu Corpo Astral conterá matéria suscetível de dar expressão a este mesmo desejo; mas não está de modo algum obrigado a utilizar tal matéria do mesmo modo que antes. Se os pais são prudentes e hábeis e o ensinam a considerar que tal desejo é mal, irá reprimi-lo e logrará dominá-lo antes que se manifeste; assim, a referida matéria ficará sem revivificar e se atrofiará por falta de uso. É preciso recordar que a matéria do Corpo Astral se gasta e se substitui sem cessar, igual a do corpo físico.

Na medida em que se descarta da matéria a matéria que se atrofiou, substitui-se por outra mais refinada. Deste modo, o vício que se domina, torna-se impossível para o futuro e a virtude contrária a ele, estabelece-se no seu lugar.

Durante os primeiros anos da vida do homem, o ego exerce pouco domínio sobre seus veículos, portanto, espera que os pais o ajudem a conseguir um poder mais firme, rodeando-o de condições apropriadas. É impossível exagerar a plasticidade destes veículos ainda não formados, Muito pode ser feito com o corpo físico das crianças, mas, ainda mais se pode fazer com o veículo astral e com o mental. Estes corpos respondem com rapidez a qualquer vibração que lhes chegue e são profundamente receptivos a qualquer influência, boa ou má, que proceda de quem os rodeie. Além do mais e, apesar da sua prematura infância, são muito suscetíveis e se modelam com facilidade, muito rapidamente se acomodam e se enrijecem e adquirem hábitos que, quando se arraigam com firmeza, são difíceis de erradicar. Por isso, o futuro das crianças depende dos pais, em uma medida muito maior do que muitos creem. Só um clarividente sabe com que rapidez e em que proporção se aperfeiçoaria o caráter das crianças se o dos adultos fora melhor do que costuma ser.

É conhecido um caso em que a brutalidade de um mestre provocou um dano irreparável no corpo de uma criança, a tal ponto que lhe resultou impossível avançar nesta vida tudo o que era de esperar. O entorno em que cresce a criança é de tanta importância, que na vida em que se alcança o adaptado, a criança deve estar em um entorno absolutamente perfeito. No caso das mônadas de classe inferior, com corpos astrais extraordinariamente fortes, as quais reencarnam a intervalos bastante curtos, sucede, às vezes, que a sombra ou a casca de ovo, subsistam, ainda que abandonados na última vida astral. Neste caso, é muito provável que sejam atraídos pela nova personalidade. Quando isto ocorre, trazem os velhos hábitos e modos de pensar e por vezes, também a memória da vida anterior.

Em um indivíduo cuja vida foi tão má que os corpos astral e mental foram arrancados do ego depois da morte, ao reencarnar, como não dispõe de corpos para ocupar nos mundo astral e mental, deve formar outros de imediato. Quando os tenha criado, a afinidade com os antigos, ainda não desintegrados, afirma-se. Estes corpos astral e mental velhos constituem a forma mais terrível do que se denominou o guardião do umbral. No caso extremo de um homem que chega ao renascimento e que por seus viciosos desejos ou por outra razão tenha estabelecido um vínculo com um animal de qualquer tipo, ficará unido por afinidade magnética ao Corpo Astral do animal cujas qualidades alentou e permanecerá encadeado como prisioneiro do corpo físico do animal. É consciente no plano astral, possui suas faculdades humanas, mas não pode dominar o corpo do bruto a que está unido nem expressar-se por meio do mesmo no mundo físico.

O organismo animal é, neste caso, um cárcere mais do que um vínculo. A alma animal não é despossuída, senão é a ocupante e a que domina no corpo. Tal prisão não é reencarnação, mas explica, de alguma maneira, a crença oriental de que o homem, em determinadas circunstâncias, pode reencarnar em um corpo animal. No caso em que o homem não esteja tão degradado como para ficar aprisionado, mas possua um Corpo Astral com uma forte tendência animal, passará com normalidade ao renascimento humano, mas as características animais se reproduzirão no corpo físico, como o testemunham os monstros que às vezes nascem com feições e traços de animais. O sofrimento que isto acarreta à entidade humana consciente é enorme, ainda que de ação reformadora. Ocorre a outros egos que vêm com corpos humanos, mas com cérebros enfermos, como os idiotas, os lunáticos etc., ainda que a idiotice e a loucura procedam de outras causas. A loucura é muitas vezes consequência da crueldade, sobretudo, quando esta é intencionada e refinada.

Capítulo 25
Domínio sobre as emoções

O trabalho de redigir este livro será inútil, se os que o leem, não se convencerem da necessidade de:

1º. Alcançarem o controle do seu Corpo Astral;

2º Convertê-lo progressivamente em um veículo da consciência, absolutamente obediente à vontade do homem real, ou seja, o ego;

3º Desenvolver e aperfeiçoar em seu devido tempo, os distintos poderes do referido corpo.

O homem mundano médio sabe muito pouco e preocupa-se ainda menos com estas coisas. Para o estudante de ocultismo é, não obstante, de vital importância poder alcançar o pleno domínio sobre todos os seus veículos: físico, astral e mental. Ainda que para realizá-los e estudá-los tenhamos que separá-los e considerá-los individualmente, na vida prática veremos que, em boa medida, os três corpos podem entranhar-se por sua vez; de modo que qualquer poder desenvolvido em um, ajuda o progresso dos outros dois.

Já examinamos a necessidade de purificar o corpo físico, mediante a seleção do alimento, das bebidas, pela higiene etc., com o objetivo de tornar menos difícil o controle do Corpo Astral. Aplica-se o mesmo princípio, mas com maior força ao corpo mental, porque, em último extremo, podemos dominar os desejos, as emoções e as paixões do Corpo Astral só com o pensamento e a vontade.

Para alguns será de grande utilidade o detalhado estudo da psicologia das emoções, porque é muito mais fácil dominar uma força cuja origem e natureza são plenamente conhecidas. Para tal fim, o autor recomenda encarecidamente o estudo dos princípios expostos no brilhante tratado *"A ciência das Emoções"* de Bhagavan de cuja tese principal pode expor-se brevemente da seguinte forma:

Toda existência manifestada pode ser analisada como o eu, o não-eu e a relação entre os dois.

Podemos dividir a relação em:

– Conhecimento (gnyânam)

– Deseo (ichchâ)

– Ação (kriyâ).

Saber, desejar e procurar ou atuar ocupam toda a vida consciente. O sentimento ou emoção é de dois tipos: prazeroso ou doloroso. O prazer que é basicamente uma sensação de plenitude produz atração, amor (râga); a dor, fundamentalmente uma sensação de carência, gera repulsão, ódio (dvesha).

Da atração procedem todas as emoções de amor e da repulsão, todas as de ódio. Todas as emoções surgem do amor, do ódio ou de ambos, em distintos graus de intensidade. A natureza precisa de uma emoção em concreto que vem determinada pela relação entre quem experimenta a emoção e o objeto que a provoca.

Quem experimenta a emoção pode ser, enquanto respeita as circunstâncias vinculadas à emoção,

1. Mais que o objeto dela.
2. Igual ao mesmo.
3. Menos que tal objeto.

Prosseguindo com esta análise, chegamos a cinco possíveis tipos de elementos-emoção, indicados na coluna três da tabela a seguir.

Na 4ª. Coluna indicam-se subdivisões dos elementos primários, conforme os distintos graus de intensidade, sendo os mais fortes os de cima e os mais fracos os de baixo. Todas as emoções humanas contêm um dos elementos-emoções, ou mais frequentemente, a combinação de dois ou mais deles. Deixamos assim, que o estudante examine o tratado de Bhagavan Das, para ampliar detalhes sobre este tema, com a certeza de que seu trabalho se verá recompensado.

Outra linha de estudo, valiosa para os que aspiram a conhecer-se e dominar-se a si mesmos, é o da consciência coletiva ou das multidões. A melhor obra que o autor conhece sobre o tema é a de Sir Martin Conway, The Crow in Peace and War (a multidão na paz e na guerra). Com lucidez e ilustrações, sir Martin demonstra os seguintes fatos fundamentais:

1. A grande maioria dos homens desenvolve-se por meio e pertencem a certos grupos psicológicos, ou seja, grupos de pessoas que pensam e, sobretudo, sente de modo análogo. Tais grupos são a família, os amigos e associados às escolas, as universidades, as profissões, as seitas religiosas, os partidos políticos, as nações, as raças etc. Inclusive os que leem os mesmos periódicos ou pertencem a uma mesma sociedade formam um grupo psicológico.

2. Tais grupos formam-se, sobretudo, ao serem atraídos ou dominados por sentimentos e emoções, não pelo pensamento. Uma multidão sente todas as emoções, mas não tem intelecto: pode sentir, mas não pensar. As opiniões do grupo ou da multidão nunca, ou quase nunca se formam raciocinando, senão que são paixões contagiosas, que percorrem todo o corpo como uma corrente elétrica, cuja origem é frequentemente um só cérebro. Uma vez que a ideia se enquadra na multidão, o indivíduo perde rapidamente sua capacidade de pensar e sentir por si mesmo e converte-se em um com a multidão, participando da vida, das opiniões, dos prejuízos, das atitudes etc., da mesma.

3. Poucos têm o valor de separarem-se dos diferentes grupos aos que pertencem. A imensa maioria permanece toda a sua vida sob o domínio dos grupos a que está assimilada. (Ver página).

Sir Martin passa a enumerar e descrever as diversas virtudes do grupo e mostra em que se diferenciam das virtudes do indivíduo, sendo as do grupo, no seu conjunto, de ordem muito inferior e mais primitiva.

O cabeça da multidão.

Ele é o que domina e dirige a todos, impondo suas ideias, graças a sua forte personalidade. São exemplos deste tipo: Napoleão, Disraeli, César e Carlos Magno.

O expoente da multidão.

Este tipo, completamente distinto do anterior, é alguém que se sente, com sua sensibilidade natural, o que a multidão sente ou vem a sentir, sabe expressar em linguagem precisa e gráfica, as emoções da multidão, que nela são inarticuladas. Estes indivíduos não costumam refletir sobre os problemas para logo proclamar seu evangelho, senão que esperam que as emoções da multidão adquiram forma. Logo se lançam em meio a ela e expressam com eloquência, força e entusiasmo o que a gente que os rodeia, sente de um modo vago e confuso. Os exemplos desta classe são muito comuns, em particular no terreno político.

O representante da multidão.

Os dirigentes de multidões deste tipo são figurões pitorescos, mais do que forças individuais. Exemplos típicos são: um rei constitucional, um cônsul, um embaixador, um juiz (pelo menos na Inglaterra). Estes são meramente o «povo», a «opinião pública» personificados; falam com a voz do povo, atuam em nome deste e o representam diante do mundo. Devem reprimir ou ocultar suas opiniões pessoais, aparentam sentir o que o povo sente e atuam conforme os desejos e os sentimentos do povo. O anterior é só um mero esboço dos princípios mais importantes enunciado no livro citado cujo estudo recomendamos. Não só ajudará o estudante a apreciar com exatidão as forças que movem a «opinião pública», senão também a valorizar adequadamente suas próprias crenças, opiniões e atitudes pessoais com respeito a muitas questões cotidianas. Também importa muito que o estudante de ocultismo atue sobre seus pensamentos e sentimentos de forma deliberada e consciente. A sentença grega: *conhece-te a ti mesmo*, é um imemorável conselho, porque o conhecimento de si mesmo é imprescindível para quem deseja progredir.

O estudante não pode ser arrastado, nem ficar imerso em uma emoção ou forma de pensamento coletivos, porque estes criam uma espécie de atmosfera, através da qual se veem todas as coisas, tudo é colorido e que de modo tão evidente domina e inclina as multidões entre as quais alguém se move. Não é assunto fácil pôr-se contra um prejuízo popular, por causa de um contínuo martelar de formas mentais e correntes de pensamento que enchem a atmosfera. Todavia, o estudante de ocultismo deve aprender a manter-se firme. Além do mais tem que ser capaz de reconhecer os distintos tipos de dirigentes de multidões e não deixar-se dominar, nem persuadir ou ser adulado para aceitar ideias ou seguir linhas de ação, sem a devida reflexão e com todas as suas faculdades em estado de alerta.

A influência das multidões psicológicas e dos cabeças de multidões no mundo atual, (como provavelmente o terá sido em todas as épocas) é muito grande; as forças que manejam são sutis de amplo alcance, de maneira que o estudante que trate de adquirir o domínio de si mesmo e queira dirigir sua própria vida emocional e intelectual, deverá estar continuamente em guarda contra tão enganosas influências. O autor é de opinião que a leitura da *Ciência das emoções* e da *Multidão na paz e na guerra* será de valor inapreciável como preparação para a tarefa de educar e desenvolver o Corpo Astral, até o converte em um eficaz e obediente servidor da vontade soberana do ego. Aconselha-se também, muito especialmente outra linha de estudo, ou seja, a mente subconsciente, a que se chama hoje o subconsciente. A tal fim, recomenda-se como introdução ao tema, a obra de T.J.Hudson The Law of Psychic Phenomena (A lei dos fenômenos psíquicos).

Ao estudar este livro não devemos esquecer que foi escrito em 1892. À luz dos conhecimentos da época atual, não é necessário aceitar por completo a análise, a classificação e a terminologia de Hudson. A obra é ainda muito valiosa; primeiro porque recomenda um são ceticismo científico e não aceitar com demasiada facilidade explicações aparentemente plausíveis, de muitos fenômeno psíquicos. Em segundo lugar, descobre, com grande firmeza, as enormes possibilidades latentes na parte subconsciente da natureza humana, que o estudante cuidadoso e discreto pode utilizar com proveito considerável para dominar seu próprio Corpo Astral e em geral, para purificar e formar seu próprio caráter.

Existem logicamente muitos livros mais modernos que serão de ajuda para os estudantes. Hudson declara em síntese:

1. Que a mentalidade do homem é claramente divisível em duas partes, cada uma com poderes e funções separadas. São chamadas de: mente objetiva e mente subjetiva.

2. Que a mente objetiva é a que adquire conhecimento do mundo objetivo, através dos sentidos físicos como meio de observação, sendo o raciocínio, a mais elevada das suas funções.

3. Que a mente subjetiva toma conhecimento do entorno por meios independentes dos sentidos físicos. É a sede das emoções e o depósito da memória. Realiza suas funções mais elevadas quando os sentidos objetivos estão inativos; por exemplo, em estado hipnótico ou de sonambulismo. Muitas outras faculdades, atribuídas por Hudson à mente subjetiva, são sem dúvida, as do Corpo Astral, por exemplo, viajar a longas distâncias, ler o pensamento etc. Por outro lado, ainda que a mente objetiva não possa ser controlada por sugestão, contrária à razão do conhecimento positivo ou da evidência dos sentidos, a mente é permanentemente dominada pelo poder de sugestão, seja de outras pessoas, ou da mente objetiva do próprio sujeito. Com a ajuda do conhecimento moderno que possuímos a respeito

aos corpos astral e mental e sobre a natureza e utilização das formas de pensamento e de emoção, o estudante encontrará muitas confirmações interessantes e independentes do que tenha aprendido dos escritores teológicos.

Como já dissemos, será mais consciente dos poderes aparentemente ilimitados, subjacentes da sua própria constituição psicológica, os quais poderá empregar, conforme as indicações de ocultistas acreditados, como, por exemplo, a meditação. Também é possível que entenda com maior clareza que o desejo e a mente estão entrelaçados e como pode desligá-los com maior benefício e fortalecimento cada um. Há de ter sempre presente que é possível mudar o desejo e acabar dominando-o por meio do pensamento. À medida em que a mente afiança o seu controle, o desejo transforma-se em vontade; neste caso não governa os objetos externos, que atraem ou repelem, senão o ego do homem, o regente interno. Não é necessário dizer que o estudante deve procurar dominar e eliminar certos defeitos menores, tais como fraquezas e vícios emotivos. Nesta tarefa há de considerar que um vício como a irritabilidade, tenha chegado a converter-se em hábito, por haver cedido a ele e que se mantém, não no ego como qualidade inerente, senão no átomo astral permanente. Contudo, ainda que a força acumulada ali seja considerável, pode afirmar-se, sem temor de equívoco, que a perseverança no esforço para transmutá-la, trará consigo a vitória.

Da parte do ego está a força de vontade e após esta, a força infinita do mesmo logo. A compreensão desta ideia de unidade proporciona ao homem um motivo apropriado par empreender a tarefa de formar seu próprio caráter, tarefa sem dúvida, difícil e por vezes, desagradável. Por dura que seja a luta, tendo da sua parte as forças do infinito, acabará por sobrepor-se às forças finitas do mal que teve acumulado durante suas vidas anteriores. Pode ocorrer que alguém que trate de matar o desejo com o fim de equilibrar o carma, consiga seu objetivo. Não poderá, porém, iludir a lei da evolução, mais tarde ou mais cedo, novamente será arrastado por uma pressão irresistível e terá que reencarnar. Matar o desejo não é o procedimento do ocultista. Não se devem matar amores pessoais, senão expandi-los até que se tornem universais; os amores devem ser nivelados, não rebaixados. Por não compreender este ponto e devido à dificuldade da tarefa, muitos apagam todos os seus amores em vez de expandi-los até abraçar o mundo.

Um Mahatma é um oceano de compaixão, não uma pedra de gelo. Tentar matar o amor é o método do caminho da esquerda. Não obstante, é imprescindível suprimir por completo os desejos baixos e grosseiros e o que reste, deve purificar-se e transmutar em aspiração e determinação. Desejar é um desperdício de forças; o ocultista transforma-o em vontade, porque este é o aspecto nobre do desejo. Igualmente disse-se que é preciso matar a forma lunar, quer dizer, o Corpo Astral. Isto não significa que se devam destruir todos os sentimentos e emoções, senão que o Corpo Astral deve ser absolutamente submetido, que havemos de ser capazes de anular a forma lunar, à vontade. À medida que o homem se desenvolve, reúne sua vontade com a do logos e este deseja a evolução. Falta dizer que essa unificação elimina de vez desejos, tais como a ambição, o desejo de progresso e outros parecidos.

A voz do silêncio nos faz lembrar que, oculta em cada flor do mundo astral, por bela que seja, está enroscada a serpente do desejo. No caso do afeto, há que deixar de lado tudo o que implique sujeição, mas os afetos elevados, desinteressados e puros não podem transcender, porque são característicos do próprio logos e são uma qualidade necessária para avançar pelo caminho que conduz aos mestres e à iniciação.

GÊNESIS DAS EMOÇÕES

Relação com o objeto		Elemento-	
Qualitativa	Quantitativa	emoção primário	Graus de emoção
1	2	3	4

AMOR ao	Superior	Reverência	Culto / Adoração / Reverência / Estima / Respeito / Admiração
	Igual	Afeto	Afeto / Camaradagem / Amizade / Cortesia
	Inferior	Benevolência	Compaixão / Ternura / Bondade / Lástima
ÓDIO ao	Superior	Temor	Horror / Terror / Temor / Apreensão
	Igual	Ira	Hostilidade / Rudeza / Adversão / Frieza / Distanciamento
	Inferior	Orgulho e tirania	Desprezo / Desdém / Menosprezo / Arrogância

Capítulo 26
O desenvolvimento dos poderes astrais

A posse de poderes psíquicos não pressupõe necessariamente um elevado caráter moral; tampouco os poderes psíquicos, em si mesmos, são indícios de um grande desenvolvimento em outros aspectos, como por exemplo, do intelecto. Em consequência disso, ainda que seja possível que um grande psíquico não seja obrigatoriamente uma pessoa espiritualizada, uma pessoa altamente espiritual é inevitavelmente psíquica.

Quem deseje tomar para si o trabalho que isto implica, pode desenvolver os poderes psíquicos. Pode-se desenvolver a clarividência ou a hipnose, do mesmo modo como se aprende a tocar piano, se alguém estiver disposto a aplicar-se na dura tarefa. Todas as pessoas possuem os sentidos astrais, mas na maioria só estão latentes; geralmente, os que procuram utilizá-los no estado atual da evolução, devem desenvolvê-los de forma artificial. Em algumas pessoas, esses sentidos põem-se em ação sem necessidade de nenhum impulso artificial, mas na imensa maioria podem despertar e desenvolver-se de maneira artificial. Em todos os casos, a condição que possibilita a atividade dos sentidos astrais é a passividade dos físicos e quanto mais completa seja esta, maior será a possibilidade da atividade astral.

As civilizações primitivas costumam possuir a clarividência, como a de certos indivíduos ignorantes e sem cultura de civilizações avançadas. Às vezes, é chamada de psiquismo inferior e não é, em absoluto, o mesmo que a faculdade do homem devidamente preparado e mais avançado, nem se desenvolve da mesma forma. A aparição circunstancial de psiquismo em uma pessoa não desenvolvida é uma espécie de sensação que se propaga vagamente a todo veículo, mais do que uma percepção exata e precisa procedentes de órgãos especializados. A referida sensação caracterizou a quarta raça raiz (a atlante). Não se manifesta mediante os chacras astrais, senão através dos centros astrais relacionados com os sentidos físicos. Não são estes exatamente astrais, ainda que sejam incorporações de matéria astral no mesmo corpo. São, como se fossem pontes que unem o plano astral ao físico, mas não são sentidos astrais desenvolvidos no significado exato do termo.

A segunda visão pertence a este tipo de sensibilidade; é a miúdo, simbólica, já que quem a percebe transmite seu conhecimento deste modo curioso. É um erro estimular os centros-pontes em vez dos chacras, que são os órgãos astrais. Este psiquismo inferior está também vinculado com o sistema nervoso simpático. Entretanto, o psiquismo superior está relacionado com o sistema cérebro-espinhal. Reavivar o domínio sobre o sistema simpático é dar um passo atrás. No transcurso do tempo, o psiquismo inferior desaparece, recuperando-se mais tarde; mas então, já estará sob o controle da vontade. Pessoas histéricas ou muito nervosas são, por vezes, clarividentes, o que constitui um dos sintomas da sua enfermidade. É provocado por tal grau de enfraquecimento do corpo físico, que já não oferece nenhuma resistência a certa medida de visão etérea ou astral. O delirium tremens é um caso extremo deste tipo de psiquismo, cujas vítimas, com frequência, veem momentaneamente, elementais horríveis e entidades etéreas. Os que ainda não tenham desenvolvido a visão astral deveriam aprender a valorizar intelectualmente a realidade do mundo astral e a entender que os fenômenos astrais podem ser observados por aqueles que estejam capacitados a isso, do mesmo modo como ocorre com os do plano físico. Existem métodos concretos de ioga cuja aplicação pode desenvolver os sentidos astrais de modo racional e sadio. Não obstante, tentar a prática destes métodos, sem haver superado a etapa preparatória de purificação, não só é inútil, senão que resulta perigosa. Em primeiro lugar, deve ser purificado tanto o corpo físico como o astral, deixando os maus hábitos tanto na alimentação como na bebida e vencer as emoções de ódio de qualquer tipo.

Geralmente, não convém forçar o desenvolvimento do Corpo Astral por métodos artificiais, porque até que não se possua a força espiritual adequada, a intromissão de visões, sons e outros fenômenos pode ser perturbadora e até alarmante. Mais tarde ou mais cedo, conforme o carma, quem segue o caminho real e antigo, descobrirá que pouco a pouco vai adquirindo conhecimento dos fenômenos astrais; despertará uma visão mais aguda e se expandirá diante de novas visões de um mais complexo em todos os sentidos. É outra ilustração do: *"Busca primeiro o Reino dos Céus e tudo mais lhe será dado por acréscimo"*. A obtenção de poderes astrais como fim em si mesmo, conduz inevitavelmente ao que no oriente se conhece como o método Laukika de desenvolvimento. Os poderes que se conseguem assim, só servem para a atual personalidade e como não há vigilância, o mais provável é que o estudante faça mau uso deles. A este tipo pertencem as práticas de Prânayama ou regulação da respiração, a invocação dos elementais e todos os métodos que, de algum modo, impliquem no afrouxamento de todos os sentido físicos, quer seja ativamente, mediante drogas, auto-hipnose ou como os Derviches, girando em dança louca de fervor religioso, até que lhes sobrevenha a vertigem e a insensibilidade; quer seja passivamente, fazendo-se hipnotizar de modo que os sentidos astrais aflorem à superfície.

Outros métodos são: o emprego de bolas de cristal (que só origina a clarividência mais baixa), a repetição de invocações, o uso de amuletos ou cerimônias. Uma pessoa que entre em transe mediante o encantamento ou a repetição de palavras é provável que venha na próxima vida como médium ou será propensa à mediunidade. Não se deve considerar isto, em absoluto, como um poder psíquico, porque o médium, longe de exercitar algum poder, na realidade renuncia ao domínio sobre seus veículos em favor de outra entidade. Portanto, a mediunidade não é um poder, senão uma condição. Fala-se de certos unguentos ou droga misteriosa, que aplicados aos olhos, fazem que se vejam fadas etc. Untar-se os olhos pode estimular a visão etérea, mas não pode, de modo algum, abrir a visão astral. Não obstante, determinados unguentos, aplicados por todo o corpo, ajudam enormemente o Corpo Astral a abandonar o físico com plena consciência. O conhecimento deste fato parece haver sobrevivido desde os tempos medievais, conforme demonstram os julgamentos seguidos contra a feitiçaria.

O método Lokattara está baseado em certas práticas de Raja Yoga ou progresso espiritual, que é, sem dúvida alguma, o melhor método. Ainda que mais lento, os poderes adquiridos pertencem à individualidade permanente e jamais se perdem. Ao mesmo tempo, tem-se a segurança, já que é o mestre quem guia, na condição de que se sigam cuidadosamente as instruções. Outra grande vantagem de ser instruído por um mestre tem sua origem no fato de que todo poder desenvolvido pelo discípulo, está definitivamente sob o domínio do mesmo e pode utilizá-lo de forma plena e constante cada vez que o necessite. Os poderes obtidos graças aos métodos antes citados manifestam-se só de modo parcial e espasmódico e aparecem e desaparecem sem que se saiba como e por quê. A visão mais ampla do plano astral não é exatamente uma bênção sem mescla, já que faz ver além das tristezas e das misérias o mal e a avareza do mundo. Vem-nos à memória as palavras de Schiller: *"Por que me enviaste à cidade dos sempre cegos, a proclamar teu oráculo com o sentido aberto? Toma esta triste clarividência; aparta dos meus olhos esta luz cruel. Devolve-me minha cegueira, a feliz escuridão dos meus sentidos; toma teu horrível presente".*

A faculdade da clarividência, se prudentemente empregada, pode ser uma bênção e uma ajuda, em mau uso, porém, se converterá em um entorpecimento e em uma maldição.

Os perigos principais são os do orgulho, da ignorância e da impureza.

É absurdo que o clarividente pense que só ele possui esse dom e que foi especialmente eleito sob guia evangélico, para fundar uma nova adjudicação e coisas semelhantes. Além do mais, existem entidades astrais brincalhonas e travessas, em todo momento dispostas a promover tais enganos e cumprir qualquer função que se lhes encomende. Convém que o clarividente tenha noções da história deste tema, que entenda algo das condições dos planos superiores e se possível, que possua alguns conhecimentos de caráter científico. Além de que, a pessoa de vida ou de motivos impuros atrairá elementos piores dos mundos invisíveis. O homem de vida e mente puras, pelo contrário, estará por esta mesma razão, protegido contra as influências de entidades indesejáveis de outros planos. Em muitos casos, tem-se clarões ocasionais de consciência astral, sem que se tenha despertado a visão etérea. Esta irregularidade no desenvolvimento é um dos motivos principais da enorme possibilidade de equivocar-se em questões de clarividência, particularmente durante as primeiras etapas.

No curso de um desenvolvimento normal, a pessoa desperta muito lentamente às realidades do plano astral; é algo semelhante à criança que desperta para as realidades do plano físico. Os que entram no caminho de forma deliberada e por assim dizê-lo, prematura, desenvolvem este conhecimento de modo anormal e portanto, no início são mais inclinados a cometer erros. Não fossem todos os discípulos, sob um adequado treinamento, ajudados e orientados por instrutores competentes, já acostumados ao plano astral, ocorreriam facilmente todo tipo de perigos e danos. Por esta razão, no começo se mostra ao neófito todos os tipos de visões horríveis, com o objetivo que as compreenda e se habitue a elas.

Por não fazer assim, receberia um choque que não só o impediria de desenvolver um trabalho útil, senão que, além do mais, seria perigoso para o seu corpo físico.

A primeira incursão no mundo astral pode produzir-se de diversas formas. Algumas pessoas chegam a ter só uma vez em sua vida a sensibilidade suficiente para experimentar a presença de uma entidade astral ou de algum fenômeno dessa mesma natureza. Outros, com progressiva frequência, veem e ouvem as coisas ante as quais os demais são cegos e surdos; alguns começam por recordar suas experiências durante o sono.

Quando uma pessoa começa a ser sensível às influências astrais, algumas vezes sente-se invadida por um sentimento de inexplicável terror. Origina-se em parte, da hostilidade natural do mundo Elemental pelo humano, devido aos múltiplos elementos destrutivos que se empregam no mundo físico, cujos efeitos repercutem no astral. Este sentimento deve-se também, em parte, aos elementos artificiais antagônicos, criados por mentes humanas. Este último foi observado, sobretudo, na cidade de Chicago e em seus arredores.

Determinadas pessoas começam, por momentos, sendo conscientes das brilhantes cores da aura humana; outras veem rostos, paisagens ou nuvens de cores que flutuam na escuridão diante de seus olhos, minutos antes de adormecer. Talvez, a mais frequente seja a experiência de recordar cada vez com maior clareza, imagens vividas em outros planos, durante o sono.

Às vezes, a única experiência de uma pessoa é ter visto a aparição de um amigo moribundo. Isto pode acontecer por duas causas, sendo a mais comum, em qualquer caso, um intenso desejo do agonizante. Esta força permitiu-lhe materializar-se por um instante; neste caso, como é lógico, não se precisa da clarividência. Não obstante, o mais provável é que a referida força tenha atuado hipnoticamente, debilitando o físico ou estimulando a sensibilidade superior de quem a percebe.

Uma pessoa com a visão astral desenvolvida deixa de estar limitada pela matéria física; vê através de todos os corpos físicos e a substâncias físicas opacas são para ela tão transparentes quanto o vidro. Em um concerto, aprecia maravilhosas sinfonias de cores; em uma conferência, pode ver os pensamentos do conferente a cores e com formas, de modo que pode entender o que diz, muito melhor do que os outros que carecem de visão astral. Uma pequena análise revelará que muitas pessoas obtêm de um conferencista muito mais do que o que ele diz. Isto indica que o Corpo Astral vai desenvolvendo-se e tornando-se mais sensitivo e assim responde melhor às formas de pensamento enunciadas pelo orador. Certos lugares oferecem também maior facilidade do que outros para o trabalho ocultista. A Califórnia, com seu clima muito seco e muita eletricidade no ar, é uma zona muito propícia para desenvolver a clarividência.

Alguns psíquicos necessitam de uma temperatura muito elevada para conseguirem melhores resultados; outros, em troca, só podem trabalhar com temperaturas baixas. Desde o momento em que o clarividente possa ver o Corpo Astral das pessoas, não cabe a possibilidade, no mundo astral, de poder ocultar-se ou disfarçar-se, já que o observador imparcial o verá como é. O observador, porém, deve ser realmente imparcial, porque vê os demais através de seus próprios veículos. É algo assim como se contemplasse a paisagem através de um cristal colorido. Até que aprenda a descartar-se desta influência, é provável que atribua aos demais às características dominantes em si mesmo. Requer muita prática para evitar a deformação originada dos seus próprios pontos de vista e assim, poder observar os demais, com claridade e exatidão.

A maioria dos psíquicos que vislumbram ocasionalmente o mundo astral, como a maioria das entidades que se comunica nas sessões espíritas, não menciona muito das complexidades do plano astral citadas neste livro. A razão é que poucas pessoas podem ver as coisas tais como são realmente no plano astral, até depois de ter adquirido uma considerável experiência. Os que veem plenamente desconcertam-se demasiado para compreender ou recordar e torna-se difícil para eles expressarem o que veem mediante a linguagem do plano físico. Muitos psíquicos carentes de preparo jamais examinam cientificamente suas visões; simplesmente captam a impressão, que pode ser exata, mas também falsa ou talvez, totalmente enganosa. Além do mais, como já vimos, alguns travessos habitantes do plano astral tentam enganar e contra isso, a pessoa não preparada não pode defender-se.

No caso de uma entidade astral que se comunique continuamente através do médium, pode ocorrer que seus sentidos astrais mais sutis se intumesçam e se torne insensível aos graus mais delicados de matéria astral. Só um visitante bem preparado, procedente do plano físico, com plena consciência em ambos os planos, poderá ver clara e simultaneamente no físico e no astral.

A autêntica clarividência, treinada e digna de absoluta confiança, exige faculdades que pertencem a um plano mais elevado do que o astral. A faculdade de previsão exata enquadra-se também dentro de um plano superior. Algumas vezes, apresentam-se clarões ou reflexos da visão astral, especialmente nas pessoas simples, que vivem em condições apropriadas.

Um bom exemplo de segunda visão constituem os habitantes do altiplano da Escócia. Há pessoas incapazes de verem no astral, como também há, no plano físico, as quais se lhes escapam muitos fenômenos astrais. No princípio, cometem-se muitos equívocos ao empregar a visão astral, como o comete a criança ao começar a utilizar os sentidos físicos; mas com o tempo, chega-se a ver e a ouvir com tanta exatidão no astral como no físico. Outro método para desenvolver a clarividência, recomendado por todas as religiões, é a meditação, mediante a qual se desenvolve um tipo de clarividência muito pura. Este método, sempre que se adote de maneira cuidadosa e respeitosa, não causará dano a nenhum ser humano. O processo da meditação aparece explicado em vários livros e existem escolas dedicadas ao seu ensino. Graças à meditação pode desenvolver-se uma grande sensibilidade, mantendo por sua vez, o equilíbrio perfeito, a sensatez e uma boa saúde.

Praticando a meditação refina-se a matéria dos corpos e chegam-se a sentir grandes emoções, procedentes do plano búdico, quer dizer, do plano imediatamente superior ao mental, que se refletem no Corpo Astral. Contudo, ao mesmo tempo, há que desenvolver o corpo mental e o causal para conservar o equilíbrio. Não se pode ir da consciência astral à búdica, sem haver desenvolvido os veículos intermediários. O sentimento por si só nunca pode proporcionar equilíbrio e estabilidade perfeita; pode acontecer que grandes emoções que aparentemente nos empurram para a direção correta, desviem-nos da forma menos conveniente. As emoções suprem a força, mas o poder dirigente provém da sabedoria e da estabilidade. Existe uma estreita relação entre o plano astral e o búdico; em certo sentido, o Corpo Astral é um reflexo do búdico. Um exemplo da estreita relação do plano astral com o búdico, encontramos na missa cristã. Durante a consagração, a hóstia irradia uma força cuja potência é maior no plano búdico do que nos demais, ainda que também seja bastante poderosa no plano mental superior. Por outro lado, a atividade da referida força vem marcada nos subplanos astrais primeiro, segundo e terceiro, ainda que isto possa ser um reflexo do mental, ou o efeito de uma vibração simpática. Além de que, na missa se produz outro efeito, que é proporcional e depende da intensidade do sentimento consciente de devoção de cada indivíduo durante a celebração. Um raio, como de fogo, emerge da hóstia elevada e faz resplandecer com intensidade o Corpo Astral. Por meio do Corpo Astral e baseando-se na estreita relação deste com o veículo búdico, este último também é afetado. Desta forma, os dois veículos agem e reagem reciprocamente. Um efeito análogo produz-se ao dar a bênção com o Santíssimo Sacramento.

Capítulo 27
Clarividência no espaço e tempo

Podemos observar acontecimentos que ocorrem à distância mediante os seguintes métodos.

Por meio de uma corrente astral.
Este método é algo parecido com a magnetização de uma barra de aço. Consiste no que se poderia chamar de polarização (por um esforço de vontade) de um número de linhas paralelas de átomos astrais desde o observador até a cena que deseja contemplar.

Todos os átomos permanecem rigorosamente paralelos, uns em relação aos outros, formando uma espécie de tubo provisional através do que pode mirar o clarividente. O tubo é suscetível de ser alterado e inclusive destruído por alguma corrente astral de força suficiente, que se cruze no seu caminho, ainda que isto raramente aconteça. O tubo forma-se pela transmissão de energia de partícula a partícula, ou pelo uso da força de um plano superior que atue por sua vez sobre todo o tubo. Este último método leva a um desenvolvimento muito maior, além do conhecimento de forças de um plano notavelmente mais elevado e da capacidade de utilizá-las. Não obstante, uma pessoa capaz de construir um tubo, utilizando este método, não o necessitará, porque será muito mais fácil empregar uma faculdade superior. A corrente ou tubo pode formar-se inclusive de modo inconsciente e sem a intenção de fazê-lo; em tais casos, costuma ser resultado de um intenso pensamento ou emoção, projetados a partir de qualquer um dos extremos; quer dizer, pelo vidente ou pela pessoa vista. Se duas pessoas estão unidas por um intenso afeto, é provável que entre eles surja uma corrente contínua de pensamento. Pode dar-se o caso de que por uma necessidade repentina, ou por algum sucesso lamentável, uma delas proporcione a dita corrente o poder polarizador necessário para criar o telescópio astral. A visão que se consegue graças a esse método é similar à obtida mediante um telescópio. As figuras humanas aparecem muito pequenas, mas absolutamente nítidas; algumas vezes, ainda que nem sempre, por esse método pode-se tanto ver como ouvir. Tem, todavia, suas limitações. Em primeiro lugar, o telescópio permite contemplar a cena unicamente em uma direção, em um determinado campo de visão muito reduzido. De fato, a visão astral, através desse tubo, é limitada, como ocorre com a visão física por meios análogos. Este tipo de clarividência pode simplificar-se extraordinariamente se utilizar-se um objeto físico como um foco a fim de desenvolver o poder da vontade.

A bola de cristal é o objeto mais empregado e eficaz, pois devido à sua peculiar distribuição da essência Elemental, possui em si mesma, qualidades que fomentam a faculdade psíquica. Utilizam-se outros objetos com a mesma finalidade, tais como uma taça, um espelho, uma mancha de tinta (Egito e Índia), uma gota de sangue (entre os maoris da Nova Zelândia), uma xícara cheia de água (os peles vermelhas), um reservatório de água (romanos e africanos), água em uma garrafa de vidro (Fez) e praticamente qualquer superfície polida, assim como um pratinho com o fundo preto, proveniente de um punhado de pó de carvão vegetal. Há pessoas que podem decidir à vontade o que veem; quer dizer, que podem enfocar seu telescópio como queiram. Não obstante, a grande maioria forma um tubo fortuito e veem o que apareça do outro extremo do mesmo. Alguns psíquicos só podem usar o método do tubo, enquanto se encontram sob influência hipnótica. Entre eles distinguem-se dois tipos: uns são capazes de construir o tubo por si mesmos, outros olham através de um tubo feito pelo hipnotizador. Às vezes, ainda que não frequentemente, produz-se o aumento por meio do tubo; em tais casos, provavelmente se esteja desenvolvendo algum novo poder.

Mediante a projeção de uma forma mental.
Este método baseia-se em projetar uma imagem mental de si mesmo, envolvendo-a também em matéria astral. Deve-se manter a conexão com a referida imagem, o que tornará possível que se recebam impressões através dela. A referida forma atua de modo a avançar pela consciência do vidente. As citadas impressões comunicam-se com o pensador mediante vibração simpática. Em um caso perfeito, o vidente poderá ver quase tão bem, como se estivesse presente em lugar da forma mental.

     Com este método também se pode mudar o ponto de vista, se desejar. Na clarividência deste tipo, a clariaudiência é menos frequente do que no método anterior. No instante em que falha a concentração, a visão desaparece e é preciso construir uma nova forma mental para recuperá-la. Este tipo é menos frequente do que o anterior, porque exige domínio mental e empregam-se forças mais sutis. Além do mais, se for prolongada, esgota-se muito.

Viajando no Corpo Astral durante o sono ou em transe.
Este procedimento já foi descrito em capítulos anteriores.
Viajando no corpo mental. Neste caso, abandona-se o Corpo Astral com o físico. Se alguém quer fazer-se ver no plano astral, forma-se um corpo provisional desta matéria, tal e como se descreve no capítulo 29. Assim mesmo é possível recolher informação relacionada com sucessos ocorridos à distância, invocando ou evocando uma personagem astral, pode ser um espírito da natureza, induzindo-o ou obrigando-o a dar início à investigação. Obviamente, isto não é clarividência, senão magia. Se quiser encontrar uma pessoa no plano astral, é preciso pôr-se em harmonia com ela, para o que basta uma fotografia, um objeto de sua propriedade, uma carta escrita por ela etc. Então, o operador emite a nota chave dessa pessoa e se ela se encontrar no plano astral, receberá a resposta em seguida.

A nota chave de uma pessoa, no plano astral, é uma espécie de tom médio, que resulta de todas as distintas vibrações habituais do seu Corpo Astral. Igualmente, existe um tom médio para cada um dos restantes veículos da pessoa, que juntos constituem seu acorde, ou seja, o acorde místico, como se lhe costuma chamar. O vidente treinado sintoniza seus próprios veículos para lograr a tônica exata da pessoa; logo, mediante um esforço de vontade, emite seu som. Onde quer que esteja a pessoa, em qualquer dos três mundos, se obterá uma resposta imediata da sua parte. Esta resposta é visível no ato para o vidente e dessa maneira, pode estabelecer uma linha magnética de conexão com a pessoa que procura. Outra forma de clarividência permite ao vidente perceber fatos ocorridos no passado. Este poder tem muitos graus: desde quem pode consultar os registros *"akásicos"* até a pessoa que só alcança vislumbres ocasionais.

O psicômetra comum necessita de um objeto, conectado fisicamente com o episódio do passado que deseja ver, ainda que logicamente também possa empregar como foco um cristal ou qualquer outro objeto. Os registros akásicos representam a memória divina, a que se aludiu brevemente no capítulo 16. Os registros que se veem no plano astral são meros reflexos de outros reflexos de um plano muito mais elevado, pelo que são muito imperfeitos, extremamente fragmentários e a miúdo estão gravemente deformados. Estes reflexos podem comparar-se com os que se produzem na superfície da água, ondulada pelo vento. No plano mental, os registros são completos e precisos e podem ser lidos com exatidão. Não obstante, isto exige faculdades que pertencem ao plano mental.

Capítulo 28
Os protetores invisíveis

Os estudantes que leram as páginas anteriores estarão conscientes dos casos de intervenção de agentes invisíveis em assuntos humanos, que ocorrem de vez em quando e são inexplicáveis do ponto de vista materialista.

Quem sabe algo do plano astral e das possibilidades do mesmo, se lhes explique de forma simples, racional e singela. No oriente foi sempre aceita a existência dos chamados protetores invisíveis. Na Europa também contamos com as antigas lendas gregas sobre a intervenção dos deuses nos assuntos humanos, assim como a lenda romana segundo a qual Castor e Pólux dirigiram as legiões romanas da nascente república, na batalha do lago Regilio. Dos tempos medievais, conservamos muitas lendas de santos que apareceram em momentos críticos e mudaram a sorte da guerra em favor das hostes cristãs, por exemplo, o apóstolo Santiago em frente às tropas espanholas; assim como de anjos da guarda que, em certos casos, salvaram viajantes de graves perigos e inclusive da morte.

Os seres humanos podem receber diversos tipos de ajuda da parte dos habitantes do plano astral. Esta ajuda pode provir dos espíritos da natureza, dos devas, dos mortos fisicamente, assim como de pessoas que vivem neste mundo e são capazes de atuar livremente no plano astral. Os casos em que os espíritos da natureza ajudam os homens são raros. Os espíritos da natureza (Capítulo 20) costumam afastar-se dos lugares frequentados pelos humanos pois lhe repugnam suas emanações, assim como seu nervosismo e inquietude. Além do mais, salvo alguns de ordem elevada, estes espíritos, de modo geral, são volúveis e não pensam; parecem crianças brincando felizes, mais que entidades sérias e responsáveis. Comumente, não se pode confiar neles para nada que implique cooperação contínua em trabalhos deste tipo; ainda que, às vezes, alguns deles simpatizem com um ser humano e o ajude em muitas tarefas.

O trabalho de um adepto ou mestre desenvolve-se, sobretudo, nos subplanos superiores do plano mental, de onde podem influir nas autênticas individualidades dos homens, sem ocupar-se da simples personalidade; esta é a única forma a que se pode chegar ao mundo astral e ao físico. Por conseguinte, o mestre não costuma considerar necessário nem conveniente trabalhar em um plano tão baixo como o astral. Algo parecido pode dizer-se a respeito do devas e dos anjos. Estas entidades respondem, às vezes, aos elevados anelos e às chamadas do homem, desde o plano mental, mais que do astral ou do físico e muito mais, durante o período entre encarnações, do que ao longo da existência física. Aqueles que acabam de morrer para o mundo físico e permanecem em estreito contato com os assuntos terrenos, algumas vezes prestam ajuda.

O estudante entenderá que, provavelmente, nestas circunstâncias, a ajuda será muito limitada, porque quanto mais abnegada e serviçal seja a pessoa, menos se deterá após sua morte, com plena consciência, nos subplanos inferiores do astral, a partir de onde a Terra é mais acessível. Por outro lado, para que uma pessoa falecida possa influir sobre outra viva fisicamente, é preciso que esta última seja muito sensível, ou que a morta possua determinados conhecimentos e habilidade, condições que se dão muito raramente. De tudo isto, se deduz que, na atualidade, a tarefa de ajudar no plano astral e no mental inferior está encomendada, sobretudo, aos discípulos dos mestres e a outros evoluídos o bastante como para atuar conscientemente em tais planos. Ainda que esta classe de trabalho seja muito variada, logicamente tudo se encaminha para um objetivo único, quer dizer, a impulsionar a evolução. Por vezes, está vinculado com o desenvolvimento dos reinos inferiores, o Elemental, como o vegetal e o animal, cuja evolução pode acelerar-se sob certas condições. De fato, em alguns casos, o avanço destes reinos inferiores só é possível mediante a intervenção do homem. Assim, por exemplo, um animal unicamente pode individualizar-se em determinadas espécies domesticadas pelo homem. Contudo, a tarefa mais ampla e importante dos protetores invisíveis está relacionada, de uma ou de outra forma, com a humanidade, sobretudo com seu desenvolvimento espiritual. Não obstante, algumas vezes, também ocorrem casos de ajuda puramente física. Na obra clássica sobre este tema *"Os Protetores invisíveis"*, do bispo C. W. Leadbeater mencionam-se vários exemplos típicos de intervenção física. Ocorre, às vezes, que o auxiliar invisível, graças a ter uma visão mais dilatada, é capaz de pressentir algum perigo para alguém e no caso tenta avisar a pessoa ameaçada ou algum amigo seu, para que a ajude. Desta forma, foram evitados alguns naufrágios. Em outras ocasiões, o auxiliar invisível materializa-se por si mesmo ou com a ajuda de outro, o suficiente para salvar alguém de um perigo, por exemplo, resgatar uma criança de um prédio em chamas, evitar que alguém caia em um precipício, devolver para sua casa crianças extraviadas etc. Conta-se o caso de um auxiliar que encontrou uma criança que havia caído por um barranco e havia seccionado uma artéria; o auxiliar materializou-se para vendar a criança e cortar a hemorragia que resultaria em fatais consequências, se houvesse continuado. Enquanto isto, outro auxiliar gravou na mente da mãe o perigo que a criança corria, encaminhando-a até o lugar do acidente. Alguém se perguntará, como pode uma entidade astral perceber um grito físico ou um acidente. A resposta é que qualquer grito que contenha um forte sentimento ou emoção produz efeito no plano astral e transmite a mesma ideia, igual ao que ocorre no plano físico. No caso de um acidente, a emoção, provocada pela dor e o receio, originam um resplendor semelhante a uma grande luz, que por força atrai a atenção de uma entidade astral próxima.

Para produzir a necessária materialização de um Corpo Astral, de modo que se realizem operações puramente físicas, é essencial conhecer o método de fazê-lo. Existem quatro variedades bem definidas de materializações que detalhamos a seguir:

1. A tangível, ainda que não visível à visão física comum. Nas sessões espíritas, esta é a variedade mais frequente. Emprega-se para mover objetos pequenos e para a «voz direta». O grau de matéria utilizada não reflete a luz nem é obstáculo a ela, mas em certas condições, pode usar-se para produzir sons. Uma variedade deste tipo pode afetar alguns raios ultravioletas, conseguindo desta maneira obter fotografias de espíritos.

2. A variedade visível, ainda não tangível.

3. A materialização perfeita, tanto visível, como tangível.

Muitos espíritas conhecem esses três tipos de materializações. As materializações a que nos referimos geram-se por um esforço da vontade. Este esforço, encaminhado a mudar a matéria do seu estado natural a outro, equivale, por assim dizer, a opor-se temporalmente à vontade cósmica. Deve-se manter o esforço durante todo o tempo, porque se a mente se distrai, ainda que seja só meio segundo, a matéria volta imediatamente ao seu estado original. Nas sessões espíritas, a plena materialização efetua-se empregando matéria dos corpos etérico e físico do médium, assim como dos assistentes. Em tais casos, é lógico que se estabeleça uma conexão muito estreita entre o médium e o corpo materializado. O significado disto será analisado adiante. Quando um auxiliar invisível experto considera necessário produzir uma materialização temporal, emprega um método distinto. Nenhum discípulo de um mestre permite depositar tal tensão no corpo de outro, como acontece quando é empregada para a materialização e tampouco é necessário.

Um método muito menos perigoso é condensar do éter circundante e inclusive do ar físico a quantidade de matéria requerida. Isto, que sem dúvida está fora do poder das entidades que costumam manifestar-se nas sessões espíritas, não representa nenhum problema para o estudante de química oculta. Nestes casos, ainda que se consiga uma reprodução exata do corpo físico, originado mediante um esforço mental, com matéria completamente alheia a tal corpo.

Consequentemente, o fenômeno de percussão não pode ter lugar como quando a forma se materializa com matéria procedente do corpo do médium. A percussão produz-se ao provocar uma ferida em uma forma materializada, ferida que se reproduz exatamente na parte correspondente do corpo do médium.

Nas sessões espíritas é muito comum marcar com giz a mão materializada; ao desaparecer a mão, o giz aparece na mão do médium. Uma ferida causada pela forma materializada de um auxiliar invisível, cuja matéria se tomou do éter ou do ar, não pode afetar o corpo físico do auxiliar por percussão, pela mesma razão que o dano ocasionado a uma estátua não pode afetar o corpo físico da personalidade que representa. Não obstante, se no plano astral alguém crê que algo que suceda no plano físico pode prejudicá-lo como por ex, a queda de um objeto, o dano ao corpo físico é possível mediante a percussão. O tema da percussão é profundo e complicado e ainda pouco se sabe. Para compreendê-lo perfeitamente, há que entender as leis de vibração simpática em mais de um plano. Não existe, não obstante, a menor dúvida quanto ao extraordinário poder da vontade em todos os planos. Se este poder é bastante forte, pode produzir-se praticamente, qualquer resultado por ação direta; não é preciso que quem exercita o poder saiba nada de como se realiza o trabalho. O grau até onde se possa desenvolver a vontade não conhece limites. Este poder é o que se aplica no caso da materialização, ainda que, no geral é uma arte que se deve aprender como qualquer outra.

O homem vulgar, no plano astral, não poderá materializar-se sem haver aprendido antes o modo de fazê-lo. Da mesma forma como no plano físico não poderá tocar o violino, sem estudar música. Não obstante, ocorrem casos excepcionais, em que a intensa simpatia e a firme decisão permitem a uma pessoa realizar uma materialização temporal, ainda que, conscientemente não saiba como se faz. Vale a pena mencionar que estes casos da intervenção física, da parte de um auxiliar invisível, frequentemente são possíveis devido a um vínculo cármico entre o auxiliar e a pessoa ajudada. Desta forma retribuem-se antigos serviços; compensam-se as boas ações de uma vida em outra futura, inclusive por métodos tão excepcionais como os citados. Nas grandes catástrofes onde morre muita gente, algumas vezes salvam-se milagrosamente uma ou mais pessoas, porque não é seu carma morrer; quer dizer que não tem dívidas com a lei divina que se deva pagar dessa maneira. Algumas vezes, ainda que poucas, inclusive um mestre proporciona ajuda física a seres humanos. O bispo Leadbeater narra que sucedeu a ele próprio: enquanto caminhava por uma estrada, ouviu de repente a voz do seu instrutor hindu que naquele momento falava a 7000 milhas do lugar. A voz dizia-lhe: "pula para trás". Leadbeater deu um salto no preciso instante em que uma chaminé de metal caía fazendo um grande estrondo a menos de um metro diante dele.

Outro caso que se destacou é o de uma senhora que se encontrava em grave perigo, em meio a uma briga de rua; de repente, viu-se levantada e colocada sã e salva em uma rua lateral. O corpo teve que ser elevado por cima dos edifícios e baixado na rua seguinte, envolto durante o transporte provavelmente por um véu de matéria etérea, para que não fosse vista a subir pelos ares. Da leitura dos capítulos sobre a vida após a morte, deduz-se que existe um amplo campo de trabalho para os protetores invisíveis entre os que morrem. Muitos destes desconhecem por completo a vida após a morte e ao menos, nos países ocidentais, estão aterrorizados diante da perspectiva do inferno e da condenação eterna. Isto oferece uma boa oportuniade para ilustrá-los acerca do seu verdadeiro estado, e sobre a natureza do plano astral em que se encontram. O trabalho primordial do auxiliar invisível é tranquilizar e reconfortar os que acabam de morrer e se possível, libertá-los do terrível e desnecessário medo que com demasiada frequência se apodera deles. Isto não só os faz sofrer, além de que atrasa seu avanço para as esferas mais elevadas e os impede de compreender o futuro que os aguarda. Dizem que em tempos primitivos este tipo de trabalho corria a cargo exclusivamente de entidades não humanas de ordem superior; mas desde há algum tempo, os seres humanos capazes de atuar conscientemente no plano astral, gozam do privilégio de prestar ajuda nesta generosa tarefa. No caso em que o Elemental do desejo tenha efetuado a redistribuição do Corpo Astral, o auxiliar astral pode dissipar tal redistribuição e devolver o Corpo Astral ao seu estado original, de modo que o indivíduo possa perceber todo o mundo astral, no lugar de só um subplano. Outros que permaneceram mais tempo no plano astral, recebem ajuda em forma de explicações e conselhos sobre o rumo que hão de seguir nas diversas etapas. Deste modo podem ser informados do perigo e da demora resultantes das tentativas de comunicar-se com as pessoas vivas, valendo-se de um médium. Por vezes, ainda que não frequente, uma entidade já atraída a um círculo espírita, pode ser conduzida a uma vida mais elevada e sã. A recordação destes ensinamentos naturalmente não pode ser levada diretamente à próxima reencarnação, mas sempre ficará o conhecimento real interno, que proporcionará uma forte predisposição a aceitá-lo quando se ouça outra vez na nova vida. Algumas pessoas, quando acabam de morrer, veem-se no plano astral tal como são e daí sentirem grandes remorsos. Nestes casos, o auxiliar pode explicar que o passado, passado está, que o único remorso que na verdade vale é decidir-se a trabalhar bem no futuro, que cada um deve aceitar-se como é e tratar de melhorar com perseverança para levar adiante uma vida mais digna. Outros estão preocupados e reparar algum dano que fizeram na Terra, pelo anelo de descarregar sua consciência pelo segredo que os desonra e que guardaram com muito zelo, pela ânsia de revelar o lugar onde se guardam papéis importantes ou dinheiro e outras coisas parecidas. Em certos casos, o auxiliar pode interferir de algum modo, no plano físico e assim pode contentar o morto; mas, na maioria deles, o melhor que pode fazer é explicar que é demasiado tarde para fazer a reparação que não vale a pena lamentar o que não tem remédio. Assim, tenta convencer o indivíduo que abandone estes pensamentos, que o mantêm em estreito contato com a vida terrena e que procure tirar o melhor partido da vida que o espera. Também se realiza um grande trabalho entre os vivos, inculcando bons pensamentos nas mentes dispostas a recebê-los. Seria muito fácil, mais do que muitos creem, para um auxiliar invisível dominar a mente de qualquer indivíduo, e obrigá-lo a pensar o que o outro quisesse, sem despertar no sujeito nenhuma suspeita de que estivesse recebendo influência de fora. Este procedimento, orem, é absolutamente inaceitável. O único que se permite é que se coloque na mente da pessoa o bom pensamento mesclado com todos os demais que incessantemente surgem nela, com a esperança de que o assimile e em consequência atue. Desta forma, pode prestar-se ajuda muito valiosa. Com frequência consolam-se os tristes e os enfermos, propicia-se a reconciliação entre os que se separaram por uma divergência de opinião ou por um conflito de interesses e aos que sonham com encontrar a verdade se lhes orientam na busca. Frequentemente pode dar-se a solução de um problema metafísico ou espiritual, sugerindo-a à mente dos que se esforçam por resolvê-los. Aos conferencistas se lhes ajudam com sugestões e ilustrações, ou materializando-as sutilmente ante dos olhos do orador, ou gravando-as no seu cérebro.

Um auxiliar invisível regular muito pronto conta com um grande número de pacientes aos quais visita cada noite, como um médico na Terra visita com regularidade seus pacientes. Deste modo, cada trabalhador converte-se no centro de um pequeno grupo, o chefe de uma equipe de auxiliares, para os quais sempre encontrar ocupação.

No mundo astral sempre há trabalho para os empregados, quem queira fazê-lo, seja homem, mulher ou criança, encontrará em que ocupar-se. Normalmente, utiliza-se um discípulo como agente para responder à oração. Ainda que seja certo que qualquer sincero desejo espiritual, como os que se expressam na oração, seja uma força que reporta automaticamente certos resultados, também é um fato que tal esforço espiritual ofereça a oportunidade de ajudar os poderes do bem. Um auxiliar de serviço pode converter-se assim em um canal para as forças benéficas. Isto pode aplicar-se melhor ainda para a meditação. Em certos casos, tal auxiliar toma-se como o santo a quem se roga. Conhecem-se exemplos que servem para ilustrar tais casos. Às vezes, empregam-se discípulos para sugerir ideias a novelistas, poetas, artistas e músicos. Em certas ocasiões, ainda que raras, podem advertir-se pessoas do perigo que encerra para seu desenvolvimento moral alguma linha de ação que tenham empreendido. Também se tenta fazer desaparecer determinada força ruim ao redor de alguma pessoa ou lugar, ou neutralizar as confabulações dos magos negros.

No mundo astral, tantos trabalhadores fazem faltam, que cada estudante da ciência espiritual deve preparar-se ineludivelmente para realizar sua parte. O trabalho dos protetores invisíveis não pode terminar se não houver discípulos dispostos a fazer tudo o que possam. À medida em que se preparam, vão passando a realizar trabalhos cada vez mais importantes. O auxiliar invisível deve ter sempre presente que todo poder e treino que se entregue, terá certas limitações. Nunca os deve aplicar para fins egoístas, nem deles presumir para satisfazer curiosos; tampouco os deve empregar para intrometer-se ou inteirar-se de assuntos alheios, nem realizar nas sessões espíritas as chamadas provas. Resumindo não deve fazer nada que pareça um fenômeno no plano físico. Pode comunicar uma mensagem a alguém que tenha morrido, mas não deve levar a resposta de um morto a um vivo, salvo com instruções diretas de um mestre.

Um grupo de protetores invisíveis não é uma polícia de investigação, nem um escritório de informações astrais; sua função é realizar de maneira simples e silenciosa o trabalho de ajuda que se designe ou que se lhe sugira. À medida que o estudante de ocultismo avança, em vez de ajudar só indivíduos, aprende a ajudar grupos, países e raças. Conforme vai adquirindo os conhecimentos e os poderes necessários, começa a operar a grande força do Akasa e da luz astral e se ensina a aproveitar ao máximo cada ciclo favorável de influência. Põe-se em contato com os grandes Nirmânakâyas e se converte em um dos mendigos de Estes, aprendendo a distribuir as forças, que são produto do sublime sacrifício dos mesmos. As qualidades exigidas dos que aspiram a serem protetores não constituem segredo algum. Foram descritas até certo ponto, mas não será demais que as exponhamos de forma plena e categórica.

São as seguintes:

Unidade de propósito.

Isto foi chamado, às vezes, de mente em uma só direção ou concentração; o aspirante deve considerar como primeiro dever a tarefa de ajudar aos outros; seu principal interesse na vida será realizar o trabalho que o mestre lhe tenha recomendado. Além do mais deve saber discernir, não apenas entre o labor útil e inútil, senão também qual é de maior proveito entre os distintos trabalhos. A economia de esforço é uma das primeiras leis do ocultismo, quer dizer, cada estudante deve dedicar-se ao mais elevado trabalho que possa fazer,

Também é primordial que o estudante faça todo possível no plano físico par poder ajudar os outros.

Domínio de si mesmo.

Isto abrange o domínio absoluto sobre o caráter, de maneira que não se incomode pelo que veja ou ouça, porque as consequências da irritação são muito mais graves no plano astral do que no físico. Se alguém, com faculdades plenamente desenvolvidas no plano astral, sentir ira contra uma pessoa no mesmo plano, lhe causaria sérios danos, talvez de fatais consequências. Qualquer manifestação de irritabilidade, excitação ou impaciência converte o auxiliar em um ser terrível, até o ponto de que aqueles aos quais procura ajudar fugirão dele cheios de pavor. É conhecido o caso de um protetor invisível que chegou a tal estado de excitação, que seu Corpo Astral expandiu-se até alcançar um tamanho extraordinário, vibrando violentamente com centelhas de cores de fogo. A pessoa que acaba de morrer, a quem o auxiliar queria ajudar, assustou-se ao ver aquela esfera enorme chamejante que se lhe aproximava, tomando-a pelo legendário diabo em pessoa, tratou de fugir dele aterrorizada. E seu terror aumentou ao comprovar que o auxiliar a perseguia com insistência. Além disso, é fundamental controlar dos nervos, para que o estudante não vacile diante das visões terríveis ou fantásticas que se lhes apresentem.

Como já dissemos. Para estar seguro deste domínio sobre os nervos e com o objetivo de prepará-los para o trabalho a realizar, os candidatos, tanto hoje em dia como na antiguidade, submetem-se às chamadas provas da Terra, da água, do ar e do fogo. O estudante deve entender que a pedra mais pesada não oferece nenhum obstáculo à liberdade de movimentos do Corpo Astral, já que este pular impunemente os mais profundos precipícios e submergir com a mais completa confiança, em um vulcão em erupção ou em um abismo sem fundo do oceano. O estudante deve ser consciente destas coisas para poder atuar de forma instintiva e confiada. Por outro lado, deve dominar a mente e os desejos. A mente, porque sem o poder de concentração, seria impossível realizar qualquer trabalho útil em meio a correntes diversas que distraem no mundo astral e o desejo, porque no mundo astral desejar é possuir. Se o desejo não está submetido, o estudante pode encontrar-se em posse das suas próprias criações, das quais se sentirá envergonhado.

Calma.
Isto significa ausência de preocupação e de depressão. Grande parte do trabalho consiste em tranquilizar os inquietos e animar os aflitos; portanto, o auxiliar não poderá cumprir sua missão se sua própria aura está agitada e intranquila por preocupações, ou com a tonalidade cinza da depressão. Não há nada que entorpeça mais o progresso oculto do que a preocupação por insignificâncias. A atitude otimista sempre é a mais próxima do modo de ser divino; por conseguinte, está mais próxima da verdade, porque só o bom e o belo são permanentes, enquanto que o mal, por sua própria natureza, é passageiro. A calma imperturbável acarreta uma serenidade gozosa que torna impossível a depressão.

Conhecimento.
Quanto mais conhecimento possua o homem em qualquer campo, mais útil será. Deve preparar-se estudando tudo o que se tem escrito sobre o plano astral e o trabalho no mesmo, já que não deve esperar que outros, cujo tempo está ocupado no trabalho, expliquem-lhe o que pode aprender no mundo físico, se se der ao trabalho de ler livros. Não existe nenhum conhecimento que o ocultista não possa aplicar com utilidade.

Amor.
A última e a melhor das qualidades é também a menos compreendida. De modo algum é brando sentimentalismo transbordante de vaguezas e generalidades, que receia manter-se firme no correto, por medo do que os ignorantes o qualificam de mal irmão. Faz falta um amor o bastante forte para atuar sem falar dele; o desejo intenso de servir, sempre à espera de oportunidades, ainda que prefira fazê-lo no anonimato, o sentimento que emana do coração de quem chegou a compreender a grande obra do logos e está convencido de que para ele não pode haver, nos três mundos, outro rumo que o de identificar-se com a obra, com todo o seu poder; e converter-se da maneira mais humilde, em um pequeno canal para o maravilhoso amor de Deus que, como a Paz de Deus, vai mais além do que toda a compreensão. Além de que, se recordará que para que duas pessoas possam comunicar-se no plano astral é necessário que possuam uma linguagem comum; portanto, quanto mais idiomas conheça o protetor invisível, mais útil será.

    As condições fixadas para os protetores invisíveis não são inalcançáveis; pelo contrário, qualquer pessoa pode reuni-las, após um certo período de preparação. Todos conhecem algum caso de sofrimento ou mal-estar, seja entre os vivos ou entre os mortos. Ao ir dormir, toma-se a determinação de fazer todo o possível, durante o sono e no Corpo Astral, de ajudar a essa pessoa. Se ao despertar, não se lembra do que fez, isto não tem a menor importância; pode ter a segurança de que algo foi conseguido e algum dia, cedo ou tarde, terá a confirmação do êxito alcançado. Nas pessoas que estão completamente despertas no plano astral, o último pensamento ao dormir é menos importante, porque no mundo astral tem a faculdade de passar de um pensamento a outro sem dificuldade. Neste caso, o fator essencial é o sentido geral do seu pensamento, pois, tanto de dia como de noite, sua mente atuará da forma habitual.

Capítulo 29
O discipulado

Já mencionamos a possibilidade de receber instrução em particular sobre o Corpo Astral por parte de algum mestre da sabedoria. Podemos acrescentar alguma informação a este respeito, pois é um tema de grande importância para o estudante de ocultismo. No capítulo anterior enumeraram-se detalhadamente as qualidades de caráter de que se precisa.

Quando um estudante se aproxima do estado em que está preparado para ser admitido como discípulo de um mestre, geralmente este é posto à prova. O que quer dizer que o submeterá, durante algum tempo, a uma estreita vigilância. O mestre faz o que se chama uma imagem vivente do aluno em período de prova, ou seja, uma reprodução exata dos corpos causal, mental, astral e etérico do discípulo. O mestre mantém a imagem de onde possa examiná-la com facilidade e a põe em relação magnética com o discípulo, de modo que qualquer alteração no pensamento e no sentimento deste se reproduza fielmente na imagem. O mestre examina a imagem diariamente e desta forma obtém, com a maior comodidade, um registro absolutamente exato dos pensamentos e sentimentos do seu aluno em perspectiva, o que lhe permite saber em que momento poderá estabelecer uma relação mais íntima, ou seja, a condição do discípulo aceito. Quando o discípulo é aceito, a imagem vivente dissolve-se e entra na consciência do mestre, de tal maneira que tudo o que pensa e sente, manifesta-se nos corpos astral e mental do mestre. Se na mente do discípulo penetra algum pensamento indigno do mestre, este imediatamente levanta uma barreira que deixa fora a vibração. O efeito produzido por esta estreita e maravilhosa associação é harmonizar e sintonizar os veículos do discípulo. Este se converte assim, em um pequeno avanço da consciência do mestre, de maneira que a força dos grandes seres possa fluir através do discípulo a fim de beneficiar o mundo. Quando o discípulo envia um pensamento de devoção a seu mestre, é como se se abrisse uma válvula, produzindo uma corrente intensa de amor e força do mestre, que se estende em todas as direções como a luz do sol. O discípulo encontra-se em tão íntima relação com o pensamento do mestre, que pode saber, em qualquer momento, o que é que este pensa sobre um determinado tema; assim, escapam-se muitas vezes de cair em um equívoco. O mestre pode, além do mais, enviar a qualquer instante, um pensamento ao aluno como sugestão ou como mensagem. Um discípulo aceito tem o direito e a obrigação de abençoar em nome do seu mestre. Por vezes, o mestre utiliza o corpo do discípulo, mas não se deve confundir isto, em absoluto, com a mediunidade espírita comum, pois o estado é completamente distinto. A forma mais elevada de controle espírita talvez se aproxime um pouco da relação entre o mestre e o discípulo, mas naquela, raramente se alcança e quase tudo é total. A diferença entre ambos os fenômenos é fundamental, pois as condições são muito diferentes. Na mediunidade a pessoa é passiva e abre-se à influência de qualquer entidade astral que se encontre nos arredores. Sob esta influência, o médium geralmente é inconsciente e ao despertar não se lembra de nada do sucedido. Seu estado é realmente de obsessão transitória. Algumas vezes, nem sequer o espírito guia que costuma estar presente, é capaz de proteger o médium de influências indesejáveis e inclusive desastrosas. Pelo contrário, quando o mestre decide falar através do discípulo, este é plenamente consciente do que se faz e sabe muito bem a quem está prestando seus órgãos vocálicos. Mantém-se apartado do seu veículo, mas está atento e observa. Ouve cada palavra e lembra-se de tudo com clareza. Nada há em comum entre os dois casos, exceto que o corpo de uma pessoa é utilizado provisionalmente por outra.

Na 3ª etapa do discipulado, a relação torna-se mais íntima, pois o discípulo converte-se no filho do mestre e o ego do discípulo, no corpo causal, fica envolto no do mestre. Esta união é tão estreita e tão sagrada, que nem sequer o mestre pode desfazer o fato e separar as duas consciências nem sequer um instante. Como é lógico, antes de alcançar este estado, o mestre deve estar muito seguro de que não aparecerá nada, nem na mente, nem no Corpo Astral do discípulo, que se deva rechaçar. Estas relações provam aceitação e filiação não têm nada a ver com as iniciações ou passos no caminho. Estas últimas são indicações das relações do discípulo, não com o mestre, senão com a grande loja branca e seu chefe.

Estas questões aprecem extensamente tratadas na obra do bispo Leadbeater, os mestres do caminho, volume muito valioso para o estudante sério do ocultismo branco. Antes de deixar o tema, devemos mencionar que na iniciação, a mónada identifica-se com o ego, ato que produz um efeito interessante sobre o Corpo Astral, imprimindo-lhe um forte impulso rítmico, sem alterar a estabilidade do seu equilíbrio; de modo que, mais para frente, será capaz de sentir mais vivamente do que antes, sem ser movido da sua base, nem perder o controle. Os mestres empregam seus discípulos de maneiras muito variadas. Alguns desenvolvem as atividades descritas no capítulo sobre os protetores invisíveis. Outros ajudam pessoalmente os mestres em algum trabalho desenvolvido por Estes. Outros se ocupam em distribuir conferências no plano astral à entidades menos desenvolvidas, ou a ensinar, ou a ajudar outros que se encontram temporariamente no plano astral, ou que passam na vida após a morte. Quando o discípulo dorme, costuma apresentar-se ao mestre. Se não há nada especial a fazer, seguirá com suas tarefas cotidianas, quaisquer que sejam. Sempre há muito a fazer no plano astral, por exemplo, catástrofes repentinas que arremetem ao plano um grande número de pessoas, dominadas pelo terror, às quais há que ajudar. A maior parte da instrução dada no plano astral corre geralmente a cargo dos discípulos mais antigos dos mestres. Os estudantes não devem confundir um Corpo Astral comum com um Mâyâvi Rûpa, ou o corpo de ilusão. O discípulo de um mestre em geral abandona seu Corpo Astral com o físico e atua no seu corpo mental. Quando temporalmente necessita um Corpo Astral, para realizar trabalhos desse tipo, materializa um da substância astral circundante. Este corpo poderá parecer-se ou não com o corpo físico, pois terá a forma adaptada ao objeto em vista. Também pode tornar-se fisicamente visível ou invisível, conforme sua vontade; pode tornar-se indiferente do corpo físico, cálido e sólido ao tato, assim como visível e capaz de manter uma conversa como um ser humano normal. Só os mestres e seus discípulos tem poder para formar verdadeiros Mâyâvi Rûpa, poder que se adquire na segunda iniciação ou pouco antes dela. A vantagem do Mâyâvi Rûpa é que não está sujeito ao engano ou à ofuscação no plano astral, como está o corpo desta matéria. Quando alguém atua no seu veículo mental e deixa o astral em estado de animação suspenso junto com o físico, pode se assim o desejar, rodear o Corpo Astral com uma concha ou pode estabelecer uma vibração que o torne imune a qualquer influência maligna. Nos mistérios menores da antiga Grécia, que se celebram em Agar, o ensino principal estava relacionado com o Corpo Astral e a vida astral depois da morte. A indumentária oficial dos iniciados era uma pele de almiscarado, cuja aparência manchada considerava-se representativa das cores de um Corpo Astral comum.

Inicialmente, o instrutor produzia, com matéria astral e etérea, imagens que simbolizavam, quais seriam, no mundo astral, os resultados de determinadas modalidades de vida física. Mais tarde, os ensinamentos foram explicados de outra maneira: eram representações ou dramas representados pelos sacerdotes ou bonecos acionados mecanicamente. Os iniciados contavam com vários aforismos ou provérbios peculiares. Alguns muito característicos, tais como: "*...morte é vida, vida é morte*". Outros: "*...aquele que persegue realidades na vida, as perseguirá depois da morte; o que persegue irrealidades na vida, as perseguirá também após a morte*".

Os grandes mistérios, celebrados em Elêusis, relacionavam-se com o plano mental e o velocino de ouro simbolizava o corpo mental. Outro dos símbolos empregados nos mistérios era o tirso: uma vara com um cone de pinho na ponta que, segundo se conta, estava cheia de fogo. Na Índia emprega-se uma cana de bambu com sete nós. O tirso era magnetizado por um sacerdote e se aplicava na coluna vertebral do candidato, transmitindo-lhe assim, algo do magnetismo do sacerdote; deste modo se lhe ajudava a transladar-se ao plano astral plenamente consciente. O fogo simboliza Kundalini.

Os budistas do sul distinguem cinco poderes psíquicos que podem ser adquiridos pelo homem que avança no caminho:
1. Passar através do ar e dos objetos sólidos e visitar o mundo celestial, enquanto vive no físico. Talvez isto signifique a capacidade de atuar livremente no Corpo Astral, consistindo o citado mundo celestial unicamente dos subplanos superiores do astral.
2. Audição divina clara, o que evidentemente equivale à faculdade astral da clariaudiência.
3. A capacidade de compreender e simpatizar com tudo que está na mente dos outros, o que parece referir-se à leitura do pensamento ou telepatia.
4. Recordar vidas anteriores.
5. Visão divinamente clara, ou seja, clarividência.

Em algumas listas, também é citada a liberação pela sabedoria, o que quer dizer ver-se livre de renascimentos. Este é verdadeiramente um grande êxito e aparentemente não pertence à mesma categoria dos poderes anteriormente mencionados.

Capítulo 30
Conclusão

Ainda em nossos dias são relativamente poucos os que possuem conhecimento pessoal direto do mundo astral, da vida e fenômenos do mesmo. Existem muitos motivos para crer que está aumentando rapidamente o pequeno grupo dos que sabem destas coisas por experiência própria e é muito provável que o número seja consideravelmente maior em um futuro próximo. A faculdade psíquica, sobretudo entre as crianças, é cada dia mais frequente; à medida que vá sendo gradualmente aceita e deixa de ser uma raridade, é muito provável que se estenda e intensifique. Assim, por exemplo, publicam-se e têm muitos leitores os livros que versam sobre espíritos da natureza, ou fadas, ilustrando-os, inclusive com fotografias destas criaturas aéreas e do trabalho que executam na economia da natureza. Além do mais, para o investigador imparcial não será difícil encontrar jovens e velhos que veem com frequência fadas trabalhando e brincando, assim como outras entidades e fenômenos do mundo astral. Por outro lado, a grande difusão de que goza o espiritismo, tornou objetivamente reais o mundo astral e seus fenômenos e os deu a conhecer muitos milhares de pessoas em todo o mundo.

A ciência física, com seus íons e elétrons, encontra-se nos umbrais do mundo astral. As investigações de Einstein e outros conseguem rapidamente que seja aceito o conceito da 4ª dimensão, que é conhecida desde a antiguidade pelos estudantes do mundo astral. No campo da psicologia, os métodos analíticos modernos pretendem descobrir a verdadeira natureza de, pelo menos, a fração inferior do mecanismo psíquico do homem, confirmando de passagem algumas da informações e dos ensinamentos antecipados nos antigos livros orientais e pelos filósofos e ocultistas do nosso tempo. Assim, um famoso autor de obras sobre psicologia e psicanálise explicou, não faz muito tempo, a este compilador desta obra, que em sua opinião, o complexo é idêntico ao Skandhara do sistema budista, enquanto que outro psicólogo de fama mundial confessou a um amigo de quem escreve isto, que suas investigações psicológicas, não psíquicas, o haviam levado inexoravelmente a aceitar o fato da reencarnação. São estes alguns dos indícios de que os métodos da ciência ocidental ortodoxa levam aos mesmos resultados conhecidos desde há séculos em certas regiões do oriente e que foram redescobertos durante os últimos 50 anos por um pequeno grupo de estudantes que, guiados pelos ensinamentos orientais, desenvolveram em si mesmos as faculdades necessárias para a observação e investigação direta do mundo astral e dos superiores a este.

Desnecessário dizer que a aceitação por parte do mundo em geral, da existência do plano astral e dos seus fenômenos (que não deve demorar muito tempo) ampliará e aprofundará de modo extraordinário e inevitável o conceito do homem sobre si mesmo e sobre seu destino; ao tempo em que revolucionará sua atitude para com o mundo exterior e com os outros reinos da natureza, tanto visíveis como invisíveis fisicamente. Quando o homem tiver conseguido estabelecer, por seu bom grado, a realidade do plano astral, se verá obrigado a reorientar-se e a fixar uma nova série de valores, com relação aos fatores que influem em sua vida e determinam suas atividades. Mais tarde ou mais cedo, mas inevitavelmente, o amplo conceito de que as coisas meramente físicas desempenham um papel muito insignificante na vida da alma e do espírito humanos e que o homem é essencialmente um ser espiritual, que manifesta seus poderes latentes com a ajuda de seus diversos veículos, físico, astral e outro que de vez em quando assume, deslocará todos os demais pontos de vista e incitará os homens a reorientar por completo suas vidas. A compreensão da sua verdadeira natureza e o fato de que vida após vida na Terra, com intervalos vividos em outros mundos mais sutis, vai evoluindo e fazendo-se mais espiritual, levam o homem de modo lógico e inevitável a dar-se conta de que, em quanto resolva, pode cessar de entreter-se na vida e de deixar-se levar pela ampla corrente evolutiva e no seu lugar, segurar o leme do seu batel, onde navega no cruzeiro da vida.

Graças ao seu entendimento das coisas e em virtude das suas possibilidades inerentes, penetrará na nova etapa em que chegará ao antigo e estreito caminho, onde encontrará aqueles que, antecipando-se a seus semelhantes, alcançaram o cimo do desenvolvimento puramente humano. Estão ansiosos, ainda que, com paciência infinita, esperando que seus irmãos mais jovens abandonem a vida mundana comum e entrem na vida superior, onde com seu guia, unido à sua compaixão e poder, os homens se elevem às magníficas alturas da espiritualidade, que alcançaram, convertendo-se, por sua vez, em salvadores e auxiliares da humanidade e acelerando deste modo, o desenvolvimento do grande plano da evolução até seu objetivo final.

OBRAS E AUTORES CONSULTADOS

Algumas experiências ocultas .... J. Van Manen 1913
Vislumbres do ocultismo .... C.Q. Leadbeater 1909
Os protetores invisiveis .... C.W. Leadbeater 1911í
A ciência das emoções .... Bhagavan Das 1900
Clarividência .... C.W. Leadbeater 1908
A chave da teosofia .... H.P. Blavatsky 1893
Conferências de Londres, 1907 .... Annie Besant 1907
A Doutrina secreta. Vol. I .... H.P. Blavatsky 1905
A Doutrina secreta. Vol.II .... H.P. Blavatsky 1905
A Doutrina secreta. Vol. III .... H.P. Blavatsky 1897
Estudo sobre a consciência .... Annie Besant 1904
Formas de pensamento... Annie Besant/C.W.Leadbeater 1905
O homem visivel e invisivel .... C.W. Leadbeater 1902
O homem e seus corpos. .... Annie Besant 1900
Introdução ao yoga .... Annie Besant 1908
Karma .... Annie Besant 1897
O lado oculto das coisas. Vol. I .... C. W. Leadbeater 1913
O lado oculto das coisas. Vol. II .... C. W. Leadbeater 1913
A lei dos fenômenos psíquicos .... T. J. Hudson 1905
O livro de texto de teosofía .... C. W. Leadbeater 1914
O Mestre e seu caminho .... C. W. Leadbeater 1925
A mônada .... C. W. Leadbeater 1920
A morte depois .... Annie Besant 1901
Multidões na paz e na guerra .... Sir Martin Conway 1915
A mudança do mundo .... Annie Besant 1909
O outro lado da morte .... C. W. Leadbeater 1904
O plano astral .... C. W. Leadbeater 1910
O poder do pensamento:
Seu domínio e cultura .... Annie Besant 1903

Química oculta ....Annie Besant e C. W. Leadbeater 1919
Reencarnação...................................... Annie Besant 1898
A sabedoría antiga............................. Annie Besant 1897
Os sete princípios do homem.................. Annie Besant 1904
Os sete raios.. Ernesto Wood 1925
Os sonhos.. C. W. Leadbeater 1903
Teosofía e a nova psicologia .... Annie Besant 1909
A vida após a morte............................... C. W. Leadbeater 1912
A vida interna. Vol. I .... C. W. Leadbeater 1910
A vida interna. Vol. II .... C. W. Leadbeater 1911
Eu e sua envotura................................. Annie Besant 1903